德育工作与思想教育创新

张伟静　张润香　梁衡 ◎ 著

线装书局

图书在版编目（CIP）数据

德育工作与思想教育创新/张伟静，张润香，梁衡
著.--北京：线装书局，2023.8
　ISBN 978-7-5120-5511-7

　Ⅰ.①德… Ⅱ.①张… ②张… ③梁… Ⅲ.①德育工
作－研究②思想政治教育－研究－中国 Ⅳ.①G41
②D64

中国国家版本馆 CIP 数据核字(2023)第 115947 号

德育工作与思想教育创新
DEYU GONGZUO YU SIXIANG JIAOYU CHUANGXIN

作　　者：张伟静　张润香　梁　衡
责任编辑：林　菲
出版发行：线 装 書 局
　　　　　地　址：北京市丰台区方庄日月天地大厦 B 座 17 层（100078）
　　　　　电　话：010-58077126（发行部）010-58076938（总编室）
　　　　　网　址：www.zgxzsj.com
经　　销：新华书店
印　　制：北京四海锦诚印刷技术有限公司
开　　本：787mm×1092mm　　1/16
印　　张：12
字　　数：247 千字
版　　次：2023 年 8 月第 1 版第 1 次印刷
定　　价：78.00 元

线装书局官方微信

前　言

当今世界是一个开放的世界，改革开放是我国新时期最鲜明的特点。当前，全球化、信息化和现代化等趋势使高校德育理论研究和实践发展不断面临新形势、新情况和新课题。当下，高校德育的价值导向既要符合社会发展的现实需要和个人人格成长的规律，同时也应以更加开放的视角去拓展德育未来的发展方向。尤其值得注意的是，经济转轨、社会结构转型以及由此引起的思想文化领域的相互激荡已使得多元化成为现代社会的一种事实和价值存在。在多元化社会，包容多样和寻求共识的统一、主导与差异价值取向的共存是德育面临的新困境。

高校德育与思想政治教育无疑都具有一定的社会性功能和个体性功能，总体来说，高校德育与思想政治教育都可以促进个体全面发展，促进社会经济、政治、文化、生态建设和发展；但是具体来说，高校德育与思想政治教育在价值功能上具有不同的侧重和内涵。政治教育一直处于思想政治教育的核心地位，政治性价值功能也在思想政治教育价值功能的整个体系中居于首要地位，起着主导作用。虽然随着实践的发展高校思想政治教育的功能也得到不断拓展，但是高校思想政治教育的政治性功能仍然对其他功能具有主导作用；虽然思想政治教育越来越关注个体思想、心理、情感和精神需求，思想政治教育的个体性价值功能越来越多地被体现和发挥出来，但是其个体性功能的发挥最终还是需要在社会性功能不断发挥的前提下才能得以实现。高校德育虽然也具有政治、经济、文化、生态等社会性功能，但是高校德育这些社会性功能的实现主要还是要依赖于个体性功能的实现来完成，即高校德育的个体性价值功能是其核心功能，德育的目的是为了促进大学生道德品质的发展完善，其价值更好地体现为促进人的全面发展，其社会性价值也是在实现个体性价值的同时或基础上才能实现的。

本书从德育教育工作基础介绍入手，针对德育工作方法的创新及其路径、德育机制与管理的创新进行了分析研究；另外对思想政治教育观念创新、思想政治工作中心理念念教育机制构建、思想政治教育和创新创业教育协同育人路径做了一定的介绍；还对不同背景下思想政治教育创新、立德树人视阈下德育工作与思想教育的创新做了研究。本书重视知识结构的系统性和先进性，结构严谨，条理清晰，层次分明，对从事德育与思想教育的相关工作者有一定的借鉴意义。

目　录

第一章　德育教育工作基础

第一节　德育教育理论

一、德育的基本功能

德育的功能指在一定社会历史条件下其所能发挥的作用和能力。原始社会的德育功能主要表现为劳动功能；阶级社会的德育功能则主要表现为政治功能；社会主义社会的德育功能除了政治功能外，还有一项重要功能，即经济功能。

（一）德育及其功能的含义

德育有狭义和广义之分。狭义的德育是指教育者对受教育者进行的道德品质教育。广义的德育是指教育者对受教育者进行的政治教育、思想教育、道德品质教育、法制教育等涉及受教育者的政治、思想、品质教育的总和。这里讨论的是广义的德育。

功能是指某一事物在环境中所能发挥的作用和能力，是事物的客观属性。德育的功能即德育在一定社会历史条件下所能发挥的作用和能力，是德育所具有的客观属性。从不同的角度看待德育的功能，很可能会得出不同的结论。如果从社会功能的角度探讨德育的基本功能，在谈论德育的特性时，经常会提到德育的职能、作用、价值等，有些人将其不加区别地混用，这样是不合适的。

"功能"是"物质系统所具有的作用、能力和功效"，"职能"是"人、事物、机构应有的作用、功能"。从内涵看，功能和职能有相同之处，都指事物的作用。但二者也有区别，"功能"所强调的是具有一定结构的系统的作用，而职能主要是指机构的职责和能力。把德育作为教育这个系统内的子系统，在谈到它的作用时，使用"功能"为宜；而把德育作为学校的职责，在谈到它的作用时，使用"职能"为妥。

"功能"是事物的客观属性，"作用"是"功能"的外在表现。"作用"是以"功能"为前提的，"功能"不明确，"作用"就难以发挥。同时，人们往往通过"作用"来考察"功能"。德育的作用是德育功能的表现，德育的功能要从历史的、现实的德育的作用去挖掘。"价值"，从社会学的观点来理解，是指事物的相互关系，即一事物对其他事物的

有用性。德育的价值是指德育在某一方面的作用，同样是以德育的功能为基础的，是德育对其他事物的作用，但不是"功能"本身。德育的价值在不同的方面表现不同，而德育的"功能"在一定社会历史条件下却是确定的。

（二）社会主义社会德育的基本功能

社会主义社会是阶级社会向无阶级社会的过渡，因而在德育的功能上既保持了阶级社会德育的功能，又具有无阶级社会德育的功能。社会主义社会德育的基本功能，是政治功能和经济功能。

德育与其他上层建筑相比，有自己的特点，它不靠强制推行，而是通过教育为人们所认识和接受，然后形成社会舆论，变为人们的内心信念。因为政治是经济的集中表现，所以德育既为经济服务，又为政治服务。德育为经济服务表现为德育的经济功能。德育作为教育的重要组成部分，其经济功能变得十分突出。德育的经济功能具体表现在以下三方面。

1.保证经济建设沿着社会主义方向发展

我国的现代化是社会主义现代化，我们的物质文明建设是社会主义的物质文明建设。社会主义方向是我们必须坚持的方向，保证这个方向就是德育核心内容政治教育的重要功能。具体地说，政治教育使经济建设牢固地建立在社会主义经济制度基础之上；保证"各尽所能，按劳分配"原则得到正确的贯彻和执行；保证生产经营始终坚持为人民服务的正确方向。

2.培养受教育者适应经济发展需要的思想观念和价值取向

德育的经济功能还表现为，培养受教育者适应经济发展需要的思想观念、价值取向，提高受教育者的政治觉悟、思想水平和道德水准，为经济建设提供具有较高思想素质的劳动者。经济建设的主体是人，人只有具备多方面的素质才能满足经济建设的需要。德育的作用就是保证人才具备良好的政治、思想、道德素质，缺乏这些素质或素质不高的人难以适应经济发展。

3.调动人的生产积极性，调整人们的经济利益关系

德育经济功能的另一个表现，是调动人的生产积极性，调整人们的经济利益关系，创造和谐的人际关系，促进劳动生产率的提高。现代管理理论认为，影响劳动生产率的一个重要因素是人们的劳动积极性，而劳动积极性又往往是由人们的经济利益关系和人际关系决定的。如何帮助人们正确认识经济利益关系，创造和谐的人际关系，是思想政治教育的重要功能。除了物质利益外，人们还有精神生活的追求。人们对精神生活的追求不可能用物质的手段来解决，而只能借助精神的手段来解决，而德育是一种重要的精神手段。

二、关于德育的基本理论及问题

德育在长期的实践过程中，形成了一系列行之有效的经验形式。德育分析框架中罗列的经验形式，都同我们已经做和应当做的事情相关。德育分析框架把各种德育经验形式，按教育、课程、训练、管理和环境影响加以归类，以便于明了各种经验的不同性质。自然，这对于了解德育是远远不够的，重要的是把握德育的要义、近代以来德育基本理论问题，以及当代德育的动向。

（一）关于"德育"的本义

德育问题是一个常识性的问题。"德育"原为"道德教育"的简称，"德育"概念的泛化，不只是在中国如此，在其他国家同样如此。无论是在中国还是在西方，"教育"的本义都与道德人格的养成有关。狭义的"教育"即"教育"的原始含义，也是迄今仍然存在的含义，即善的影响，同"道德教育"意义相近。"教育"和"教学"不同，前者是指道德人格的养成，从一定意义上讲，"教育即道德教育"还是可以成立的。教育的本义，旨在使人为善。不仅古代教育指道德教育，即便是现在的教育，也包含道德教育，只是不再局限于道德教育。

（二）近代学校实施"道德教育"的构想

1.关于理性化的道德教育

理性不等于道理，因为理性是从对客观规律的分析、生活经验的积累、生活阅历的增加中慢慢形成的，并不是人人都可以达到理性。因为每个人的价值观有层次之分，其人生观也是不同的。如果把某种价值追求作为人生追求，它就成了人生观。形成了人生观并不意味着掌握了人生价值理论，有人生追求并不代表懂得自己的人生追求。懂得了人生价值理论和人生追求，人就会自觉地进行价值选择并对人生问题进行理性的思考。

情感的作用不可忽视，不过只通过情感来影响道德行为是不可靠的。这里有两个原因：第一，从道德层面来说，道德训练和意志训练要借助于理性来实现，要用理性来调节情感，培养人合乎道德的情感。第二，从技术上讲，情感是不可以直接干预的。情感不能用强制的方式去干预，更可靠的是借助理性间接地转换或培养学生的情感。从教育的角度讲，理性是靠得住的。

2.关于行为习惯的养成

习惯由外在的行为慢慢地转化成内在的品性，是一个慢慢地、自然而然的转化过程，这是否是一个自发的过程？该怎么促进？

德育要讲求实效，就要从学生实际情况出发，要诉诸理性，从引导学生分析自己的行为入手。建立班集体，要从分析学生的问题行为出发，这样的德育才能触及学生的灵魂。在学生形成正当的价值观念以后，德育还要规范和约束学生的行为，使之反复练习，以形成习惯。

3.关于德育中的"他律"与"自律"

从非教育的"管理"到"教育"的思路，按照"教育即道德教育"的观念，实际上也是从外在的、他律的德育转向内在的、理性的德育的过程，但又不仅限于"道德教育"。因为按照近代以来的教育观念，教育不仅要培养学生的道德人格，而且要使学生形成独立的、健全的人格。

"他律"的道德是外在的，"自律"的道德才是内在的。没有理性批判，就不可能建立起道德信念，只能说是一种信仰。

三、德育目标的价值蕴涵

德育目标是教育目标在德育领域的具体化。它在本质上是德育价值的凝结状态，是其自身前提条件的整合统一，是德育活动中的价值枢纽。德育目标的层次间、域分间的辩证联结，要求我们在认识和处理德育目标时必须注意协调过程目标与终极目标、首位目标与非首位目标的关系。

从教育的整个系统来看，德育目标是教育目标的一个重要组成部分，是教育目标在德育领域的具体化。所谓德育目标，就是指一定社会对教育所要造就的社会个体在品德方面的质量和规格的总的设想或规定，是在进行德育之前，人们对于要把受教育者培养成具有何种品德的人，在观念中所具有的某种预期的结果或理想形象。德育目标是从德育预期结果，也就是从受教育者所要形成的品德的角度来说明德育的作用和认识德育活动的价值的。因此，我们可以明确地说，德育目标就是对德育活动结果的具体要求，是对德育工作产品质与量的规定。这种认识在德育界是较有共识的。

（一）德育目标本质

德育目标本质上是德育价值的凝结状态。将德育目标置于德育价值的视域中进行考察，并不是人为的牵强附会，而是德育目标自身的要求。所谓"目的"，就是主体根据自身客观规律和主体需要或内在尺度的认识而提出的并努力为之实践的未来客体的模型，或者观念中设计的未来行为的理想结果。目标，是目的的具体化和规范化。目的的实现过程也就是价值的创造过程。目的牵引着价值创造及创造的方向，目标凝结着价值的理想状态。从这个意义上讲，对德育目标的考察必须联系德育价值问题，以实现德育目标本性的回归。相反，离开价值论来谈论德育目标，以通常所说的"社会"的"设想或规定"，或

者直接将德育目标确定为对"培养学生的思想品质所做的规定"，往往易产生德育目标上的命令主义或权威主义的歧义。从历史的经验来看，这种担心不是没有根据的。德育目标离开价值论的根基，也易成为无根之萍，随社会风波或政治风向飘来飘去。

德育目标作为德育活动中德育价值的凝结，其规定性在根本上取决于自身的特点。也就是说，只有依据德育目标自身的本质特点，才能给出相对完善的界定。因为从德育价值论来看，德育目标无疑是观念中设计的未来德育行为的理想结果。然而，德育主体对德育规律和主体需要或内在尺度的认识，总是受到社会现实条件的限制，德育目标只能是一定社会现实背景下的德育价值理想的凝结。因而，要想深入探讨德育目标问题，就要进一步研究德育目标确定的前提性条件。

（二）德育目标是其自身前提性条件的整合统一

德育目标的确定，并不是任由人们提出就能够保证其正确性、合理性的，而是必须依据其自身的前提性条件整合统一。这主要包括以下三个方面。

首先，必须坚持德育主体需要与德育规律的统一。德育目标即德育活动目的的表征。目的是主观性的。正确、合理的目的是以对客观事物发展规律的正确认识为前提的。列宁说："人的目的是客观世界所产生的，是以它为前提的——认定它是现存的、实有的。"同样，确定正确、合理的德育目的，也是要以对德育规律的正确认识为前提的。这种对德育规律的认识，包含了对社会及人自身生存发展规律的认识。当然，这种认识是相对的，它总是要受到生产力与社会发展的制约。但只有在符合规律的基础上，德育主体对受教育者的改造才能得以完成。因此，制定正确的德育目标，必须坚持主观与客观相统一。反之，若违背德育规律与主体需要的统一，德育目标就只能是主观与客观相分离的一种空想。

其次，必须坚持超越性与现实性的统一。德育目标是对未来的设想，是理想地达到德育目的的标志性模型；德育目标又是对德育现实的一种扬弃，是对德育外在价值的一种超越。因此，德育目标具有未来指向性。如果德育目标无超越性与未来指向性，那它就失去了存在的价值和意义。同时，德育目标又有其现实根据，具有现实的可能性，是以一定历史条件下现实的主客观条件为基础的。德育目标如果失去了现实性，就会成为空中楼阁，就不可能实现，同样也会失去其价值和意义。

最后，必须坚持统一性与多样性的整合统一。在一定历史时期，一个国家、民族具有共同的利益需要，则具有共同的德育目标。但德育目标又有其多样性。其一，德育目标具有层次性。比如，小学、中学、大学，每个阶段甚至每个学年、每个学期都有各自的德育目标。因此，德育工作者要善于分解德育目标。其二，德育目标从横向看，又是多种类的。可以说有多少德育价值的种类就有多少种德育目标，包括政治性目标、思想性目标、道德性目标等。总之，德育目标是一个系统，是多层次、多域分、多方面的统一。多种德育目标互相联系、互相影响，因而相关人员要善于协调各层次、各种类目标并对其进行整合统一，注意各种德育目标的衔接与支撑，分清主次，辨清主流，使各种具体目标服从于整体目标的实现。

（三）德育目标是德育活动的价值枢纽

德育目标价值枢纽的地位和作用，首先表现为德育目标规定德育活动全过程的价值趋向。德育目标的提出是德育活动的起点，即德育价值创造的起点。实现德育目标，又是德育活动和德育创造价值活动的终点。整个德育过程是在德育目标价值枢纽作用的观照下进行的，是以实现德育目标为导向来组织、协调和调整主体全部行动的。也就是说，德育主体的全部活动都服从和服务于德育目标。因此，正确、合理的德育目标是贯穿德育活动和实现德育价值的中心环节。

德育目标决定着德育活动的手段。目标决定手段，手段服从于目标。广义地说，手段是主体作用于客体的一切中介的总和，包括工具、方式、方法、措施等。随着社会文明和科技的发展，人们对德育规律的认识不断深化，因而德育目的、德育手段也在发生变化。值得注意的是，在目的与手段的关系中，不仅前者决定后者，后者也制约着前者。目的的提出要以一定的手段为前提，因为手段是实现目的的必要条件和保证，没有一定手段的配置，目的就不能实现。在我国社会主义市场经济初步确立并逐步完善的背景下，如何建构并实施与社会主义德育目标相配套的手段，完成现代德育手段对传统德育手段的更新、改造，是当今德育工作的一项重要任务。

德育目标直接制约和影响着德育活动的价值归宿。德育目标是在活动之前提出来的。德育目标本身的规定性表明，全部德育活动都是为了实现它，德育主体据此调节自己的一切活动。因此，从总体来看，德育目标决定着德育活动的结果和价值归宿。当然，现实中的德育活动与活动结果的关系，并不是这么简单的决定与被决定的关系。从目标到结果的转化，是要通过一系列中介手段实现的。因此，德育结果事实上是由德育目标与中介手段的整合作用产生的。此外，外部环境和其他复杂因素，包括受教育者的自身状态、能动性等因素，对德育活动的结果也有重要影响。因此，在通常情况下，德育活动结果往往存在着对德育目标不同程度的偏离。这种偏离表现为动机与效果的矛盾，即效果对动机的偏离。一方面，存在着目标被实践所否定，不能实现全部目标的情况；另一方面，也存在着达到意想不到的良好结果的情况。在这两种情况下，主体都应从实际出发，通过反馈机制相应调节、调整自己的中介手段，其中包括对德育活动的工具、方式、方法、措施以及德育目标的调整，直至最大限度地实现德育目标。德育自身也正是在这种偏差与调整中完善自身、发展自身的。因此，这种目标与实践的偏差又可以称为"合法的偏差"。德育目标

正是在这种"合法的偏差"的推动下，寻找对德育规律和社会主体利益的契合，寻找自身对合规律性与合目的性的契合的。在"合法的偏差"下，正确的德育目标总是要成为决定德育活动结果的首要因素。

（四）德育目标层次间、域分间的辩证联结

德育目标的层次、域分问题是德育研究领域中的一个复杂问题。一般来说，在德育目标确定和实施的过程中，教育者总是自觉或不自觉地依据受教育者的心理水平、接受能力和成长发育的生理特点及思想形成规律和社会历史条件，因材施教；而且，德育目标在阐释自身时，也要求德育目标具有层次性和域分性。所谓德育目标的"层次"，主要是指德育目标在德育活动过程中，按照受教育者的特点及相应的目标要求而形成的不同水平或者不同阶段的标准。所谓德育目标的"域分"，主要是指德育目标按其内容的不同所形成的领域标准，它是德育目标在不同领域的具体体现。德育目标的层次性，体现的是德育目标的纵向划分标准；德育目标的域分性，体现的是德育目标的横向划分标准。

德育目标的层次间、域分间的辩证联结，要求我们在认识和处理德育目标时必须充分协调好两个关系，即过程目标与终极目标的辩证关系、首位目标与非首位目标的辩证关系。

1.过程目标与终极目标的关系

终极目标是德育的总目标，是德育目标体系中所含价值最高的目标，是德育能量作用于社会的杠杆，只有它才能集中地表现出德育对社会的全部意义，因此，它在德育体系中占有极为重要的地位。过程目标是德育体系中的局部或阶段性目标。在二者的关系中，其一，要坚持过程目标以终极目标为指导的原则。砖瓦只有用于建造大厦才能体现其自身的意义，细流只有汇入江海才能浮起巨大的航船。过程目标只有与终极目标联结起来，才能培养社会主义事业接班人和建设者的必备素质。因此，过程目标要转化成终极目标的有机组成部分，就必须以终极目标为指导原则。当然，过程目标虽不像终极目标那样在德育目标体系中占有最高地位，也不能表明德育对于社会的全部意义，但过程目标具有强烈的直接性和现实性。没有过程目标，终极目标就会成为空泛的抽象。反之，我们也不能将过程目标脱离终极目标并将其作为终极目标来追求。因为一旦失去终极目标的统摄，过程目标就失去了正确的指导，就会随着人们功利性的追求而成为盲目活动。为此，德育工作者必须树立牢固的终极目标观念，以终极目标统率过程目标，根据终极目标的要求对德育对象施加有目的、有计划的影响。其二，终极目标要以过程目标为中介基础。因为过程目标虽是终极目标的逻辑展开，终极目标是过程目标的逻辑起点和逻辑归宿，但是，没有一定的过程目标的演绎积累，终极目标是不可能形成的。我们必须重视过程目标的制定。同时，在制定过程目标时，要注意使目标与受教育者的内在需要相结合，与受教育者的成长、思

想和心理的发展层次相结合。离开了这两个结合，任何目标都会流于形式。此外，也要注意过程目标之间的衔接与连贯，以保证每一个过程目标与终极目标的逻辑一致性。事实上，终极目标的内容与形成状况，一般不会超越过程目标提供的可能性空间。终极目标虽是过程目标的最终归宿，是在过程目标逻辑发展基础上形成的，但它不是过程目标的简单集合，而是由过程目标抽象和升华生成的。这就是说，如果忽视过程目标，只强调终极目标在德育中的作用，忽视对人才的过程培养，或对人才的培养急于求成，幻想人的德行修养在某一刻突然达到理想水平，那么，最终将破坏终极目标赖以形成的基础，使终极目标成为无源之水、无本之木。这样的德育过程实际上处于盲目状态，必然会给德育工作者和受教育者带来极大危害。

2.首位目标与非首位目标的关系

学校的党团组织和所有的教员都要做好学生的政治思想工作。将政治方向放在第一位，实际就是将德育中的政治目标放在德育域分目标中的首位，成为首位目标。政治目标外的其他几个目标也就成了非首位目标。

德育的基本内容在内涵上和实践中无疑是互相联系、互相渗透的，但其各自的本质意义又是有区别的，不能相互混淆和替代。在德育内容上，显然是将政治方面的目标当作首位目标，其他目标当作非首位目标。但是，在德育实践和德育活动中，非首位目标并不意味着不重要。既不能以首位的政治方面的目标代替非首位目标，也不能使非首位目标泛政治化，更不能在新的市场经济发展的社会条件下只注意发展道德、心理健康方面的非首位目标，而忽略政治方面的目标。我们只有协调好德育目标域分间的关系，才能使德育健康发展。实际上，就政治教育目标而言，仅靠纯粹的政治教育是行不通的，而是要以其他域分目标方面的教育为基础、为条件；离开其他方面的支撑，政治教育难以落到实处。

需要明确指出的是，阐明德育目标域分间的首位目标与非首位目标，并不是说在德育活动的各层次、各序列都要过分强调首位目标。德育的内涵是丰富的，德育总是全方位地运行着，德育目标中的各层次、各域分都可能根据不同历史时期的实际和主客观需要而变化发展，加强或着重某一方面的教育不仅是可能的，而且是必要的。

在处理德育目标层次间、域分间的辩证问题时，要善于运用历史唯物主义和唯物辩证法的基本观点，不能把德育目标系统中的问题简单化、片面化。只有这样，才能使德育目标系统日益完善与科学，才能更好地满足新时期各方面对德育教育的新要求，为培养全面发展的具有较高德行素质的人才做出贡献。

四、德育教育的重要性

大学时期是人生道德意识形成、发展和成熟的重要阶段，在这个时期形成的思想道德观念对人的影响颇大。因此，大学时期是培养大学生对德育教育的认识，使大学生道德认

知形成、发展和成熟的重要阶段。高校德育教育对大学生的成长至关重要，正确的道德认知是处理好个人与他人、个人与社会之间关系的行为规范，以及实现自我完善的一种重要精神力量，更是提高人的精神境界、促进人的自我完善、推动人的全面发展的内在动力。由此可以看出，高校德育教育很重要。

（一）德育教育保证个体培养的正确方向，促进个人全面发展

德育，即思想、政治、道德方面的教育，德育教育对保证个体培养的正确方向，促进个人全面发展起主导性作用。目前，我国社会各界关于思想道德修养建设的呼声越来越高，当代的高校大学生作为高素质人才，不仅要具备高超的专业技能，而且应具备良好、全面的道德品质。思想政治教育在各级各类学校都要摆在重要地位，任何时候都不能放松和削弱。要说素质，思想政治素质是最重要的素质。不断培养学生和群众的爱国主义、集体主义、社会主义思想，这是素质教育的灵魂。思想政治教育和德育工作之所以重要，是因为它是一项塑造人的灵魂的工程，是教学生如何做人的工作。大学生德育教育是大学生形成良好道德品质的重要途径。一个人有什么样的道德行为，与他所受的德育教育分不开。一个人的大学阶段是培养其道德品质的最重要环节，无论在理论、实践还是在情感、心理上，大学生都非常容易接受正面的教育，大学阶段同时也是思想和行为定位的重要时段，这一阶段所接受的教育和文化熏染可以影响一个人一生的思想道德品质和价值取向。对大学生加强德育教育，是构建和谐社会的客观要求。和谐社会是指人与自然、人与社会、人与自身关系全面协调并在全社会范围内达到和谐融洽的社会状态。大学生是时代青年的佼佼者，走向社会后，他们的道德品质将直接影响整个社会的道德品质状况。对大学生加强德育教育并且提高其思想政治素质，已经不仅仅是党和国家的战略要求，也是培育我国社会主义事业的建设者和接班人的必然要求。当代大学生都成长于我国经济和社会的大变革时期，他们思想活动和心理状态的独立性、多变性、差异性非常明显，同时，在学习、生活、成长等方面他们面临着很多矛盾和困惑，很多大学生错误地认为就业不顺利仅仅是知识掌握、个人能力、面试技巧的问题，其实，造成这种局面的还有一个重要原因，即其思想道德素质不符合用人单位的要求。因此，高校要加强对大学生及时、正确的德育引导，使当代大学生树立正确的世界观、人生观、道德观和价值观。

（二）高校实施素质教育应突出德育教育在素质教育中的首要地位

培养人才是大学的根本任务。大学教育担负着培养人才的重任，大学德育则担负着培养高品德、高素质人才的重任。大学教育是大学德育的基础，大学德育融于大学教育，居教育之首，引领教育的方向。在中国，我们党的教育方针历来强调德育的意义和学生德智体美劳的全面发展，强调教育的德育方向。育人为本，德育为先，这就是我们的首要理念。

在素质教育中，德育起着决定性、主导性的作用。思想道德素质对于调动和发挥人们其他素质潜能，起着价值导向和调控作用，它决定着人的综合素质。所以说，以理想、信念、道德、世界观、人生观、价值观为主要内容的思想道德素质，是人的素质系统中最具影响力的要素，它关系到今后一个人的为人之道、处世之道。加强对大学生的德育教育，是培养高素质人才的需要。从人才培养的规律来看，大学生在校学习期间，是其世界观、人生观、价值观形成的关键时期，此时加强大学生德育，对于树立其正确的世界观、人生观、价值观具有决定性的意义，对于提高大学生识别和抵制错误思想倾向的能力，具有十分重要的作用。当今大学生容易受到互联网等新兴媒体的影响，缺乏社会实践经验，对网络等新闻媒体的一些报道不能正确理解和对待，往往容易产生偏见，从而影响自己的世界观、人生观和价值观，并可能出现政治信仰迷茫、思想信念糊涂、社会责任感缺乏、艰苦奋斗精神淡化、团结协作观念差等不良品质。从当今大学生的成长环境来说，也需要对大学生加强德育教育。

（三）德育教育能帮助学生成为国之栋梁

在大学阶段加强对大学生的德育教育，能使他们具备良好的思想道德品质，真正成为国家的栋梁之材。教育是民族振兴、社会进步的基石。人一生下来就需要学习，接受各种各样的教育，学习和教育是伴随人的一生的。教育也是提高国民素质、促进人的全面发展的根本途径。坚持德育为先，不断推进素质教育，是教育改革发展的战略主题，也是贯彻党的教育方针的时代要求。学校的根本任务是培养人，以德育人既是培养人才的重要手段，也是培养人才的重要目的。德育工作始终要围绕解决学生"做什么人、走什么路、为什么学"的问题。高等学校是培养中国特色社会主义合格建设者和可靠接班人的重要"摇篮"，其必须重视德育教育，必须切实加强和改进大学生的思想政治教育工作。当今社会，我们既可喜地看到当代大学生在大是大非和重大灾害面前展现出良好的政治素质、强烈的爱国情怀和高尚的精神风貌，但同时应该看到部分学生的思想观念、价值取向在市场经济的作用下出现了新变化，他们对一些重大问题还存在模糊甚至是错误的认识。因此，要加强对大学生的德育教育，让他们具备良好的思想道德品质，成为国家的人才。总之，高校必须始终保持清醒的头脑，以提升德育教育质量为重要途径，克服多方面因素形成的新挑战和新问题，更好地帮助学生健康成长和成才。

我们常常把学校教育分为德育、智育、体育等几个主要的方面。在学校教育中，智育重在对人智力的开发，这是培养创新人才才智的主要手段，它主要是通过课堂教学来实现的。德育是政治教育、思想教育和品德教育的集合，现在也有人把心理健康教育归为德育。长期以来，学校教育总是人为地把德育与其他教育割裂开来，把德育当作学校分工中的一个门类，总是把"教学"放在一切工作的中心地位，这种"教学崇拜"有不断加强的

趋势，使学生才智因素的培养有了观念和行动上的保障。但在此情况下，学生非才智因素的培养工作就会弱化，这是必须要解决的问题，加强德育就是为了应对这一问题的。事实上，德育属于教育目的的范畴，它不是学校的一种工作，而是学校一切工作的归宿，是学校一切工作的最终目的之一。

塑造人类的精神和铸造人的灵魂是时代赋予教育的重要任务。不少人往往有这样一种思想误区，即把学生道德的有无，局限在对人的意志与行为是否有限制与防范上，将道德教育变为空洞的说教和粗暴的灌输。这种观点通过强硬的纪律约束、严密的管理程序、量化的评价手段和无情的惩戒措施，严格地控制了学生的道德行为和道德成长，无视人的价值内涵和精神品性，把本应温情脉脉的道德教育变为琐碎的行为训练和消极防范。毋庸置疑，信息时代对人的要求之高是前所未有的，道德的社会作用之大是前所未有的，道德教育的紧迫也是前所未有的。人的全面发展首先是德育的发展，因此学校教育不可能少了德育。

学校德育是个系统工程，主要体现在其内容和实施途径上。就内容来说，学校德育应该包括爱党、爱国、爱人民、爱劳动、爱科学、勤奋学习、遵纪守法、心理健康等各方面；就实施途径而言，学校德育是以专门的思想品德课为主，各学科渗透，充分利用校内团队、各种群体组织和集会、节日庆典、升降旗仪式、晨会和课外活动等形式落实的。

实施素质教育首先是思想观念的转变，而思想观念转变的一个重要途径就是在实施素质教育的过程中进行德育渗透，充分利用素质教育的主阵地——课堂，对实施素质教育的主体——学生，进行思想渗透。如何加强高校各学科的德育渗透，是当前教育改革一个亟待解决的重要课题。

在全社会普遍重视加强和改进大学生思想道德建设的大氛围下，学校作为专职教育单位，"把德育放在学校一切工作的首位"已是共识。加强对学生进行政治教育、思想教育、道德教育、法纪教育和心理品质教育，对促进学生全面发展起着主导性作用。为了树立"课课有德育，人人是德育工作者"这一教育理念，教育工作者应积极开展"各学科渗透德育"工作，拓展德育阵地，增添德育渠道，丰富德育形式，扩充德育内容，使学校传统美德特色教育在学科渗透中增添新的时代内涵，在加强和改进大学生思想道德建设中发挥重要作用。"人之初，性本善；性相近，习相远"，由此来看，人的一生，"习"性教化可谓最重要了。一个人从出生到入学属于童年时期，是启蒙阶段，主要受教于家庭环境和父母；从入学到毕业属于青少年时期，是成长阶段，主要受教于学校环境和教师；从学校毕业以后属于成年时期，是工作阶段，主要受教于社会环境和自我教育，以至终身。一个人跨入社会后的成人期，其工作、生活、为人处世的"德行"，主要来自前两段时期的"教化"。那么，学校教育在整个人生长河中起到什么具体作用呢？学校教育主要应起补救、输送、升华的作用。因此，作为人生中间阶段的学校教育，就要针对每个学生家庭教

育的现状，及时采取补救、输送、升华的措施，这应成为学校德育工作的主导思想。

学校德育的职能主要是输送和升华。家教如溪流，优劣如清浊，学校教育如江河，我们应集泉纳溪，江流成河，以保证学生融入集体，循着正途奔向人生的海洋，避免其流进沼泽，误入歧途。学校德育是个系统工程，整个人生道德、行为习惯的养成主要是在学校教育阶段获得。学校德育的升华教育就是要把每个人潜在的道德意识从原始状态提升到理性认识，并进一步养成每个人的自发性的行为习惯，使其成为每个人跨入社会后各项工作得以顺利进行的重要保证。学校德育是人生道德过程中最重要的一环，因此每一位教育工作者都应认真贯彻落实党和国家的教育方针，始终把德育工作作为学校工作的首要任务来抓，为把每个学生都培养成对社会有用的合格公民而努力。

第二节　德育教育初探

一、道德教育是学校德育的根本

在我国的德育理论和实践中一直存在着一个重要问题，那就是德育概念的外延如何界定。一些人采用广义的德育概念，认为德育包括思想教育、政治教育、法制教育和道德教育等；而另一些人采用狭义的德育概念，认为德育只能是道德教育。其中一个不能否定的命题是，无论我们如何定义德育，道德教育都是学校德育甚至是全部教育的根本。对于德育概念界定的广义和狭义的争论，实质上是一个如何看待思想教育、政治教育和道德教育的地位和关系的问题。直到今天，许多人仍不敢理直气壮地肯定学校德育的根本是道德教育，其实是害怕一个并不存在的"风险"：被人扣上否定思想教育、政治教育及其重要性的帽子。

（一）强调道德教育的基础性质是最基本的教育共识

强调道德教育的基础性质是教育界的一个最基本的共识。这一命题可以从理论和实践两个方面予以佐证。从理论上来说，"道德教育是教育的根本"是许多教育学家的共识。从近代教育学产生之日起，强调道德教育的基础意义，就与教育学家们对教育的价值属性的共同认知紧密联系在一起。今天的教育已经进入了互联网时代。科技教育在学校教育课程中的比例正在无限增大。但是，世界上理性的教育学家们都一致肯定教育的价值性，都承认道德教育在全部教育中的核心地位。

从全球视野来看，随着可持续发展观念的确立，以及学校教育对于道德教育的深入反思，强调道德教育在全部教育中的基础性和重要性，采取不同措施，强化不同形式的道德

教育，是当代教育理论与实践的共同取向。

我国教育界亟待完成学校德育的重心转移：从泛化的德育走向以道德教育为核心的、基础的、常规的学校德育。在道德教育基础之上，塑造中华民族基本品格的学校德育、学校教育，是我国改进基础教育品质，迎接新时代、新开放、新挑战的必然选择。

道德教育是学校德育的根本。由于学校是进行系统道德教育的重要阵地，青年学生是公民道德教育的重点人群，公民道德教育是学校德育的重要内容。明确道德教育在学校德育中的基础地位和作用，对于增强学校道德建设的自觉性、减少随意性、克服盲目性、提高学校德育工作的实效性、促进学生德智体美劳全面发展，具有重要意义。

（二）道德教育是思想政治教育的基础

德育是对受教育者进行思想品德教育的一种教育活动，一般包括政治教育、思想教育和道德教育几个部分（心理素质教育应贯穿于整个德育过程），它们既相互区别又相互联系。政治教育是关于政治原则和政治方向的教育，其功能主要是确定教育的阶级属性和解决人的政治方向；思想教育是关于世界观和人生观的教育，其功能主要是培养人的科学的世界观和人生观，提高人的认识能力和帮助人们掌握科学的思想方法；道德教育是伦理道德规范和基础文明的养成教育，其功能主要是通过使人掌握道德原则和标准教人学会如何做人和评价他人等。根据青年学生成长的特点和品德形成的规律，德育内容应有不同的层次。对青年学生来说，思想政治教育属于学校德育框架中的高层次教育，它更理论化、更宏观、更概括，学生接受这种教育往往需要更多的生活积累。相对而言，道德教育则更倾向于实践，属于德育框架中的基础层次教育，它是处理人际关系的一种行为准则。

在学校德育体系中，道德教育具有基础性作用。政治和思想教育的繁枝茂叶，是根植于道德教育的沃土的。从学生道德品质的养成入手，实施政治思想教育，符合青年学生的接受水平，较易实施，并且可以使道德教育收到"由近及远""推己及人"的功效。因此，政治教育和思想教育虽然是学校德育中不可或缺的内容，但学校德育的重点应放在道德教育上。

（三）道德教育是个体思想品德形成的基础

道德教育不仅是政治教育、思想教育的基础，而且可为青年学生打好做人的基础。道德教育的主要目的和功能之一就是教人通过掌握道德原则和标准学会做人，懂得做人的基本道理。一般来说，一个心地善良、乐于助人、有强烈道德责任感的人，会走上一条服务社会的人生道路；一个恪守道德规范的人，由于其良心的自律，他会比较自觉地遵守法律规范和政治规范；一个有高尚道德操守的人，能够为民族和国家利益采取积极行动，乃至献出自己的青春和生命。在历史上，一些具有高尚道德品质的人，尽管他们在世界观、

价值观上不尽一致，甚至在政治上可能有分野，但是他们不会故意去伤害国家和人民。而一个没有道德良心的人，很难在政治上保持坚定，一个空有理想而实际缺少道德的人，其"理想"也很难真正变成现实。

学校教育的首要任务是使学生学会做人，把青年学生培养成为社会主义事业的建设者和接班人。学生从小养成做人的基础伦理道德和良好的行为习惯，会终身受益。否则，恶习一旦养成，矫正起来就十分困难。因此，学校德育应该把道德教育作为基础工程切实抓好，在培养青年学生良好道德品质上狠下功夫。

个体思想品德的形成和发展具有一定的顺序。人的道德意识一般是先于他的政治意识、世界观、人生观产生和形成的人的道德行为也先于其政治行为、法律行为形成和发展，并且对其思想品质和政治品质的形成与发展产生积极影响。

人的道德品质为什么总先于其思想品质和政治品质的形成与发展呢？第一，个体思想品德的形成与发展受其身心发展水平的制约，与其身心发展水平相一致。第二，个体思想品德的形成与发展，是以其自身所参与的活动和交往为基础与中介的，与其所参与的活动和交往的范围、性质、水平相一致。具体地说，学生的抽象思维还没有充分发展，理论思维水平还很低。他们还不可能真正理解社会发展的规律以及人生的真谛，从而不能真正拥有科学的世界观、方法论和正确的人生哲学。从时间上看，学校的思想政治教育应当在适当的道德教育之后逐步进行；从逻辑上看，学校的思想政治教育应当建筑在基本的道德教育基础之上。

（四）道德教育是增强德育实效性的基础

学校德育在发挥道德教育基础作用的同时，还应注意道德教育的层次性，这样才能增强实效。社会中的先进分子，体现了高层次的共产主义道德要求，这种崇高的道德应在现实社会中加以提倡，它起着导向作用。对社会中的大多数人来说，应要求他们遵守社会主义道德的基本要求，而社会中的少数后进分子，最起码应具备社会公德这一基本的道德要求。承认道德的层次性，可以使我们根据具体情况对学生提出恰当的要求，而不用"高、大、全"的模式"一刀切"；承认道德的层次性，还可以激励人们在道德上全面发展。我们既要鼓励在关键时刻能挺身而出、舍己为人的英雄，也要肯定在日常工作、生活中能兢兢业业、埋头苦干的人和为人诚实、守信的人。

道德教育是学校德育的基础工程，而道德教育又要以社会公德为基础。以公德教育为基础，是由公德自身的特点决定的。社会公德是维护人类秩序、调节人际关系的最基本的需要，也是人们社会生活的最基本需要。社会公德简单、具体，对社会关系的调整面比较广，容易做到，而且其中包含着崇高道德的萌芽。

二、新时期高校德育实效性研究

在德育教育体系中，德育的内容有"现代德育"与"传统德育"之分。有人把现代德育称为"大德育"，是指通过知识传授、观念养成、性格培养等途径来提高受教育者在思想观念、政治意识行为规范、心理调适等方面的素质。它超越了以往单纯的以道德修身、观念养成为主要内容的传统德育观念，涵盖思想教育、心理教育、思维教育、道德教育、社会交往教育。它强调人格的不断健全与完善、内在身心潜能的发展，教育学生如何做人、如何做事、如何思考，并使他们的思想道德素质、文化素质和身体心理素质得到提高和完善。

纵观德育教育的发展历程，当前大学生德育工作取得了显著的成绩，大学生思想主流积极、健康、向上。但是，随着近年来国内外形势的发展变化，大学生德育的新情况、新问题不断涌现，大学生德育工作的实效性受到挑战。因此，如何增强新形势下大学生德育工作的实效性，以更好地促进大学生综合素质的发展和整个社会的进步，成为当前亟待研究和解决的重要课题。

（一）高校德育实效性概念

德育这项实践活动所取得的实际效果被称为德育实效性中的"实效"。具体来说，德育实效性是指通过投入一定的人、财、物、时间等，获得最佳的效果和最大的好处，即德育目标在特定的环境条件下的实现程度。如果德育对改善学生的道德素质产生了积极的推动作用，那么德育就是有实效性的；若没有产生推动作用，那么德育就没有产生实效性。高校德育的实效性，是高校德育工作者通过课堂等主渠道将德育理论传授给在校学生，让学生通过自我的学习和感悟，将其转化为自身内在的道德素质，再通过一定的德育实践，将这种内在的道德素质转变为生活中的日常行为的程度。

（二）提高高校德育教育实效性的对策

德育可以说是学校教育的灵魂和先导，它与智育、美育、体育、劳育相互联系，彼此渗透，对学生的全面发展和健康成长起着重要作用。因此，相关人员必须高度重视德育教育，把德育教育工作放在学校工作的首位。但新时期德育工作的环境已经发生了很大的变化，学校需要与时俱进，相应地转变工作方法。

1.增强学校重视程度，完善德育工作机制

（1）加强领导，完善德育工作机制

学校应该建立完善的德育管理体制和工作机制，把学校党委作为德育工作的领导核心，成立以学校党委为首的德育工作领导小组，由领导小组负责德育工作方针、德育工作

任务和总体规划的研究、制定，形成党委统一领导、党政齐抓共管、全校紧密配合、上下共同推进的德育工作体制。高校应建立系统的德育教育体系，明确目标，细化责任，在全校范围内广泛推行，营造良好的育人氛围；引导全体教职工共同履行以人为本的德育教育原则，制定相应的制度。

（2）加强德育工作队伍建设，努力打造一支专业化、职业化的德育工作队伍

德育工作队伍是高校德育教育的组织保障，高校的德育教育工作除了学校党委的重视外，主要依靠德育工作队伍来完成。当前的德育工作人员主要是学校的党政干部、"两课"（我国现阶段在普通高校开设的马克思主义理论课和思想政治教育课）教师、辅导员和班主任，他们往往身兼数职，工作任务繁重，很难拿出专门的时间和精力来对学生开展德育教育。高校党委应高度重视，加强组织领导，真正把德育工作放在首位，采取切实措施，培养一批具有坚定的政治方向、扎实的理论功底、敢于开拓创新的德育工作队伍，提高其职业化和专业化水平，使这支德育队伍真正成为大学生健康成长的指导者和大学生全面发展的引路人。学校领导层面应从各个方面给予德育工作队伍适度的关心，适当倾斜待遇，提高德育工作岗位的吸引力，吸引更多的教师加入，不断扩大和充实德育工作队伍，真正建立起一支高水平的德育工作队伍。同时，应适时地对德育工作者进行培训，统一其思想，提高其认识，使之在掌握德育理论知识的同时积极开展学术研究，真正成为德育领域的专家，增强其归属感和使命感，提高德育工作队伍的稳定性，从而真正实现德育工作队伍的职业化、专业化。

2.充分发挥德育教师的人格示范作用，营造全员育人氛围

对学生来说，学习知识固然重要，但具备良好的人格和品德更重要，一个品德低下、道德败坏的人是不会赢得他人的尊重，成就自己的人生的。

学高为师，身正为范。教师的一言一行、一举一动都对学生有着强大的示范作用和潜移默化的影响。因此，我们必须加强高校教师的思想道德建设和职业道德建设，提高教师的道德修养和综合素质，不断提高德育工作人员师德修养，充分发挥教师的人格示范作用，树立以人为本的服务意识，做到为人师表、言传身教，通过教师的人格示范作用培养学生为人处世的态度，使教师成为学生崇拜的对象、信赖的朋友，从而达到成功传递科学的道德观念和价值标准的德育教育目标。我们应强化"育人为本，德育为先"的理念，让更多的教职工参与到德育教育队伍中，把全员育人、全方位育人的思想贯穿到学校教学、管理、服务各个方面，努力形成全员参与、齐抓共管的良好德育氛围。

3.创新德育内容，改进德育教育方法，增强德育实践

（1）创新德育内容

当前的德育教材内容相对滞后，对学生缺乏吸引力和感染力，并且普遍存在着以说教、灌输为主的方法，学生处于一种被动接受的状态，这些都影响了德育教育的效果。我

们应积极地创新德育教育内容，注重与时俱进，不断挖掘当前社会热点中所包含的德育素材，利用身边的德育资源，将德育教育渗透到学生生活的方方面面，而不仅是单纯地停留在教材的"理论"或"概念"上；合理地借鉴国外优秀的德育理论和德育教育方法，丰富德育教育方法和形式；注重中华优秀传统文化的传承和启迪作用，让学生深刻领会和感受传统文化的魅力，乐意接受并传承传统文化中的精髓，并能将之转化为内心自觉的信念和实际行动。新时期高校道德教育内容要贴近学生的生活实际，满足学生的现实需要，充分彰显"以人为本"的德育理念，只有这样才能真正走进学生的心灵，启迪学生的道德思维，深化其已有的道德认识，增强其道德选择和判断能力，从而培养其良好的道德行为习惯，增强德育教育效果。

（2）改进德育教育方法，增强德育实践

德育教育不仅要传授知识，示范行为，使学生"知其然"，还应该让学生"知其所以然"。在具体的教育方法上，要改变传统的灌输模式，采取多样化的教育手段，可运用案例分析、小组讨论、演讲、辩论等方法，增强学生的参与热情，调动学生学习的积极性和主动性，使学生成为道德认知的主角；积极组织学生参加道德实践活动，通过志愿者服务、假期社会实践、与福利院孤寡老人及社区"空巢老人"结对帮扶等活动，让学生认识到自我修养的必要性，从而使学生对德育教育内容内化于心、外化于行。德育教育方法应贴近社会、贴近生活、贴近学生的实际，适应大学生的成长特点。在德育课程教学中，还可以探索德育教师与团委、学生社团联合开展活动的方式，在德育实践活动中让德育课老师参与活动的设计和规划，并全程跟踪和指导，把课堂教学内容融入社会实践活动，实现理论向实践能力的转化，帮助大学生认识社会、服务社会，在实践中强化道德内容，巩固道德信念，并建立科学的评价体系，将实践表现计入德育课成绩，以增强德育教育的实践效果。总之，德育教育只有从态度、形式、内容、方法等多方面加以改进，做到与时俱进，才能真正发挥应有的育人作用，达到预期效果。

4.确定恰当的德育目标，优化德育环境

（1）确定恰当的德育目标

德育目标是德育工作的出发点和落脚点。社会对人的道德发展要求是多层次的，学生道德发展水平也是一个由他律到自律的逐渐完善的过程。要求所有的学生不分阶段、不分层次都达到同样的道德高度和水平是不合理的。高校德育目标的确立必须遵循德育规律，不但要立足现实，密切联系当今时代背景，而且要符合当代大学生身心发展规律，有计划、分层次地进行。因此，高校德育工作者必须重视德育目标中的层次性问题，充分认识德育工作的阶段性和渐进性特征，增强德育的针对性，分层次确定恰当的德育目标，满足不同道德层次的需要，比如对学生中处于精英层次的优秀学生及学生干部，由于他们在同学中起着示范作用，对他们的德育目标可适当地提高，以便让他们有更高的追求，而对于

部分表现欠佳的学生，则可适当地降低对他的德育目标，让其先从基本的人格修养和公民素养做起，从而提高德育的实效性和针对性。

从总体上来看，高校的基本德育目标应划分为两个层面：基础目标应体现"如何做人"，即要求大学生具有基本的人格修养和公民素养，使之具备诚实守信、遵纪守法、爱国敬业等品质；高层次的目标则是"如何做一个高尚的人"，即要求大学生树立远大的理想抱负，具有为国家、为人民无私奉献的精神，具有为人民服务的高尚品质。当前的德育教育要抓好基础层次的道德教育，将其放在首位，即分阶段、分层次、循序渐进地培养学生基本的人格修养和公民道德，使学生更好、更快地向更高层次的道德目标迈进，从而实现高等学校的德育目标，真正实现立德树人。

（2）优化德育环境

德育环境是指对德育实施和效果产生影响的各种外部因素，包括宏观环境和微观环境两个方面。宏观环境包括社会环境、家庭环境和网络环境等，主要是对高校德育产生的影响范围；微观环境指的是高校内部环境，包括学校的教学环境、校园文化环境、管理环境、服务环境等。高校的德育教育主要是通过微观环境将德育渗透到学校各个环节，通过教书育人、管理育人、服务育人对德育对象产生潜移默化的影响，以达到德育教育的目的。

首先，优化高校德育的宏观环境。国家高度重视对德育教育的宣传和引导，积极引导学生正确认识国际、国内形势，营造正确的舆论氛围，运用新媒体加强网络教育，净化网络，对社会现实问题加以分析和探讨，有针对性地为学生解惑答疑，提高学生辨别是非的能力。重视家庭教育，家庭教育对于学生的成长、成才起着至关重要的作用，当前的家庭教育普遍存在着重智轻德的现象，需要学校与家庭加强联系，转变家庭教育观念，优化学生的成长环境。

其次，优化高校德育的微观环境。高校要大力加强教风、学风和校风建设，积极开展文明有益的校园文化活动，优化育人氛围，净化校园环境，积极培育大学精神，加强人文关怀，丰富校园文化活动，强化校园的制度文化，切实加强校园环境建设。此外，高校要充分调动全体教职员工的积极性，真正实现全方位、全过程、全员育人，充分发挥宣传舆论的导向和宣传作用，创造良好的育人环境。

最后，作为大学生思想品德形成、发展的重要外部因素，高校德育环境对高校德育工作有着重要影响。大学阶段是青年学生思想成熟、人格完善的重要时期，高校德育环境的优劣将直接影响到大学生人生观、世界观和价值观的建立。伴随着社会的快速发展和新媒体时代的到来，青年学生的成长环境发生着巨大改变，德育工作者要正视当前德育环境的变化，充分利用媒体、网络等资源，加强正面宣传，积极营造良好的社会舆论氛围，不断优化德育环境，改进德育目标，实行显性教育和隐性教育相结合的方式，让学生在潜移默化中接受德育，并将其内化到自己的行为之中。

5.创新德育理念，把社会主义核心价值体系融入高校德育

（1）创新德育理念

新时期高校德育教育要紧密结合社会实际，树立以人为本的德育理念。高校德育教育要充分尊重大学生的主体性地位，积极地转变观念，将学生的被动接受转变为主动学习。高校德育内容要贴近社会、贴近生活、贴近实际，教师在德育引导的过程中需要切实加强与学生的沟通和交流，加强人文关怀和情感投入，找准着力点，让德育教育不仅能解决学生较深层次的思想问题，而且能解决其生活中的实际问题，遵循德育教育的规律，融入社会主义核心价值观，引导大学生学会主动选择，充分发挥自我教育能力，通过一系列科学的、行之有效的方法、举措和途径，帮助大学生树立新的德育理念，使之真正做到道德信念内化于心、外化于行。

（2）引导学生积极培育和践行社会主义核心价值观

青年可以说是这个社会中最活跃的群体，也是代表现在、影响未来的关键人群，倘若能用社会主义核心价值体系引领青年人的思潮，也就在很大程度上成功引领了整个社会意识的走向。特别是当今时代，活跃的社会思潮对大学生影响显著，部分大学生在价值选择和判断上摇摆不定，思想呈现出盲目的多元化发展趋势，表现出个人主义、功利主义、自由主义的倾向，缺乏远大理想、社会责任感和公民意识，用社会主义核心价值观对其进行有效的教育引导，非常必要。

6.构建高校、社会、家庭三位一体的德育教育模式

德育教育作为一个庞大的教育体系，不是单纯地依靠某个机构或某些人就能完成的，它应该是一个系统工程，学校、社会、家庭等因素都会对它产生影响，任何一方面的作用都不可小觑，如果仅有单方面的力量是很难达到预期效果的，因此学校、家庭和社会三方力量应当形成合力，齐抓共管，只有这样才能实现德育教育的最大效力，才能真正创造出高校德育教育的良好局面。

（1）抓住学校德育主阵地

学校教育可以说是德育教育的主渠道、主阵地，当前的德育教育主要还是通过高校的"两课"课堂、学校的号召宣传、校园文化的浸润、德育工作者的教育引导来进行，不同的学校虽然重视程度不同、采取政策不同、教育效果不同，但我们都无法忽视学校在德育教育中的主阵地作用。传统的学校德育虽然存在诸多弊端，但仍是高校进行德育教育的主要阵地。我们应该深刻认识到学校对学生的培养作用，积极创新教育模式和手段，加大投入，真正发挥学校在德育教育中的主阵地作用。学校党委应提高认识，完善德育教育工作体制，打造"全员育人、全方位育人、全过程育人"的良好格局，实行常规教育和专题教育相结合的教育模式，并针对不同学生的不同特点，分阶段、分年级进行。另外，思想政治理论课是各专业学生必修的基础课，要重视它的作用，并且在专业课的讲授中充分挖掘

课程中的德育因素，有机渗透德育内容，强化学科的德育功能；积极开展专业实践活动，融入人生理想、完善品格、社会责任等方面的教育，不断丰富学校德育教学内容、方式和手段，切实将其应有的作用发挥出来，提高德育教育的实效性。

（2）转换德育方式，保证学生的主体地位

在新时期，教师要尊重学生的主体性、能动性、多样性，以"以人为本"思想为指导开展德育工作。为此，教师需要树立师生平等的观念，从学生的思想实际出发，以服务者的身份教育学生、管理学生。在此基础上，创造条件，给予学生更多的自由发展空间和思考空间，培养学生的主体意识。同时，教师应及时了解学生的思想状况、学习状况等，与学生加强交流，为选用合适的德育方式作好铺垫。相关教师必须积极改善教学方式，让所采取的教学形式能够更加容易地被学生接受。

（3）加强社会德育正向引导

作为高校德育教育的大环境，社会对高校学生德育教育的影响是巨大的、无形的。我们要充分意识到社会这个大环境的作用，把社会作为学生德育教育的基础，积极营造良好的社会舆论氛围，加强社会公德、社会责任、公民意识的教育引导，多传播正能量，树立正确的荣辱观，让学生更好地感受到社会这个大环境所营造的德育氛围；国家加强对主流媒体的监管，清理网络空间，及时遏制网络中不良信息的传播，弘扬正气，营造良好的舆论氛围；通过社会考察、社区服务等社会实践形式来增强教育效果，积极挖掘社会中的德育资源，发现典型，树立典型，发挥榜样的示范作用，聘任模范的校外兼职辅导员对学生开展德育教育；积极联系爱国主义教育基地、德育实践基地、社区等德育教育基础场所，开展德育实践活动，比如在社区开展志愿者帮扶、公益爱心、社会主义核心价值观宣讲等活动，让学生自己去挖掘身边的好人好事、道德模范，发挥普通人的榜样示范作用，这有利于青年大学生接触和了解社会，有利于其道德观念的形成，并有利于其将道德观念外显为行为。

（4）强化家庭德育教育

家庭教育也是德育教育不容忽视的重要渠道。在大学阶段，我们常常会忽视家庭教育对学生成长的作用，学校和家庭之间由于时间和空间的原因，普遍缺乏联系，但是家庭教育对学生的德育教育起着非常关键的作用。由于血缘关系，家长和子女之间有着密切的情感联系，父母可以通过言传身教的方式对学生进行德育教育，起到德育教育中社会和学校无法替代的作用。大学阶段是青年学生人格养成和价值观形成的一个重要阶段，家长不应放松对子女的教育。作为高校，应积极地呼吁家长多关注看似独立的大学生，家长要及时了解子女的思想动态和心理状况，发现问题及时向教师反馈。在教育上，家长不能仅仅关注子女的学业成绩，更应该关注子女的现实表现和道德养成，改变以往单一、强硬的教育管理模式，结合子女的性格特点，做好积极沟通。家庭教育在学生德育教育中发挥着不

可替代的作用，具有独特性，但是在家庭德育教育的过程中，由于不同家庭的文化层次不同，家长素质不同，教育模式也千差万别，时常会出现随意性、盲目性等问题，这也需要学校加以引导，学校应加强与学生家庭的沟通和联系，建立有效的家庭—学校合作机制。

学校、社会和家庭构成了德育教育的全面网络，在时间、空间上几乎覆盖了学生的全部生活，但三者有着各自不同的优势，也存在着各种不足，若想实现德育教育的良好效果，提升德育教育的实效性，就要将社会德育、学校德育和家庭德育有机结合在一起，实现优势互补，从而形成德育合力。我们应积极构建"以学校德育教育为主导，以家庭德育为基础，以社会德育为依托，以学生为德育教育的主体"三位一体的教育模式，实施全方位的德育教育，不断创新教育内容、教育方法和教育手段，进而从整体上提升德育教育的实效性。

（5）学校、家庭、社会齐抓共管，营造良好的德育氛围

德育在大学生自我价值观、道德观养成过程中所占有的地位是非常突出的，此外，家庭、社会等因素也对大学生道德观的形成有一定的影响。因此，家庭、学校和社会需要共同努力，营造良好的德育氛围，让学生能够在生活和学习中感受道德的力量。学校、家庭、社会基本涵盖了学生日常生活的各个部分，其在推进德育的过程中各有优势，但是不足的地方也相对突出，相关教育者只有促进三者的有效结合，才能够最大限度地发挥德育的有效性。

在营造社会氛围的过程中，要积极发挥大众媒体的作用，多宣扬正能量，让学生从大众媒体了解到培养自我道德的重要性。在对学校德育氛围进行构建的过程中，则要把重点放在建设学校文化上，通过校内刊物、校内讲座等多种形式加强学生的道德观念。至于家庭氛围的营造，则需要家长以身作则，对大学生进行充分引导，为其塑造正确的价值观奠定基础。

（6）更新德育的内容，让德育和生活紧密相连

道德的发展会受各个时期各种各样因素的影响。高校在实施德育的过程中，也需要考虑德育内容是否贴合学生实际。在开展德育工作的过程中，相关教育者要联系大学生的思想实际，尽可能地使德育内容和生活贴近，这对于大学生解决实际问题是非常重要的。为更新德育内容，高校应从德育的一般培养目标出发，根据德育工作的实际，分层次、有重点地确定具体的德育工作目标和内容。

一般情况下，高校德育工作的目标在横向上分为道德教育、法纪教育、心理教育、思想教育、政治教育五项常规内容；纵向上按年级从低到高层层递进。譬如，对刚踏入校园的学生进行德育教育时，可以把重点放在提升学生自我约束能力上；对即将踏入社会、步入工作岗位的学生进行德育教育，则应把德育内容放在促使学生爱岗敬业及提升学生的责任心上。

除了常规的德育内容，还要注重德育内容的与时俱进，要根据新的教育观念纳入新的德育内容。只有及时地根据学生的年龄和特性对德育内容进行更新，才能够最大限度地确保德育的实效性。

德育对学生素质的提高起着极为关键的作用，是学生自我不断发展的重要途径，也是学校应尽的义务。青年大学生的道德素质对于国家的发展极为重要，但当下高校的德育在实效性等方面还存在欠缺。因此，德育工作者必须加强对德育的重视，积极完善德育系统，尽可能地保证所采取的德育措施能够符合相关教育实际，为德育作用的发挥奠定基础。

德育对于学生自身素质的提高是非常重要的，这是学生不断提升自我发展的重要途径，因此，学校必须加强重视。在传统的教育模式中，师生是很少进行交流的，这就使得教师不能及时地了解学生的想法，进而不能及时地对现有的德育方法进行调整。相关德育措施的采取则能够让学生更好地利用道德观念对自我行为进行约束，这对于学生的全面发展是极为重要的。

三、大学生德育教育途径探析

当今时代，综合国力的竞争日趋教育深度的延伸，高等教育的发展已成为衡量一个国家经济社会发展水平的重要指标。因此，我们需要加强大学的道德建设，加强教师的治学道德和培养学生的道德推理能力，将知识与道德结合起来，建设中国的理想大学。

（一）道德的内涵

道德历来都涵盖人的外在行为规范和内在德行培育两个方面。要使行为正当、合理，就必须在个人之外存在某种普遍合理的道德规范，对个人的行为作某些必要的限制。然而，道德不仅限于行为的正当合理。人有情感、有思想、有属于自我的目的追求和私人的生活领地，这就是人的内在道德，它是人类德行追求的人性之源，也是人并不会因为财富和金钱而完全得到满足的内在原因。

（二）德育的内涵

德育是教育者按一定的社会要求，有目的、有计划地对受教育者的心理施加影响，以培养教育者期望受教育者具有的思想品德的工作。思想品德就其内容而言，包括人们的政治立场、世界观以及道德品质等方面。

（三）加强学生道德教育的途径

1.提高教师素质

即使认识到道德问题的重要性，学校聘请教师也并不是以品德作为最高标准的，教师的学术水平仍是最主要的，品德只是一个相对来说比较偶然的因素。学校的聘请制度看重教师自身的学术能力，这无可厚非，但是，对于教师本身的素质来说，"学高为师，身正为范"，教师平时的言行举止、职业操守、习惯以及对待学术的态度，对学生来说都具有重要的教育作用。如果要让道德教育复兴，教师一定要训练有素。

2.授课形式多样化

教师在课堂上如果只是陈述一些道德原理，对学生只是一味地进行思想灌输，这并不能培养学生对道德问题的推理能力，也不能帮助学生及时处理他们生活中出现的道德问题，而是应将陈述观点的授课形式改为讨论的形式，通过组织课堂讨论来鼓励学生认识道德问题，让学生提出论据，然后进行评估，最终得出一个经过理性思考的结论。详细的讨论有助于揭示一些具体问题。

另外，在课堂上也可以尝试进行道德推理，经过仔细推理，学生可以弄清和解决许多道德问题。例如，针对学生为考试作弊行为辩护的问题，要通过道德推理让他们意识到作弊行为并不会带来评分制度的改革，而只会造成对其他学生的不公平等。

3.加强理论联系实际

道德教育不能脱离道德实践。我们的道德教育理论工作者多提倡超越物质追求的精神享用。永恒的道德是不存在的，随着社会的发展，道德理论的内容也在不断改变。

学校道德教育是道德建设的主阵地。高等教育应该充实学生的思想，而不是仅仅使他们形成道德习惯。课堂可以提供对待事物正确的认识态度，但它不是一个培养德行的好场所。培养德性需要实践，实践需要时间。诚然，道德观或道德习惯的养成在很大程度上依赖于课堂之外的诸多因素，如家庭影响、社会政治观点、信仰、朋友、偶像崇拜等。同时，我们也必须承认课堂教学在塑造学生人格方面的作用确实有限，但这并不能成为拒绝开设道德课程的理由。大部分学生的道德表现都得益于他们所受的教育，通过道德教育，他们对道德问题表现得更敏感，能用自身的价值观来处理他们实际生活中所遇到的道德问题。

（四）加强大学生德育工作的有效途径

在人类发展的不同历史阶段和不同社会制度中，个体的思想政治与道德教育层面的理论研究和实践锻炼，都是促进社会发展的重要环节。社会主义学校的德育，一般包括政治教育、思想教育、道德教育三个方面。基于此，大学生德育应该是学校根据大学生的生理

和心理特点，依据思想品德形成的规律和特点，对大学生进行的思想、政治、品德等全方位的素质教育。

1.重视课堂教育

课堂教育包括思想政治教育课教学、专业课渗透和公共选修课等。专业课渗透要求授课教师将德育教育内容有机融合到各专业课程，通过系统讲授专业知识对学生思想品德起到潜移默化的作用，从而挖掘专业方面具有思想性的内容，对学生进行道德教育。公共选修课应当侧重对大学生进行人文精神培养，人文精神是锤炼大学生思想品德的重要内容，高校要多开设人文社会科学学科的选修课程，把选修课作为提高大学生修养和道德境界的重要渠道。

2.强化党团工作

党团工作包括基层党团组织建设、党校团校培训、党团主题教育活动等。党团工作对坚持中国特色社会主义办学方向、落实立德树人的根本任务具有关键的作用。高校党委必须加强对学生德育工作的领导，贯彻落实党的教育方针政策，重视和加强基层党组织的思想建设和组织建设，利用党风党纪教育、党建工作示范点，推动党支部工作创新立项，严格落实"三会一课"制度，严肃党员发展等途径，发挥好党组织的战斗堡垒作用，利用党校专题培训、主题报告、党员经常性教育、组织生活会、警示教育等形式，激发党员的先锋模范带头作用。共青团是党的助手和后备军，高校共青团系统要经常组织团员学习中国特色社会主义理论，开展"与信仰对话""青年马克思主义者培养工程""基层团支部达标建设"等形式的活动，带动青年团员坚定跟党走中国特色社会主义道路的信心。此外，要抓好基层党团组织以及共产党员和优秀共青团员的思想、作风建设，通过他们带动和影响全体学生共同进步，从而为大学生德育工作提供强有力的组织保障。

加强大学生德育工作必须完善管理体系。高校对于大学生的管理包括制度建设、日常行为管理、学习管理、公寓社区管理等内容，目的是使学生形成良好的文明习惯、学习态度、道德风尚和生活作风。大学生正处在青春期，自我管理能力还不强，这就要求高校在注重大学生思想政治教育的同时必须辅之以必要的管理手段：第一，应该依据"立德树人"的根本目标，制定符合党的教育方针、教育发展规律和学校实际情况的管理制度，建立和完善各项工作的标准流程和处理途径，确保管理工作的规范化、科学化、制度化。第二，应该将管理教育融入管理的各个环节，将学习管理、文明行为养成教育、公寓社区建设等有机结合起来。第三，应该将管理和教育、奖励和惩罚有机结合，注重规章制度的严谨性和工作实施的公开公正，提高学生的公平竞争意识，达到真正教育学生的目的。

3.丰富德育活动

德育活动是指寓教于乐的、形式多样的对大学生进行道德教育的活动，具体包括科技创新、社会实践、志愿服务、素质拓展等内容。大学生精力充沛，成才意识强烈，喜欢通过参加各种各样的活动来提高自己的综合素质，这就要求高校根据自身实际情况设计一系列品位高雅、使人喜闻乐见的活动，让"有意义的事情"变得"有意思"，丰富大学生的精神文化生活，提高大学生的动手实践能力、组织能力和创新创造能力。比如，高校拥有强大的科研平台，可以结合专业特点设计各类科技创新竞赛，在科研活动中对大学生进行专业思想创新意识、创造思维和职业道德等教育。

第二章 德育工作方法的创新及其路径

第一节 德育工作方法的创新

一、高校德育工作概述

高校德育承担着直接为社会培养思想政治素质过硬、道德情操高尚的合格人才的重任，对大学生健康成长和学校工作具有导向、动力、保证作用，对建设社会主义物质文明和精神文明，促进社会全面进步具有重要意义。

全面了解新形势下高校德育工作方法的现状，转变德育观念，增强德育工作方法的针对性和有效性，对于进一步深化高校德育改革，全面实现高校人才培养目标，具有十分重要的意义。

高校德育方法应在原有基础上有所创新，应能在当前的社会中发挥更好的作用。创新不仅是人类发展和进步的客观要求，也是人类生命存在的内在需要。一个人的生命存在不是一种简单的重复，而是一种追求，即对一种更好的、新的生命存在性的追求。生命存在本身所要求的不是持续不断地保持某种原有的状态，而是要求一种创新、一种改变，这种创新作为生命的一种自我存在意识付诸现实活动，就是对现状的改造。所以说，人的生命存在活动的基本特征，就是在保持生命存在状态的条件下对生命新的存在形式进行不断创造，超越生命。

（一）高校德育工作和高校德育工作方法

高校德育工作是指围绕大学生的思想政治素质和道德品质的提高而进行的一系列工作，主要包括"两课"——马克思主义理论课、思想政治教育课，教师从事的教学工作和学生思想政治工作专职干部从事的教育管理工作。

我国高校通常采用说服、树立榜样、指导修养、品德评价等方法进行德育教育工作，这些教育方法多少带有强制意味。这种强制性的"灌输"容易引起学生的反感，使之产生抵触心理。而且这种德育过程往往缺乏师生的讨论交流，缺乏学生的尝试和反思，在很大程度上禁锢了学生的思维，限制了学生的自主性和创造性，致使思想道德教育不受学生欢

迎，流于形式，实效低下。以往的德育工作途径多以课堂上对德育理论的讲授为主，给学生"灌输"理论，给学生"讲"什么应该做、什么不应该做，而与学生的交流少；其他从事学生思想政治工作的专职人员对学生的思想道德教育也多停留在说教上，停留在学生出问题后的帮助、教育上，很少结合学生的思想实际、现实需要开展工作，缺少与学生心理的沟通和实践性环节，不善于利用现代教育手段，工作途径比较狭窄。

高校德育的基本职能是对学生进行道德教育，引导大学生培养和树立马克思主义的世界观、人生观和价值观，鼓励他们争做社会主义"四有"新人。从当前高校德育工作的总体实践来看，其主流是好的，在培养社会主义合格的建设者和可靠的接班人方面发挥了不可替代的作用。

针对大学生思维活跃、思维状况复杂的情况，可以改经验型的德育工作方法为科学型的德育工作方法，将心理学、伦理学、社会学、美学乃至系统论、控制论、信息论、现代管理科学等学科知识引入德育工作领域，努力提高德育工作的知识含量。

（二）高校德育理论基础和基本原则——杜威实用主义道德教育理论

约翰·杜威是西方道德教育领域最有影响的教育家之一。目前流行的各种道德教育模式无一不源于杜威的理论，尽管他们的研究结果超出了杜威的理论假设，但在某些方面仍留有杜威思想的痕迹。以美国著名哲学家、伦理学家、教育家和社会活动家杜威为代表的实用主义道德教育理论，把道德教育作为研究人的科学。他认为，人的研究首先或最终必须归于人或人的本性，人的行为首先受制于人的本性发展，必须从人的本性与外部环境的相互作用中求得解释，因而道德教育是依据"人的本性的科学"。杜威认为，人的本性确有某些难以改变的倾向，主要是人的本能。但本能不是人性的全部，从根本上说人的本性总是在与外部环境的相互作用过程中不断改变着。正是这种可变，才使道德和教育成为可能。人的本性可变，才有道德的需要和其发挥作用的可能，而道德对人的本性的控制方式就是教育，在此意义上，教育的方向、基础和意义都系于道德的要求、教育和道德的相互统一。

道德的发展是以理智的发展为前提的，但知识含量只体现个体素质的内涵，而人的德行却体现个人发展的方向。一个掌握先进技术和科学知识而在道德和人格上存在缺陷的人，往往会给社会带来危害。杜威认为，道德教育应当是在活动中培养道德品质，从做中学，他主张在活动中养成道德品质，而道德表现在人的某个行为特性中。唯有在活动中，人们才能够既掌握道德知识，又养成道德品质。

1.在参与社会生活的活动中形成道德判断力

杜威认为，一切能发展有效地参与社会生活的能力的教育，都是道德的教育。因为只要学校"与社会脱离，学校里的知识就不能运用于生活，因此也无益于品德的形成"。

美国著名心理学家约翰·杜威为，传统教育的失败在于忽视了学校作为社会生活的一种形式的基本事实，只是把学校作为教师传授知识、学生学习某些僵死的课业和培养某些固定习惯的场所。实际上，这些东西并不能成为学生生活经验的一部分，因而并未真正具有教育的作用，却同时成为道德训练成功的障碍。

杜威还认为，让学生参与社会生活的方式之一是把学校本身变成一种典型的社会生活。学校在这方面的道德责任就是要设计适合学生需要的各种活动，使学生在集体生活中受到刺激和控制。

2.课程和教材的道德教育作用

通过各科教学进行道德教育，有以下两方面的含义。

一方面，教材必须联系社会生活。他建议，应当把学校学科作为理解社会活动情况的手段，把熟悉过去作为鉴别现在生活的有效力量，或变为应付未来的有效的工具。因此，学校的各门学科只有按照了解社会生活方式去教的时候，才具有积极的伦理上的意义。

另一方面，教学必须以心理变化为依据。杜威认为，对学生来说，教材永远不是从外面灌进去的，学习是主动的，它包含着心理的积极开展，它包括从心理内部开始的有机的同化作用。没有任何一门学科本身自然而然地具有固定的教育价值，因此，如果不顾及学习者的发展阶段，就无法实现教育目的。在杜威看来，把一套固定的行为规则或"坚硬"的道德习惯强加给学生，或者把已组织好的知识一股脑地灌输给学生，都是忽视个人的特殊能力和要求，忘记了一切知识都是一个人在特定时间和特定地点获得的。因此，有效的方法是使教材"心理学化"，从而便于学生吸收并转化为自己的行动指南。

3.以解决问题促进道德成长

杜威认为，理想的道德训练方式乃是"民主"的方法，即"科学的方法"，也就是运用智慧进行"探究"的方法。人在适应环境的过程中，会遇到包括道德在内的各种疑难问题。人与环境的作用，就在于努力寻找解决问题的途径与方法。所有这些都不是通过强制的灌输，而是借助创造性的智慧对道德问题进行的积极的探究。在道德训练的过程中，教师通过提供现实生活中的"道德两难"问题供学生思考和讨论。教师的任务是激发学生的反省思维、好奇心和寻求新见解的态度，目的是让学生学会"如何决定做什么"。这种方法虽可培养学生"民主""合作"的态度，提高学生的判断力，但这种方法必须使用得当。教师设计的问题不能难得超出学生能力所及的范围，应使新问题的困难程度大到足以激发思想，小到加上新奇因素自然带来的疑难，足以使学生得到一些富于启发性的立足点，从此产生有助于解决问题的建议。

二、高校德育工作方法的创新

对高校德育工作进行梳理和反思，就会发现高校德育工作面临着很多问题，集中反映

出来的问题要求高校必须进行德育工作方法的创新。新的形势也需要高校德育工作从新的思维和新的视角出发，站在"人的全面发展"和"传承传统文化"的理论之上对高校的德育工作方法进行创新。面对未来的种种挑战，高校德育工作的个性化、社会化、终身性等特征，要求一系列实践创新活动需在正确的理念指导下不断探索。高校德育工作应当根据社会与经济发展的需要，借鉴和吸收现代文化和信息技术的积极要素，从计划经济时代传统的灌输型德育模式转向辨析型、引导型的德育模式，构筑起一种新型的互动关系。

（一）新形势下高校德育工作创新应注意的几点问题

1.把诚信教育作为德育工作的基石

诚信是一个人思想道德素质最核心的外在表现，是每个人立足社会不可或缺的"无形资产"。大学生作为社会主义事业的建设者和接班人，时代要求他们成为具有较高诚信的群体。在日常工作中，我们通过开展诚信教育、建立信用评判指标体系、师生共建信用档案等手段，使诚实守信构成校园文化的重要特质，切实加强高校德育工作的实效性。

2.把转变观念作为德育工作发展的前提

德育的出发点，不是禁锢人、束缚人、约束人，而是以学生全面发展为本，为其指引方向。德育不仅是社会道德的内在要求，还是学生自我生存、自我发展的客观需要，在德育工作中，要善于将社会道德要求转化为学生的自我要求，形成内在的道德认识和自觉的道德行为，任何教育只有最终转化为自我强化才能真正达到教育的效果。同时，德育工作需要构筑新型的德育思维，实施情感型教育模式，只有这样才能引起学生的共鸣，得到学生的信任，增强引导的作用。

要转变德育观念，发展咨询教育。长期以来，我们习惯于以教师或教育者的身份，通过正面灌输来对学生实施教育行为，学生则以受教育者的身份被动、消极地接受教育。发展咨询教育的目的，在于把学生与教师置于公平地位。教师以专家身份出现，为学生提供咨询服务，学生要求咨询服务则完全属于个人主动行为，这种全新的服务模式与当前大学生思想个性化、独立性强的倾向相匹配，从而把德育从宏观、普遍教育层次推及每一个学生微观的个体心理层次。发展咨询教育应该成为高校日常思想道德教育工作的一个重要发展方向。

3.要把组织文化作为德育工作的有效载体

人是环境与教育的产物，德育不能仅靠说服教育，还要营造育人的优良环境和浓厚氛围，营造有品位的文化氛围。敬业、精业的组织文化，让学生在其氛围中去思考、感悟、理解，净化灵魂，升华人格，完善自我。组织文化从人的共同价值取向出发，注重焕发人的精神，具有自我激励的作用，这种对学生潜移默化的影响和熏陶具有深远性，而且作用深刻。所谓大学组织文化，就是指在大学这个特殊的组织里，以大学师生员工为主

体，以办学实践为客体，通过组织内部的教育、教学、科研、生产、生活等实践活动所创造出来的综合文化。建立组织文化的核心是培养成员的敬业精神，敬业是一种基于责任心对工作、对事业全身心的投入精神，对大学生来说，表现为对学业的完全投入和对集体的热爱。强调承诺和奉献的组织，往往会产生强大的凝聚力和吸引力，使学生学会精业、敬业、合作、沟通，力求以浓厚的文化积淀构筑较高的精神层次，实现较佳的组织绩效。

4.要把德育工作融于日常教育

目前，大学生中普遍存在着道德认识与道德行为脱节的现象，所以必须将德育工作层次化、实践化，强化大学生的日常行为管理，将德育与日常教育、与大学生成才观教育相结合。毋庸置疑，一个社会需要的合格人才必须具备较高的思想道德素质。因此，必须从学生一入校就着手抓大学生的思想教育，将思想道德建设和择业观教育相结合。同时，在大学校园中开展丰富多彩的、具有深层次意义的活动，将德育寓于活动中，使学生在活动中增长知识、提高素质。德育建设的一个显著特点是知行合一，大学生德育建设必将经历从知道到信任、从信任到行动的过程，面对知识经济、信息时代的冲击，我们必须强化德育实践环节，从大学生的基础文明入手，低起点、高标准地设计、执行、评估、反馈德育工作。

5.要积极抢占德育工作的主阵地

一方面，互联网时代，网络为德育工作提供了更便捷的交流手段和更丰富的信息存储；另一方面，网络的信息混乱、理性缺乏问题也为各种负面信息的存在与传播提供了载体，给德育工作带来了诸多障碍，如何抓住机遇，应对挑战，成为高校德育研究者必须解决的一个紧要课题。我们必须探索利用互联网开展德育的有效方式，抢占主阵地，力争建设有吸引力、权威性的德育工作网站，增强网站内容的理论性、现实性、客观性、实效性、归属性等特点，同时加强网络管理和监控工作。

（二）新形势下高校德育工作方法的创新

面对目前高校德育存在的问题，面对新形势下的挑战，面对我国知识经济发展对思想政治教育的迫切需要，面对高校教育中德育工作的生命线地位，高校德育工作必须实现理论上的突破和实践上的创新。

1.德育意识的全员化和德育格局的全方位

全体教职工都负有德育工作的责任，要做到"三育人"，即教书育人、管理育人和服务育人。全体教师应该更新教育理念，彻底改变只有德育教师才负有学生道德教育的责任这种错误思想，高度重视和充分发挥每一位教师的育人作用。教师要树立正确的教育思想，做到言传身教，为人师表，以自己的行动感染学生，使他们受到道德的熏陶。要发挥各科教学的德育功能，结合教学相关内容和各个环节，在适当的时机对学生实施道德教育。

学校各项服务工作都应有德育功能，只是有的德育教育的因素比较明显，而有的比较隐蔽。学校各项管理工作都应尽力与德育工作相互配合，注意道德教育因素，紧密结合实践，着眼于对学生的教育，从严要求，注意方法的使用，使学生从中受到感染、激励和教育。

2.德育目标的层次化

德育目标是德育活动所要达到的目的和要求。我国还处在社会主义初级阶段，多种所有制形式、经营形式、分配形式并存，社会道德方面既有属于高层次的、代表未来方向的共产主义道德，也有调整个人与社会、集体、他人关系的社会主义道德，呈现出以社会主义道德为主体的多种道德并存的局面。与之相适应，高校德育必须打破传统的"大一统"的目标模式，大学生的道德水准呈现多层次、多规格的特点，高校德育工作应根据大学生不同年级、不同身心发展水平，针对学生人生观、价值观、道德观及思维方式上出现的新特点，根据社会发展阶段的新要求，从培养时代新人着眼，从抓基础项目入手，分阶段、分层次制定德育目标。

首先，在思想政治教育上，对处于不同层次的大学生应相应地确立爱国主义者—社会主义者—共产主义者三个目标层次。热爱祖国是对大学生最起码的要求；坚持社会主义方向，立志做社会主义事业的建设者和接班人，理应成为绝大多数学生的基本要求；在此基础上，培养和塑造一批具有共产主义理想和觉悟的先进分子。按不同目标层次对大学生进行近代史和国情教育，党的路线方针政策教育，形势任务教育，民主和法制教育，马克思主义道德观、人生观和世界观教育。

其次，在日常品德教育上，使学生形成良好的劳动态度、生活作风、集体观念、社会公德、职业道德、社会责任感、历史责任感等是德育的多层次目标。作为普通公民，大学生必须遵守社会公德，这是对每个大学生最起码的要求；作为高等教育的接受者、未来各行各业的高级专门人才，大学生应该具有较高的职业道德和敬业精神；作为未来的社会主义建设者和接班人，大学生理应具备较高的文化修养和道德水准，成为社会主义精神文明建设的骨干和中坚力量。

最后，在心理素质上，对大学生既要强调一般心理健康的要求，也要注意培养他们在市场经济条件下应具备的那些心理素质。

德育目标的层次性启示我们，要坚持从实际出发，区分不同层次，明确不同目标，有针对性地实施德育，不能将只有先进分子才能达到的目标要求所有人员普遍达到；在德育过程中，坚持德育目标社会主义初级阶段的现实性与体现共产主义理想的方向性的特点，要求应各有所重。

3.利用网络把德育工作透明化，道德档案能查有所证

国家教育部门可以考虑借助网络方便、快捷的优势，对每个学生建立道德档案。每个

年满16周岁的公民都在网络中建立档案记录，此记录主要包括以下内容：姓名、年龄、所受教育情况，以及最重要的一面——道德行为、道德素质。人的道德素质记录，也就是做人记录。在我国确实有必要建立这种负责机构，在核实事件真伪的基础上，将公民的道德行为记录在案。这种方式便于用人单位和相关人士进行查证，在用人、选人时道德档案可以作为一个很重要的参考。当然，这只能起到一种参考作用。起到一种激励作用，促进个人提高自己的道德素质，改变不当的行为习惯，按照社会的道德规则约束自己的行为，逐渐从他律走向自律，这才是建立道德档案记录的目的所在。

4.德育方法多样化、层次性

德育方法是为完成德育任务所采取的手段。由于德育过程是一个多因素相互影响、多层次的发展过程，大学生思想品德的形成受到社会、家庭、学校以及学生个人身心发展状况诸方面的影响，德育必须通过影响思想品德形成的各种条件的综合作用才能奏效，这就决定了德育方法的多样性和层次性。德育方法从不同的视角可以分为不同的层次。例如，从德育主体和客体的角度，可以分为主体外部灌输和客体自我修养两个层次；从德育内容权重的角度，可以分为理论教育、实践教育；从德育的类型，可以分为氛围型、渗透型、情感型、审美型；从德育方法的特点和作用，可以分为说服教育法、情感陶冶法、实际锻炼法、榜样示范法、修养指导法等。具体的分析可以从以下几个方面入手。

（1）要正确处理理论与实践的关系

实践的观点是认识论的首要观点，实践既是认识的起点，又是认识的归结点，更是检验认识正确与否的唯一标准，所以道德教育如果有意无意地忽视实践性，那么道德教育必将走向异化和虚无。一个人品德的形成不是思想与知识的直接结合，只有在实践中才能加深认识和感情，坚定意志和行动。所谓要在道德教育中把理论与实践相结合的原则，就是要在教育中实现教育内容的可检验性、教育形式的可感受性。道德教育与实践相结合，才能激发学生的兴趣和主动性。道德实践具有形象、生动、丰富的特点，实践中有真实的人性展示，有心理情绪变化，有多层次价值展示，能使学生产生好奇心、探究心，并引发学生投入感情与体验，从而激发"兴趣"，引导学生进行道德理性思考。道德教育理论与实践相结合，才能使学生实现道德品质真、善、美的有机统一。在道德教育中必须坚持"知、信、行"的统一，否则道德教育只会走向空洞和虚无，而道德理论与实践相结合是贯通"知、信、行"的桥梁，所以在道德教育中理论与实践相结合的意义是相当重大的。

大学生正处于世界观、人生观、道德观形成的重要阶段，他们认识、改造世界的科学方法以及辨识是非的标准不会自然形成，只能通过理论教育和实践体验来获得。因此，德育工作既要重视系统的理论教育，又要重视社会实践活动教育。当代大学生身心发展有一个重要特点，就是思维能力显著增强和自我意识显著增强，他们不轻信、不盲从，比较注重事实，也要求对身边的事物给以理论上的回答。德育教育者必须研究现实，结合实际，

根据大学生的特点，把加强和改进"两课"的教学与培养道德行为结合起来。当前德育工作在强调学生道德知识掌握的同时，更应强调其道德行为的践行，大胆拓展大学生接触社会的机会和领域，使认识、体验、践行结合。

（2）要创造利于德育工作开展的环境

道德教育不同于纯粹的知识传授，道德教育源于生活又必须回归生活。学生只有在一定的社会环境和社会关系中，其思想道德素质才有可能形成和发展。正如柯尔伯格所说，个体道德品质的形成过程是在受教育者自身与社会环境相互作用中，道德经验不断结构化的过程。环境对人的影响是潜移默化的，但作用是巨大的，所以只有优化环境，才能取得比较理想的教育效果。

第一，必须优化内部道德教育环境。内部道德教育环境指学校内部物质的和精神的、有形的和无形的诸种因素相互制约、相互作用所形成的教育环境，包括硬环境和软环境。学校必须健全教育网络，将教书育人、管理育人、服务育人落到实处，形成扶正祛邪、扬善惩恶的校园风气；将日常思想教育工作作为贯穿高校德育的红线，充分发挥党、团、学生会团结和引导大学生进步的重要作用，使学生多渠道、多角度、多形式地接受教育。

第二，要优化道德教育外部环境。道德教育要取得实效，只重视校园内道德教育环境是远远不够的，学校必须和社会因素相互配合，使道德教育内部和外部产生共同的正向作用，只有这样道德教育才能达到理性的效果。

（3）灌输与疏导的方法相结合

理论灌输是德育教育的主要方式，共产主义理想和信念的教育不可能完全依靠实践实现，而必须通过适当的灌输方式加以引导。但在新时期，高校要对灌输的内容和形式加以改进，要区别不同层次、不同对象，加强针对性；要理论联系实际，以加强现实性，避免空洞说教。道德品质的完善不可能通过强行的灌输来完成，只能通过理性诱导，激发学生积极思考，引导学生比较、分析、鉴别，组织一系列启发式的德育活动，使学生在掌握思想道德规范的同时学会思考、判断、分析社会问题以及人生问题等，使大学生科学地认识自我与社会、自我与集体、自我与他人的关系，从而实现预期的德育目标。

（4）开展社会实践

组织大学生参加社会实践，是实现德育培养目标的基本要求。社会实践是大学生的一种认识世界、改造世界的社会生活，是理论联系实际、为社会服务的有效形式，是学校联系社会的纽带，是引导学生走与人民群众相结合、与实践相结合的健康成长道路的有效途径。大学生从学校到学校，缺少社会感受性，接受教化和熏陶的机会少，容易造成和社会脱节的危险，在学校中学到的道德教育知识很难应用到社会的交往中，因此，参与实践活动是大学生接受社会化教育的较好途径。

德育工作者要积极探索和建立社会实践与专业学习相结合、与服务社会相结合、与

择业就业相结合、与创新创业相结合的管理机制，认真组织大学生参加各种形式的实践活动，使大学生在社会实践中受教育、长才干、做贡献，增强社会责任感。

（5）要把他律教育与学生自我教育相结合

事物的转化，外因是条件，内因是根据，外因只有通过内因才能发生作用，正确的道德思想的形成需要科学理论的指导，而理论不可能在人的头脑中自发产生，需要从外部灌输进去。但是，道德思想要真正转化为学生的道德行为，必须经过主体的认同，达到自律的程度，才能内化为个体的品行特征。

教育者向学生灌输的社会意识、道德规范和提出的教育要求，只有在教育者的影响下，经过学生主动地进行一系列思想交流，才能转化为学生的思想品德。因此，在德育过程中，教育者必须改变以往的单纯的自上而下的灌输方式，适当运用自我教育，让学生主动拟订教育计划，积极采取强化措施，自觉进行思想道德转化和行为控制，这对学生个人思想品德发展有巨大作用。自我教育是提高德育工作质量，促进学生优良思想品德形成和人格完善的关键。

（6）要加强德育队伍建设

高校要按照"政治坚定、素质过硬、专兼结合、功能互补"的要求，建立一支能适应高等教育改革新形势、具有战斗力的队伍，这是实现德育培养目标的重要保证。此外，高校在招聘学术性人才时也要注意道德品质要过关，而不要只看高学历这一点。

教育者自身的形象和素质，对受教育者能否接受其教育有着直接的影响。大学生是一个特殊的群体，他们已经具备相当的文化知识和分析判断能力，会用自己的价值取向对待学校各类工作人员的言行，并根据自己的标准决定取舍。德育工作者应在师德方面作学生的表率，要以自身高度的觉悟和高度的职业道德感染学生、关心学生，对工作一丝不苟，好学不倦，虚心求教，努力提高自身的素质。

高校应认真选拔德才兼备、素质较好的人员充实德育队伍，把德育队伍建设纳入学校师资队伍、干部队伍建设的总体规划。按照"政治坚定、品德优良、业务精湛、专兼结合"的要求，建立一支兼职为主、专兼结合的德育队伍，充分发挥辅导员在德育工作中的主导作用，发挥党、团、学生会在德育中的自我教育、自我管理作用，将学校各种力量有机地结合起来，统一目标，统一组织，统一计划，统一措施，发挥德育队伍的整体功能。

加强德育队伍建设，一是要注重提高德育工作者自身素质。一方面，通过各种激励措施使德育工作者具有较高的政治觉悟和思想政治素质，使他们掌握现代科学技术和文化知识。德育工作者要做到既通晓德育理论知识，又深谙心理学、教育学、社会学、伦理学等有关知识，形成较为全面的知识结构；另一方面，要努力营造人人追求高尚人格的氛围，促使德育工作者用自身的人格力量去感染人、教育人。二是要为德育工作者提供更多的学

习深造和实践的机会，努力培养一批德育工作的专家。三是要采取必要的政策和措施，提高德育工作者的地位和待遇。

（7）要使德育活动社会化

现在各种通信技术与媒介已成为人们获取信息的重要渠道，高校德育影响源无限增大，这无疑加大了高校德育工作的难度。高校德育需不断向家庭、社会延伸，高校德育已不再可能闭门造车，我们必须打破原有的狭隘教育模式，寻求一种有利于学校、家庭、社会教育三者相互衔接、相互补充的一体化模式。

家庭是影响大学生思想行为的重要因素。学校必须积极寻求家庭的配合，通过各种途径与形式，与家长建立经常性的联系，普及家庭教育知识，引导家长参与学校道德教育，使他们能够更好地、更有效地致力于培养子女良好的行为习惯和基本的道德修养，优化家庭教育环境。

任何人都是生活在一定的社会环境中的，大学生总是在社会环境中接受教育的。无论是社会的政治、经济形势，还是社会传媒的宣传以及社会风气，都对大学生接受德育的效果产生极其重要的影响，在发挥学校主体作用的同时，德育工作者还应努力挖掘和利用社会德育资源，拓宽德育领域，通过建立健全社会实践活动基地、校外教育网点，加强对文化市场和娱乐场所的管理，动员、组织、协调社会各方面的力量支持学校做好德育工作。

德育方法的多样性和层次性提醒我们：不同时期，不同环境，不同的教育对象，要有针对性地采取不同的德育方法；德育过程中要注意各种方法的有机结合，优势互补；既要发挥德育主体的优势，又要尊重德育客体的要求，在德育主体与客体之间寻求最佳结合点，以达到最佳德育效果。

总之，学校德育在学生成长过程中具有不可替代的作用，该作用的发挥有制约条件，尤其受社会大环境的影响与制约。高校德育只有构建起德育活动社会化模式，合作育人，建立起学校、家庭、社会相互协作的综合化社会教育网络，形成全方位的德育格局，才能取得最佳的德育效果。

（8）进行民族文化教育和理想信念教育

深入开展爱国教育、集体教育和社会主义教育，加强诚信教育。有着5000年灿烂文明的中华民族，在漫长的历史长河中铸造了高尚的民族灵魂，有着丰富的优秀文化和优良传统，涌现出一大批具有高尚人格的历史人物。高校应充分利用这些优秀的文化传统和历史遗产，教育和引导当代大学生，增强他们的自尊心、自信心和自强心，使他们具有远大的理想和抱负，具有崇高的精神境界，具有艰苦创业、开拓进取精神。在新的形势下必须结合大学生的特点、结合有关专业知识和文化科技知识来开展思想道德教育，寓教于学，寓教于乐，寓教于管理。德育工作者要根据新情况、新问题，有针对性地采用多样化、多渠道、多载体的方法进行德育教育。

（9）要充分发挥"两课"主渠道的作用

马克思主义理论课和思想品德课是对学生系统进行思想政治教育的主渠道和基本环节。德育工作要把"两课"作为重点课程来建设，不断改革"两课"的教学内容与方法，努力提高教学实效。同时，"两课"要以时代精神为主旋律，踏着时代的节拍不断更新内容。

（10）优化校园文化环境

第一，加强校风、学风建设，创造良好的育人环境。良好的社会风气和校园道德文明的氛围，会使学生受到潜移默化的教育和熏陶，对强化大学生的内心信念，减少乃至消除他们社会行为的失范，起到很好的环境教育效果。

第二，净化校园文化环境。科技的高速发展使大学生接收信息的渠道更为广泛，必须充分认识到，应充分发挥好校园文化的先导作用，构建与现代化进程相适应、集古今中外文化之精品于一体的校园文化，从而拓宽学生的知识视野，提高学生的文化素质和情趣品位。

第三，加强校园文化建设，优化育人环境。要通过开展各种文明健康的文化、科技和体育等活动，建设文明、整洁、优美、有序的校园环境，充分发挥环境的育人功能，增强高校思想政治工作的针对性、实效性。校园文化活动对于陶冶学生的情操、提高学生的综合素质发挥着重要的作用。扩大高校思想政治教育，应强化对学生课余活动和生活的引导与管理，积极推进思想政治工作的"新三进"，即进宿舍、进社团、进网络。此外，应深入开展大学生社会实践活动，积极推进大学生文化科技卫生"三下乡"活动、青年志愿者活动和社会公益劳动等活动。

第四，培养一支具备坚定的共产主义信念、高尚的道德品质、精湛的网络技术、敏捷的反应能力和强烈的开拓进取精神的德育工作队伍。他们应该既懂思想道德教育艺术，又懂网络技术。网络时代要求有这样一支适应新形势的德育工作队伍。只有把德育和网络技术结合起来，才能有效地解决网络时代德育工作面临的挑战和问题。德育工作者要系统地学习网络知识和技术，把握网络思想道德的状况和特点，洞悉学生思想动态，能够在网络上有针对性地进行思想政治教育工作，提高思想道德教育的水平和效果。

第五，当前的学校德育管理是一个开放的管理模式，高校可充分开发和合理利用显性和隐性教育资源，以求得管理的最优化。学术界有人重新界定德育是一种"点圆式"教育，这种"点圆式"教育就是以学校为中心点，以学校和家庭为另外两个射点，以最强的主动性和创造性画圆，由点及圆，积极探索并达到最佳的教学目标的工作方法。

（三）高校德育工作方法创新的尝试性策略

创新是主体通过探索去解释和把握世界的规律，并遵循和运用事物的规律，催生富有全新价值的新事物的过程和结果。创新是一个艰苦的过程，在这个过程中我们必须充分发挥主体的能动性，而这种能动性的发挥必须符合事物的发展规律，同时受到客观条件的制约。因此，高校德育方法不仅在其创新过程中面临着挑战，更重要的是这种方法的创新必须要正确地应用于教育实践，并对实践产生预期的影响和效益。高校德育是一门科学，其知识体系要经得起现实生活的检验和历史的验证。一般来说，德育的有效性主要表现为德育活动对其预设目标的实现程度。这是一个尝试性的过程，也是检验我们的创新方法的科学性的过程。任何教育理论都不可能放之四海而皆准，因此，任何新的教育理论的实践都必须是谨慎的、尝试性的。

基于我们对现代道德教育现状的分析，我们认为在今后的道德教育中，指导思想和实际内容都要有所改变。从大的方向来讲，我们的道德教育首先要做到以下几点。

第一，高校高度重视道德教育。这显然不是一个创新，因为在我国各级教育目标中都明确地把道德教育作为教育的首要任务和内容。但实际上在我国的高等教育阶段，道德教育并没有真正被提上日程，高校的道德教育实际上主要是政治教育和大学生日常规范教育。道德教育的真正意义已经丧失无遗。因此，结合现阶段社会道德水平下降、道德信仰无所坚持甚至道德信仰衰落的状况，高校德育必须反思自身。高校应肩负起大学的责任，把大学精神真正落到实处。大学的责任不是仅仅授予学生一个谋生的证书和学历，更重要的是让学生传承中华民族的优秀道德文化传统。

第二，德育内容的选择和安排必须以德育目标为依据，德育目标是根据社会主义教育目的、德育任务、当前的形势及青年学生的思想品德水平确定的。以往我国的德育目标过于单一，不分层次，片面强调目标实现的高水平、高要求，这造成德育内容各组成部分比例不恰当，如政治比例过高，道德教育的内容强调不够，层次性体现不足。当代大学生思想发展的特点和阶段性，决定了高校德育工作必须有针对性地、科学地、系统地安排内容，做到不同教育阶段有不同的侧重点。根据社会转型期价值观念多元化的趋势和学校德育一元化导向的多种任务，现阶段高校德育内容应在固定不变的一般化、单一化的社会、阶级和民族规范教育的基础上，逐步增加现代社会的一般的或普通的社会规范和技术规范教育内容。马列主义基本理论教育、共产主义理想教育、爱国主义教育、集体主义教育、劳动教育、纪律教育和国情教育等，仍是德育的基本内容。人道主义、科学精神、环境意识、全球意识、和平与发展意识、合作意识等全社会、全人类共同的一般行为规范教育，应成为德育的重要内容。开放意识、竞争意识、主体意识、创造意识以及艰苦奋斗、无私

奉献精神乃至社会责任感、心理承受能力、受挫折能力教育等，也应成为德育不可或缺的内容。当然，不同的历史时期，主客观的临时需要可以使某方面的教育有所侧重。现阶段，人们的生活方式、思维习惯和价值观念日趋个性化，思想活动、行为习惯具有明显的个性特征和复杂的层次性。当代大学生思想发展的特点和阶段性，决定了高校德育必须具有时代性和针对性，要根据时代发展需要和学生的思想实际，精心设置德育的内容体系。

根据我们对当前德育现状的分析，以及我们在这个问题上的思考和探索，现在高校德育方法的创新和应用还要从以下几个具体方面入手。

1.加大对学生的精神投入，培养学生的独立创新精神是高校德育的重要指导思想

以学生为中心，加大对学生的精神投入，培养学生的独立、创新精神，是一个重要的指导思想。高校是培养人才的地方，它一方面担负着为社会主义建设事业培养各类专门人才的任务，另一方面还要达到培养高素质人才的目标。要实现这一目标，就必须坚持以学生为中心，这是高校一切工作的出发点和落脚点，也是做好德育工作的基本原则。学校必须为学生提供全方位、全过程、全员的育人服务，创造良好的育人环境。在德育方面，必须抓好精神投入，造就社会主义事业新人。所谓精神投入，是指对人的需要的关怀、重视、理解、支持，具有明显的情感色彩。对高校德育的对象大学生来说，精神投入所关注的是他们的自身价值能否得到提升和发挥，能否被教师及其他同学认可和赞同，从而觉得自己就是教学的主体。大学生的视野开阔、思维活跃、情感丰富、青春焕发，他们追求自身价值的实现，注重人与人的友谊和交往，看重社会评价、荣誉、信义和成就感的满足，这些都会直接影响人与人的感情，更影响心与心的沟通。因此，抓好精神投入，就是要着眼于情感的调节、灌输，开展形式多样的教育活动，培养学生对人生、对社会有积极意义的感情；就是要把大学生为实现自身价值做出的努力，转移到为国家、为人民、为社会而忘我学习和多做贡献上来。

现代社会是竞争的社会，激烈的竞争对教育提出了新的挑战，它迫切要求培养人的创新精神、创新能力、创新人格这三个方面的素质。中国传统道德选择方式的最大特点是以大众的是非为是非，以权威的是非为是非，缺乏独立自主的判断，这种趋众化的观念缺少一种基于个人经验和个人理性的反省和审视，使个人理性趋于萎缩，社会理性趋于保守。单纯靠"填鸭式"的灌输和要求服从，必然使大学生丧失独立思考的自主性，形成唯书、唯上、随大溜的习惯。因此，高校德育应克服这种不良影响，在要求受教育者遵循基本的规则之外，多给他们提供探索世界、发展自我的机会；让他们经常有独立思考的机会，养成独立思考的习惯，培养学生独立思考的能力；此外，还要注意培养学生自强不息的创新进取精神。

2.注重大学生的品格培养是高校德育的重要内容

品格是个人、家庭、民族成功的关键。大学生的品格培养是高校人才培养至关重要

的任务，是高校德育教育的核心内容。品格的内涵十分丰富，良好的品格至少应具有敬业尽责、诚实守信、善良公正、明智创新、坚忍不拔、富有爱心、勤奋自律等内容。大学生需培养的具体品格有爱国敬业的精神、追求卓越的志向，创新开拓的意志、崇尚科学的态度，不畏挫折的品质、立足实际的性格，沟通合作的意愿、守法守信的习惯，放眼世界的眼界、博采众长的胸怀，维护公正的勇气、关怀弱者的爱心，保护环境的意识、善待生命的情怀，终身学习的观念、慎独自律的品质。促进大学生品格教育的因素包括对学生的尊重与关爱；积极的角色榜样；为学生提供发挥自主性和影响力的机会；为学生提供思考、争论与合作的机会；使命和标准；为学生提供社会技能训练机会；为学生提供参与道德行为的机会。

3.加强对思想政治理论规范的理性阐释是高校教育的重要方法

理论规范用以指导人们如何去做，理性阐释则是解决为何要去做的问题。过去的实际工作往往把政治理论看成有关伦理原则、规范的传授和灌输，不注重培养受教育者运用这些规范和原则的能力。由于缺少相应的理性阐释，人们对政治理论规范的接受始终停留在知其然而不知其所以然的层面上，这使正确的理论规范难以在人们心中扎下根来，成为人们的自律准则。而我们的学校教育也没有对此引起足够的重视，而是更多地从社会现实和经济利益出发，来调节自身的人才培养模式。现阶段，我们必须针对现代大学生的主要道德教育问题，有重点地补上传统道德教育这一课。

4.网络道德教育提上了高校德育的日程

网络道德是人们以网络技术为媒介，对通过电子信息网络发生的社会行为进行规范的伦理准则。它是调整人与人之间关系的社会准则，是人类社会既有的道德通过结构性变动而形成的继承和创新相互统一的产物，是现代和传统相互整合的现代道德形式之一，是一种在适用范围上超越时空，覆盖全球的普通的伦理规范。现代网络的发达和人们对网络的依赖达到了前所未有的水平，网络给人们提供了相当大的便利和效益，同时也带来了很多不可忽视的问题。

现代大学生正是生活在现代网络发展壮大的时候，因此，对他们进行相应的网络道德教育是时代的迫切要求。现阶段的高校德育工作应该把网络道德作为一门新的课程纳入高校的道德教育体系。各级教育部门以及社会各界，都要对网络道德建设做出自己的努力，只有这样才能在短时间内建立和完善起网络道德教育体系，使我们的网络道德教育走向完善。

网络道德教育的健全和实施是迫切的，它在一定程度上反映了一个国家的道德教育风貌，是一个国家道德教育必不可少的一部分。现阶段我国大学生的网络道德教育还处于起步阶段，刚刚开始有这方面的理论导向，我们应该发动全社会的力量，尽快完善起网络道德教育体系，作为网络的重要应用者，高校对网络道德教育建设有着义不容辞的责任。

5.“学会做人”的教育应贯穿道德教育的始终

"学会做人"应该是道德教育的基本要求，道德教育首先就是要教会学生如何做人，做一个什么样的人。但这一要求又是道德教育的最高要求，如何做一个人，做一个什么样的人，这是一个人一生要不断思考和践行的事，甚至也是整个道德教育要不断追问和实践的事。学会做人，说起来简单，实际上却包含着大智慧、大学问。我们的整个道德教育都是在不断地探索怎样教会学生做人。学会做人的教育应该是教育的根本和道德教育的归宿。

国际21世纪教育委员会提出21世纪世界教育的四大支柱，即学会求知、学会做事、学会共处、学会做人，其中学会做人是四大支柱的核心，也是教育的目的和根本。教育的核心是做人的教育。学会做人是立身之本，是一个人成功的前提，而使学生学会做人，就必须培养其优良的心理品质和积极处理人际关系的能力，使他们有较高的情商。做人是成才的基础，任何人都必须先学会做人才能谈如何成才，才能谈成为什么样的人才。

不会做人的人，是不会成才的，对国家、对人民、对家庭也不会有什么好处。做人是成才的内容和要求。任何人都要学会做人，会做人是成才的基本素质，也是评价和考核人才的根本标准。做人的核心是拥有爱心。学会做人，这是我们每个人都要面对的问题。不管一个人有多少知识，有多少财富，如果不懂得做人的道理，这个人最终不会获得真正的成功和幸福。一个人的人格魅力来自学术水平和道德情操的完美统一，表现为健康的价值观、高尚的道德情操和渊博的知识，这就需要把做学问、做事、做人完美地结合在一起。

道德教育是人的教育中首要的一环，也是教育中最有难度的一环。搞好道德教育，是各个国家和学校的首要任务。在新形势下，我们面临着新的挑战、新的任务，如何把这个挑战和任务当作我们改进道德教育的动力，是一门很大的学问，这需要全社会的智慧和支持。学校只是道德教育的一个场所，它能起多么重大的作用是依赖于整个社会教育的支持程度的，我们有信心和有能力搞好道德教育建设，在新时代、新形势下，高校道德教育必须有所作为，才能使我们整个教育水平跟上时代的发展，促进时代的发展和进步。

第二节　德育方法创新的路径

一、高校德育方法创新的原则

高校德育方法的原则，是指在德育的过程中德育工作必须坚持的原则。因此，研究高校德育方法在创新的过程中坚持的原则是一项比较重要的课题，结合高校德育发展的实际情况，专家、学者提出了很多关于德育方法创新应坚持的原则，从社会的发展情况来看，

根据所掌握的资料，主要有以下几个必须坚持的原则：科学性原则、主体性原则、层次性原则和有效性原则。

（一）科学性原则

高校德育方法的科学性原则，要求德育工作遵循大学生思想活动的规律，遵循德育工作的客观规律，遵循高校历史发展的科学规律，克服盲目性与随意性。我国高校德育工作一直以马克思主义科学的世界观和方法论为指导，又与其他学科知识紧密联系，吸收其他学科知识的精华，这进一步拓展了高校德育的视野，加快了高校德育方法创新的步伐。

现代科学技术的发展，特别是互联网技术的发展，对我国的政治、经济、文化、军事等社会各个方面都产生了影响。互联网进入高校以后，对学生的思想观念、生活方式和身心健康等带来了潜在的、深远的影响。原有的德育方法在互联网时代完全不适用了，只有及时把握现代科学技术发展要求，尽可能地把先进的科学技术运用到对学生的教育之中，才能跟上科技发展的时代步伐，也才能增强德育的效果。高校德育工作是对大学生进行教育的工作，因而高校德育工作者应把正确的政治观点、政治立场和政治方法放在首位，在实践中接受互联网对高校德育工作的影响，改变传统的德育方法，为此，德育工作者要用科学的世界观、方法论武装自己，使自己具有正确的思想观点、政治立场、思维方法和教育艺术。只有这样，才能使德育工作具有强大的感染力、吸引力、说服力和战斗力，从而提高大学生的德育水平。因此，高校德育方法一定要坚持科学性的原则，只有这样，高校德育才能沿着正确的路线不断向前发展。

（二）主体性原则

人的全面发展，是以一种全面的方式进行的。高校中的"以人为本"，就是以学生为根本，尊重学生的主体地位，以此来满足学生的自主性和独立性要求。主体性德育是对传统德育方法的一种超越。

然而，当前高校德育与大学生的现实生活相脱节，没有把贴近大学生思想实际、贴近大学生的实际生活作为开展德育工作的必要手段，这样就不能开展有针对性的德育工作，从而无法取得良好的德育效果。

因此，高校德育方法创新要坚持主体性原则，把着眼点放到教育对象主体性培育上，培养大学生的积极性与主动性。知与行不能脱节，不能把德育看作一种强制教育，而应该把德育内容化为大学生的品质，根本上增强德育效果。

（三）层次性原则

人的发展是有层次的。当前国家的快速发展、改革开放的深入人心和高等教育的普

及，使我国高校发生了很大变化，高校教育由"精英教育"发展为"大众教育"，这种情况下，在德育的过程中，德育工作者更应注重平时的积累，把握不同的教育对象所具有的不同特点，有的放矢，因材施教，坚持普遍性和特殊性相结合的工作方针，这对于增强高校德育实效有着至关重要的作用。

第一，根据受教育者各项综合素质的不同特点，找到适合学生的德育工作方法。伴随着高校大学生人数的增多，一些大学生由于生活、学习以及社会、学校和家庭等各方面的差异，表现出不同的特点。从德育水平来说，大学生整体德育水平比较高，但是由于受到外界的影响，一些大学生对德育水平评价标准提出质疑，因此，德育水平评价标准的随意性比较大；从互联网的影响来看，由于互联网传播信息的方便与快捷，这种新的德育载体更容易被大学生接受，互联网在带来有益信息的同时，消极信息纷至沓来。因此，德育工作者要具体情况具体分析，找到适合学生的德育工作方法。

第二，增强德育方法的层次性，应该区别教育对象学习目的的多样性。由于教育对象综合素质的层次不同，不同教育对象的学习目的也就不同。大学生德育工作要分层次、有重点、循序渐进，努力贴近社会、贴近生活，充分调动各部分学生的积极性、创造性和主动性，使各种不同层次的大学生转变学习态度，真正去接受学习，从而向更远大的目标迈进。

（四）有效性原则

高校德育工作在德育实践中一定要注重有效性原则。在德育工作中德育工作者不充分重视有效性原则，不利用有效的德育方法解决大学生问题，其结果就是德育目标无法实现，德育任务无法完成。高校德育工作者，在德育过程中要及时发现大学生的问题，并运用恰当的教育方法及时解决问题。对已经出现问题的大学生，德育工作者应该深入调查出现问题的原因，找到切实可行的方法，从根本上发现问题的解决办法。

高校德育工作是一项系统而又烦琐的工程，仅仅坚持以上四个原则是不够的，它需要各个方面的原则作为它的支撑，做到社会教育、学校教育和家庭教育三者的结合，共同促进高校德育工作的发展，改进原有的高校德育方法，从根本上增强高校德育的有效性。

二、高校德育方法创新的具体内容

（一）坚持生活化教育方法

高校德育方法越贴近生活，越能体现教育中的"以人为本"，越能发挥人的主体性，引发人的内在创造力，体验生活的美、教育的真正内涵，形成文化、社会、个性协调发展的生活环境。

大学生的成长过程是一个漫长而且复杂的过程，德育发展与时代的发展紧密联系在一起，在大学生的日常生活中渗透着德育，德育贯穿整个大学生活。生活化的德育注重生活实践，因此，德育应从生活中来到生活中去。当代高校的德育方法需要改变传统的单一灌输和说服教育的方法，应善于突出学生的主体性，组织学生自我教育、自我管理，使高校德育工作真正做到贴近学生、贴近生活实际，作为一项重要的内容，引导学生正确地认识自己，不断改善自己的道德认识与行为习惯，在活动实施上突出保护自我心灵，发掘自我经验，关注自我行动，促进自我发展。高校德育是与时代特点紧密相连的，我们的德育工作者更应从大学生的生活实践中对大学生进行教育，关心大学生的生活，让大学生得到身心的全面教育，在德育课堂上利用"道德两难问题"启发学生，让学生思考和检验自己的道德立场，反思自己的行为，让广大青年学生真正地从日常生活实践中得到教育。

因此，高校德育方法的生活化，是时代发展的需要，是社会进步的需要，是促进高校德育发展的需要。高校德育方法只有贴近现实、贴近生活、贴近社会，才会为社会发展培养更多合格的高素质人才。新时期高校德育应该更加注重生活化的教育，在生活实践中潜移默化地教育广大青年学生，为社会培养更多德才兼备的高素质人才。

（二）坚持隐性教育的方法

我国高校德育工作一直以显性教育为主。随着社会环境的复杂多变，仅仅依靠书本知识的教育是不够的，还必须注意在显性教育的影响之外运用一些潜移默化的教育，这样才能提高德育工作的实效。隐性教育作为和显性教育相对立的一个概念，关于隐性德育课程，学术界还没有统一的定论。隐性德育课程是指广泛地存在于课内外、校内外教育活动中，间接的、内隐的，通过社会角色无意识的、非特定心理反应发挥作用的德育影响因素。

高校德育工作必须以大学生德育品质的形成和发展为基础，大学生会受到外界环境各种因素的影响，同时也会受到一些环境因素的隐性影响，如社会政治环境、经济环境、文化环境等。这些因素对大学生德育的影响一般是非计划性、无目的的影响，虽然不能取得立竿见影的效果，却在无形中会对大学生产生一种潜移默化的影响。高校环境建设包括物质环境建设和精神环境建设。物质环境包括学校的建筑、学校的配套服务设施等。这是学生基本的物质需要，是高校必备的物质基础设施。精神环境的建设包括教育者传授知识、校园文化的建设、校园网络管理等。随着网络的普及和发展，其传播信息的方便性、灵活性、娱乐性和速度快的特点，使广大高校学生更容易接受网络这个传播信息的新兴载体，这需要高校运用正确的教育思想占据学校的主流文化阵地，构筑健康的校园文化，更好地教育广大青年学生，提高他们辨别是非的能力。

高校德育工作者在传授理论知识的同时，要根据时代的发展变化开展具有时代特色、

现实感和历史感的理论课程，强化学生的历史观念和爱国情感，用事实和网络开展生动、鲜明的社会实践和理论讲座，从不同的学科教育中渗入德育观念，培养大学生积极乐观地探索知识，对待学习、工作和生活的态度。这是高校德育工作者肩负的重要责任。

因此，高校应该开展一些互动性和娱乐性比较强的文化活动，使大学生在耳濡目染中受到德育熏陶和影响。另外，利用大众传媒网络载体，对大学生进行宣传教育，发挥德育的隐性影响，使大学生在德育品质情感培养和行为方式等各个方面受到潜移默化的教育，从而完成德育任务，实现德育目的。

（三）坚持自我教育的方法

自我教育法是受教育者按照思想政治教育的目标和要求，主动提高自身思想认识和道德水平以及自觉改正自己错误思想和行为的方法，简单地说就是人们自己教育自己，自己做自己思想政治工作的方法。

大学生健康成长不仅需要外在的教育，还需要大学生对自己的约束和管理，他们不仅要接受课堂教育，还要进行自我教育，即自我认识、自我监督、自我调整等。而自我教育恰恰就是为了提高自我约束、自我控制和自我管理的能力。

高校德育工作者的首要任务就是培养大学生自我教育的能力，为大学生的自我发展创造条件，增强德育的实效性，达到德育工作的目的，完成德育工作的任务。德育工作者在大学生的学习和生活中，应该采取自我批评、自我表扬和自我激励相结合的方法，充分发挥学生学习和参与实践活动的积极性与主动性，加强大学生的自我管理和自我服务能力。在实践中，德育工作者还要善于运用榜样的力量和先进事迹的影响作用，使学生既有奋斗目标又有赶超的态度，从而提高学生的自我教育能力。

自我教育并不是德育工作者不负责任、任由学生的自由教育，而是根据大学生之间有相互影响的特点进行的独立教育。自我教育是一种特别强调主体意识的教育方式，需要大学生之间相互鼓励、相互影响、相互批评，需要大学生独立地发现问题、自我解决问题，为自我教育创造条件，从而提高自我教育的能力。

（四）坚持心理咨询教育的方法

各高校要积极创造条件建立大学生心理健康教育工作体系，面向全体大学生开展经常性的心理辅导或咨询工作。此外，还要通过个别咨询、团体咨询、电话咨询、网络咨询、书信咨询、班级辅导、心理行为训练等多种形式，为大学生提供及时、有效、高质量的心理健康指导与服务。因此，高校必须建立比较完备的心理健康教育系统，组成专门的心理健康机构，针对大学生表现出来的心理问题，及时发现，及时解决，提高大学生的心理素质和抵抗挫折的能力，保证高校德育工作的顺利进行。

心理咨询主要是在意识层面进行的一种教育性、指导性比较明显的活动，它不仅是保护人们身心健康所必需的，而且是塑造健全人格、开发人们潜能的有力手段。随着社会的发展，心理咨询已经越来越受到人们的重视。

要发挥好心理咨询的作用，必须在设立心理咨询中心、开通心理咨询热线等传统形式基础上，把心理咨询工作做实、做细。要组建心理健康教育三级网络，即心理咨询中心、心理辅导员队伍和大学生心理健康协会，此外，还要建立心理咨询网站，开展网上心理咨询服务。高校更要注意加强大学生的心理健康教育，把心理咨询教育融入所传授的知识，经常性地开展心理健康讲座，运用生动有趣的传播方式组织大学生进行心理健康教育，增强大学生抵抗挫折的能力，加强教育者与教育对象之间的相互信任和相互理解，从根本上增强高校德育工作的实效性。

德育工作者作为与高校学生直接接触的教育者，在日常的学习和工作中，应积极加强心理教育知识方面的学习，恰当地运用新的观点和新的方法帮助大学生解决问题，加深对心理咨询这一新兴德育载体的认识，在学习和生活中，与大学生交换意见，了解大学生的心理动态，循循善诱地解决大学生心理问题。

（五）坚持综合性的教育方法

所谓综合性教育方法，就是以唯物辩证法关于全面的观点、联系的观点和发展的观点为指导，运用系统论的方法，把各个方面或各种方法的思想政治教育有机联系起来，使之成为具有最佳教育作用的教育整体。可以说，综合性的教育方法是德育教育整体合力的过程。

加强和改进学生德育工作，首先要提高促进大学生全面发展的能力，解决好"培养什么人、如何培养人"这个事关国家长治久安、事关中华民族前途命运的根本问题。高校如果要从根本上增强德育的实效性，就要改变传统的、单一的教育方法，改变脱离时代的发展的德育方法，贴近社会，贴近大学生的生活实际，把多种德育方法互相联系起来，共同开展德育工作。

应对不同的、单个的德育方法进行选择、综合和重构，对受教育者的生活环境、工作环境、性格、特征等各方面进行透彻了解，根据需要创造出一种与受教育者相适应的综合教育方法和模式。在这一德育工作过程中，高校德育工作者应该综合考察各个单独的德育方法，使相互联系、相互影响的德育方法充分融合，然后对不同的教育对象进行彻底分析，针对他们不同的需要，有针对性地运用综合式的德育方法。在高校中实施综合式的德育方法，需要适应大学生不同的实际状况，综合分析大学生各自不同的特点，进行高效率的、符合实际的德育教育。针对大学生出现的思想问题进行德育教育，从而纠正大学生的错误，有层次性和有针对性地运用综合式的教育方法，这是德育工作者德育工作取得成效的关键。

总之，高校德育工作方法创新的内容涉及很多方面，需要全方位、多侧面的多方共同努力，不断地开发新的德育资源，改变传统的高校德育工作方法，使高校德育工作方法在实践中得到发展与创新。我国高校德育在新时期的发展趋势是，有针对性地抓好德育工作，增强高校德育的实效性，从而使高校德育工作方法更具有科学性与时代性。

三、高校德育方法创新的着力点

新时期高校德育方法创新，是通过利用社会教育、学校教育、家庭教育"三位一体"的德育资源来实现的。高校在强调德育重要性的同时，应该开发多种德育资源，使德育方法不断得到创新，从根本上解决我国高校德育存在的问题，从而促进我国高校德育的发展，实现德育的目的，完善德育的内容，完成德育的任务，增强高校德育方法的实效性。

（一）确立实践式的高校德育方法

众所周知，实践的观点是辩证唯物论认识论之第一和基本的观点。人们思想观念的形成、发展都离不开实践。随着高校德育的发展，对于高校来说，仅仅依靠书本上的理论知识开展教育已经不能满足社会发展的需要。理论与实践相结合的德育方法在这样的社会条件下发展起来。

实践式的教育方法，就是组织、引导人们积极参加多种实践活动，不断提高人们的思想觉悟和认识能力的方法，即在改造客观世界的过程中同时改造自己的主观世界的方法。实践式的教育方法也可以叫实践锻炼法。实践对于高校来说，作用更为突出，高校是为社会培养高素质人才的主要场所，实践式的教育方法关系着高校德育能否成功。

高校应该充分利用多种德育资源，使德育资源成为大学生接受德育的外界条件。只有这样才能充分调动学生的积极性，使学生以高昂的热情积极地投入实践锻炼，从而提高学生参与社会实践的能力与适应社会的能力。成功的高校德育不但要求大学生有丰富的专业知识，还要求大学生具备社会实践的能力。是否理论联系实践，是衡量高校德育的重要标准之一。

德育效果的好坏必须用实践去检验。实践式的高校德育方法是与整个社会的发展紧密联系、与时俱进的德育方法，是高校德育工作者在长期的德育工作中积累的宝贵经验。这种实践式的高校德育方法有利于提高大学生适应社会的能力以及人与人之间交往的能力，能够引导大学生积极地参与竞争，通过实践培养人与人之间的团结合作精神。

（二）确立渗透式的高校德育方法

高校德育的一个主要特点就是需要重视德育潜移默化的影响，大学生的大部分时间都是在接受无意识教育。我国高校德育存在的一个弊端就是传统德育方法的广泛应用，传统

德育方法主要强调的是正式课程的显性影响，在一定程度上忽视了隐性课程的渗透教育，使德育的实效性得不到加强。而在新时期，我们在强调创新传统德育方法的同时，应重视加强德育的渗透影响，开展各种形式的非正式课程，形成潜移默化、渗透式的德育影响。

隐性教育课程是与显性教育课程有着显著区别的概念。隐性教育课程具有以下几个特点：首先，从影响结果来看，隐性教育课程是学业成绩之外的非学术的影响，更多地体现在对学生价值、情感和意志等方面的影响上。其次，从影响环境上来看，它是一种潜存于班级、学校和社会中的隐含性、自然性的影响。再次，从影响的计划性角度来看，隐性教育课程是非计划、无意识和不明确的影响。最后，从影响的效果上来看，因为隐性教育课程是一种潜移默化的影响，所以它的影响不是立竿见影的，却具有"积累性""迟效性""稳定性或持久性"。高校德育中渗透式的德育方法，更加强调高校德育潜移默化的影响作用，要求高校在德育过程中根据时代的发展变化转变德育的传统思想观念，开展各种各样的活动，在实践活动中渗透德育教育，从而在无形之中使大学生受到教育，形成以学生为中心、情境为中心、活动为中心的新局面。高校德育应该把显性教育与隐性教育有机结合起来，增强高校德育的良性发展和良性循环，从而使高校德育取得预期效果。

因此，高校德育中渗透式教育方法已经成为新时期高校德育发展的趋势，是从根本上促进高校德育方法创新的一个主要依据，对高校德育方法的创新具有深远意义。

（三）确立高科技引导式的高校德育方法

引导法就是启发诱导，教育者指导受教育者主动、积极、自觉地提高思想认识的方法。这种方法十分强调发挥受教育者的主动性，激发受教育者思考的积极性，增强受教育者接受教育的自觉性。

高校德育的发展，最主要的是要适应时代的发展与变化，利用科技的发展成果促进高校德育方法的创新。目前，高校德育方法的单一、手段的陈旧以及接收信息的狭隘性，使高校德育方法无法得到创新，延缓了高校德育方法创新的步伐。特别是随着我国科技的发展，获得信息变得更加方便与快捷，这促使高校必须改变传统的德育方法和手段，只有这样才能增强德育的实际效果。

高校在对大学生进行教育的同时，重视对学生的日常行为管理，制定了一些规章制度对大学生进行管理与约束，这在一定程度上有利于形成良好的学习氛围和校园文化氛围，这种做法在科技发展日新月异的今天显得尤为必要。随着科技信息时代的到来，学生获得信息不单单依靠教师的传授，更多的信息可以通过网络获得。教师的主体地位发生动摇，而学生的自主意识和自主行为意识日渐增强，面对这样的情况，高校德育工作者一定要紧跟时代步伐，利用网络来充实自己的知识储备，利用生动有趣的多媒体教学课件把学生的注意力集中到课堂上，从而达到对大学生进行教育的目的，此外，还要注意引导大学生的思想行为向积极、乐观、向上的方向发展。对于高校德育的发展而言，引导式的德育方法是我国高校德育发展的大趋势，也是我国高校德育工作者工作中的重中之重。

（四）确立预防式的高校德育方法

预防教育，就是针对人们可能或将要发生的思想问题与行为偏向，事先进行教育，防止思想问题与行为偏向发生，或者将思想问题与行为偏向制止、消灭在萌芽状态。而所谓的预防教育法，就是预测人们可能或将要发生的思想问题，事先进行思想政治教育，防止和避免思想问题产生的方法。预防式的高校德育方法是在高校之中实施起来比较困难的一种德育方法。由于大学生的多样性、层次性与复杂性的特点，预防式的教育方法在实施的过程中有一定的困难，德育工作者必须深入学生，了解学生的不良思想动态和思想问题，采取措施，使还没有表现出来的问题得到解决。这是一种超前教育形式。

首先，预防教育能增强德育教育的先导性。高校德育有利于帮助大学生确立正确的世界观、人生观和价值观，坚定大学生共产主义的信仰，防止大学生错误思想的产生，对大学生具有一定的先导作用。因此，高校德育工作者在平时的德育工作中要善于观察，及时发现问题，把握大学生的思想动态，预防可能发生的问题，只有做到预防，才能使问题消灭在萌芽状态，德育工作才能发挥积极作用。

其次，预防教育能提高高校德育的主动性。大学生受到社会各种因素的影响，需要德育工作者采取预防教育，及时纠正即将出现的问题，端正方向。

最后，预防教育能强化思想政治教育的有效性。高校在德育过程中，通过对大学生进行预防教育，采取显性教育与隐性教育、明示教育与暗示教育相结合的方法，能从精神上帮助大学生树立坚定的政治信仰，防止和抵制错误思想和错误行为的发生，帮助大学生端正学习和生活的态度，抵制一些不良的情绪，提高大学生道德水平和辨别是非的能力。

高校德育方法中的预防教育拉近了教师与学生的距离，只有深入了解大学生的思想变化和大学生的日常生活，才能有效防止错误思想和行为，从根本上对大学生进行德育教育，促进高校德育方法的创新与发展，开创高校德育方法创新的崭新局面。

综上所述，高校德育方法创新的着力点，主要应强调高校确立实践式、渗透式、高科技引导式以及预防式的德育方法，这样不仅可以拓宽研究高校德育方法创新的视野，还可以改变高校德育方法创新的现状，从而达到高校德育方法创新的目的与效果。

第三章　德育机制与管理的创新

第一节　德育机制的创新

德育动力及其机制研究不但是德育研究的应有之义，而且迫在眉睫。实践表明，只有把握了德育的各种动力构造要素及其互动机理，才能明确德育动力机制的全部内涵，真正把握德育动力系统的基本矛盾、基本规律及其发展趋势，从而更好地促进德育发展。

一、高校德育动力与德育动力机制创新

在研究德育动力机制之前，必须对德与道德，德育与道德教育、思想教育的概念进行辨析，把动力、动力机制与德育动力机制的内涵进行界定，然后对德育动力机制的动力结构，德育动力系统中可能存在的子系统，各子系统的组成元素，系统的功能与功能结构进行探讨，最后进一步研究德育动力机制的基本结构、基本类型以及运作过程与手段。

（一）德育动力机制的动力结构

对系统进行结构分析是系统研究的基础。一个复杂系统是由元素和子系统组成的。系统的结构，是指系统各组成元素和子系统之间关联方式的总和。元素是系统和子系统的组成部分，但具有基元性特征，相对于给定的系统它是不能也无须再分的最小的组成部分，元素不具有系统性，不讨论其结构问题。德育是个极为复杂的系统，对德育动力机制系统进行结构分析，既是研究复杂德育动力系统的前提，也对研究者研究的路向具有决定性作用。

1.德育动力系统的子系统

德育动力系统依据不同的划分标准，可以划分为不同的动力系统类型，在不同的动力系统类型之中，其思想内涵可能有重叠性或交叉性。然而，德育动力系统是一个完整的整体，为了更加全面地认识德育动力系统，可以依据动力系统的结构性特征划分为内在动力构造要素、外在动力构造要素和整合动力构造要素所形成的动力系统类型。一是内生动力系统，是指德育内在过程的动力构成要素的结构与功能及其发生作用的动力系统；二是外生动力系统，指的是德育的各种外在动力构造要素的结构与功能及其发生作用的动力系

统；三是联动动力系统，指的是德育发展各个过程、各个环节实现良性互动的各种有效协调和整合要素的结构与功能及其发生作用的动力系统。

2.德育动力子系统的组成元素

每个子系统都是由一定的元素组成的。有些子系统由多个元素组成，有些子系统只由一个元素组成。系统是一个整体，但系统之间、各子系统内部组成元素之间不是孤立的，相反，它们是相互联系、相互作用的有机整体。不同系统之间、各子系统内部组成元素之间的相互作用，在何种规则的控制下发生作用，如何作用，有何规律，这是德育动力机制结构演化的关键，也是探讨德育动力机制的基础。内生动力系统、外生动力系统和联动动力系统，都有各自的组成元素。内生动力系统由教育主体的动力结构要素、受教育主体的动力结构要素、社会主体的动力结构要素和政治主体的动力结构要素等元素组成。外生动力系统主要是由理论创新的动力结构要素和实践创新的动力结构要素等元素组成。联动动力系统主要是由动力加速机制及其结构要素、动力缓冲机制及其结构要素等元素组成。

（二）德育动力机制的运作机理

德育动力机制是指在德育动力产生和发展过程中，德育内部要素、外部要素与整合要素之间相互作用的机理与方式，是促进德育良性运行与协调发展的各种构造、功能和条件的总和。

1.德育动力机制的基本结构

根据动力机制的一般定义，德育动力机制由外围结构与内核结构两个部分组成。外围结构又包括动力主体、动力传导媒介以及动力受体。

根据需要主体的三个层次，动力主体可以分为个体（微观层次）、群体和集团（中观层次）、国家和社会（宏观层次）。在整个德育活动中，德育主体是贯穿整个德育过程的组织者、参加者，既是德育的出发点，也是德育的目的和归属。具体到德育动力机制中的德育动力主体，还应该进行进一步的细分。根据主体在德育过程的角色与功能的不同，可以把德育主体分为教育主体、受教育主体、社会主体和政治主体。这四种主体之间的主体性与主体间性的融合，在特定的德育关系与德育实践中存在一种相互理解、相互融通的互动与作用关系，并且各主体之间所发出的动力可以通过一定的媒介互相传递。

动力传导媒介是德育动力从一个动力主体传到另一个动力主体的渠道，也是德育动力积累和递增的主要凭借之一。它能把教育主体、受教育主体、社会主体和政治主体的德育动力整合为一体，成为德育的整体动力。首先，利益是最重要的动力传导媒介。政治主体最经常的是通过利益这一传导媒介，将自身的德育动力化解，传递到教育主体、受教育主体和社会主体等动力主体身上。社会主体、教育主体和受教育主体在政治主体整体规划的德育目标所规定的利益导向下，开展创造性的德育活动，培养道德行为，形成道德习惯，

以此满足利益需求。这样，政治主体就把自己的德育动力传导到了其他德育动力主体身上。反过来，其他德育主体形成道德习惯，实践道德行为又使德育计划、目标得以实现，从而使政治主体的利益得到了保证。实际上，所有德育主体的动力通过利益这一传导媒介相互传递而凝聚成为实现德育整体利益的动力集合。其次，文化也是重要的动力传导媒介。因为文化价值观和文化模式通过社会化和内化过程，可以融入主体的人格系统里，必然对动力主体的需求结构、价值观等产生影响并可能发生改变，从而使他们的动力发生变化。最后，信息也是重要的动力传导媒介。因为某一动力主体可以将动力以信息的形式传给另一个动力主体，使之知晓，或认同执行，或反对抵制，或置之不理。

动力受体是指德育主体获得需求满足的对象、工具、资源等。需求满足的对象称之为满足物，最简单的划分是物质满足物与精神满足物。任何以物质形式存在的满足物都被称为物质满足物；反之，以非物质形式存在的满足物，如爱、权力、地位、荣誉等称之为精神满足物。工具则是德育主体在满足需求的过程中设计和创造出来的，是动力作用于满足物或为了获得满足物的桥梁。社会资源作为动力受体，在于它可以被改造为某种满足物，或作为工具去获得某种需求的满足物。

德育动力机制的内核结构包括动力源、动力方向、动力贮存体和道德行动四个要素：动力源是指德育主体的内在需求，它产生的动力是原生性动力。动力方向指动力与德育目标一致或相背，直接关系到动力主体的动力性质和动力机制的性质。不同动力主体的动力贮存体的形式是不同的。教育主体的贮存体就是其教育能力，受教育主体的贮存体就是其接受教育和道德行为的能力，社会主体的贮存体就是团体、集体或群体的凝聚力，政治主体的贮存体就是其政治、经济、文化实力，包括现实生产力、科技水平以及建立在经济基础之上的权力体系和执政能力。道德行动是德育动力的直接表达。各德育主体将自身的动力转化为道德行为，各主体恪尽职守，教育主体、受教育主体践行社会公德、家庭美德和职业道德，社会主体和政治主体遵循政治文明依法执政，促进物质文明、精神文明与政治文明协调发展。

2.德育动力机制的基本类型

根据动力机制的结构性特征和构造要素，可以将德育动力机制划分为德育内生动力机制、德育外生动力机制以及德育联动动力机制。

德育内在过程，简言之就是德育主体运用德育理论进行德育实践的过程。德育内生动力机制，是指德育内在过程的动力构成要素之间相互作用的机理与方式。它涉及的是德育的内因，是决定德育能否有实效的关键性要素，主要涉及主体形态及其需要的结构要素。德育内生动力机制是德育形成和发展的内在依据，旨在确保德育的正确方向，增进德育的承继性。

德育外生动力机制是德育的各种外在动力构造要素之间相互作用的机理与方式。它涉

及的是德育的外因，是促进理论形态与实践形态双向互动的各种外部要素，包括理论创新机制的动力结构要素和实践创新机制的结构要素。德育外生动力机制是德育形成和发展的外在关系机制，其功能是增添德育改革与创新的活力，促进德育的内化与外化双向互动。

德育联动动力机制是促进德育动力系统实现良性互动的各种整合要素之间相互作用的机理与方式。它涉及的是有效促进德育发展的各种整合要素，包括利益激励机制和适度竞争机制组成的德育动力加速机制，动力协调机制、动力保障机制和政策导向机制组成的德育动力缓冲机制。德育联动动力机制是德育形成和发展的整合要素，实质上是一种整合性、衔接性的动力机制，其功能是实现工具理性与价值理性辩证统一，保证动力机制为德育提供适度动力。

二、高校德育内生动力机制

（一）德育内生动力机制的结构要素

德育内生动力机制呈现一定的结构性，是一系列结构性构成要素按照一定的层次有机组成的。总的来说，德育内生动力机制的结构要素可以分为四个层次：教育主体及其动力结构要素、受教育主体及其动力结构要素、社会主体及其动力结构要素和政治主体及其动力结构要素。主体的内在需求是德育动力的源泉，因此主体形态的结构要素是产生德育动力的决定性要素。德育内生动力机制是德育各主体及其动力结构要素的有机统一。

1.教育主体动力结构要素

一般而言，专门从事德育的教育主体包括日常思想教育管理人员（辅导员、班主任、党团组织管理人员等）和思想政治品德课教学人员（理论课教师）等。如果从全员育人的角度看，学校里从事教育、管理和服务的所有人员都有德育的功能。教育主体不是道德律令的传声筒，而是具体主体性的教育主体。对教育主体而言，德育不但是一种利益驱动，更为重要的是它内含教育主体的一种发展需要、道德理想和事业追求。

首先，德育是一种利益驱动。这种利益驱动表现在两个方面，一方面德育是教育主体的职业，做好德育工作，是教育主体的职责。另一方面，德育工作也是教育主体获得职业尊严的追求。因为社会上很多人对德育教育主体有很多质疑的眼光，既包括对教育主体德行的质疑，也包括对教育主体能力的质疑，更包括对德育本身的质疑。教育主体面对这种质疑时只有在实际工作中来证明自己能行，这就是德育功能属性的发挥，即德育能够以自己的有效活动，使德育对象接受社会对德的要求，从而确证德育的价值。

其次，德育是教育主体的一种发展需要。德育不但是为了满足社会需要和受教育主体的需要，还是为了满足教育主体自身的内在需要。教育主体本身也是人，也需要不断地发展。教育的本质是育人先育己。在德育过程中，教育主体不但教育了学生，同时也教育了自己。

再次，德育还包含教育主体自己的道德理想。教育主体是一个独立的"人"，实际上，整个德育活动过程都是在教育主体的道德理想和追求主导下进行的。可见，教育主体不只是社会或某个政治集团的道德代言人和灌输者，德育还包含教育主体自己的道德理想。从这个意义上看，德育主体在整个德育活动中，融入了充分体现自我意志的道德理想和道德信念，从而使学校德育成为道德主体自愿为之，并倾注了满腔热情的教育与自我教育活动。

最后，德育还内含教育主体的一种事业追求。德育尤为如此也本应如此。所以，德育是最具有生命性的教育，也是最体现生命关怀的一种事业，是教育主体对"提升人的生命价值和创造人的精神生命的意义"的一种事业追求。

2.受教育主体动力结构要素

受教育主体是指接受德育的人。从受教育主体的基本要素构成来看，主要包括受教育主体四个方面的需要，即物质利益、社会化、精神成人和追求高尚。这四项基本要素，既在横向上存在着相互作用、相互促进的张力关系，又在纵向上存在着一条由表及里、层次递进的结构链条。

人作为一个生命体，首先是一个自然存在物，人直接地是自然存在物，而且作为有生命的自然存在物。全部人类历史的第一个前提无疑是有生命的个人存在。因此，第一个需要确认的事实就是这些个人的肉体组织以及由此产生的个人对其他自然的关系。对物质利益的追求，是受教育主体产生德育需要的原动力。物质需要是人存在的前提和条件。人的需要分为生存需要、享受需要和发展需要三个层次，首先就需要基本的物质需求，这是一切人类生存的第一个前提，也就是一切历史的第一个前提。物质需要是人类为生存和发展而对客观物质条件的必然要求。作为物质需要的主体的具体生存的现实的"人"，生活在某种社会形式中必然有物质需要的诉求。

3.社会主体动力结构要素

在德育内生性动力机制的主体结构中，社会主体也是一个重要的德育主体。从社会主体的基本动力要素构成来看，主要包括社会主体三个方面的需要，即社会秩序维护、道德传承和实现社会理想。这三项基本动力要素，社会秩序维护是基本要求，道德传承是核心，实现社会理想是目标。

教育产生于社会生活的需要。就社会的实际来看，维系秩序既需要强制，也需要教育。社会主体不能把社会秩序的规范运行完全寄托于个体的自觉性上，因为看不到人有惰性的一面，把事情的成功仅仅诉诸人的自觉性，片面夸大思想教育的作用，可能导致"精神万能"。从功能的角度和满足社会生活需要的角度说，秩序价值，是德育最基本的价值之一。德育产生于社会秩序的需要。换言之，社会秩序的维护需要德育。通过德育，社会主体可以通过行为规范、道德观念和价值判断等有效地支配和约束每一社会个体的行为，

让人们理解遵守秩序的重要意义与违背秩序的严重后果，从而遵守和维护秩序。这也是德育职能的具体体现。可见，德育作为社会规则的传承载体，对"应该如何生活的暗示和潜移默化"确保了社会秩序的维护，为人的生活提供了基本条件。

（二）德育内生动力机制的功能

德育之所以经久不衰，关键就在于有一整套较为完善的动力机制，而在诸多的动力机制中，居于核心和关键地位的是德育内生动力机制。它内在的包含一种使人获得"人的本质"的德育价值追求的动力构造要素、一种德育文化创造的动力构造要素和一种德育需要过程的动力构造要素。德育内生动力机制，其功能作用是多向度的和多元的，从其根本性质上来讲，德育内生动力机制是德育存在和发展的内在关系机制；从其基本功能上来讲，德育内生动力机制确保了德育的正确方向；从其核心特征上来讲，德育内生动力机制增进了德育的承继性。

1.德育内生动力机制是德育存在和发展的内在关系机制

事物的发展主要是内因决定的。德育内生动力机制，从其根本性质上来讲，它指的是在人类现实生活德育需要的动力构成要素中，一切源自德育主体的德行需要基础上的追求德育需要的内在过程的各种内在的动力构成要素所组成的有机体系。这些构造要素决定着德育的内在本质，无疑是德育存在的根本原因，是德育发展变化的内在依据，是德育发展变化的主导因素，即内因。如果说内因是事物发展变化的内在依据和根本原因，体现的是事物的内在矛盾关系，那么，德育内生动力机制实质上就是德育这一事物的内在关系机制。总的说来，这一内部关系机制体现在四个方面：对教育主体而言，德育不但是一种利益驱动，更为重要的是它内含教育主体的一种发展需要、道德理想和事业追求。受教育主体的物质利益、社会化、精神化和追求高尚这四个方面的需要是德育动力结构要素。社会主体三个方面的需要，即社会秩序维护、道德传承和实现和谐社会理想是其德育动力结构要素。

2.德育内生动力机制确保德育的正确方向

在德育理念上，在不短的时间里没有重视"以人为本"，而是过分偏重德育的社会价值，只强调德育的社会功能，而忽视德育的个体功能。这种德育价值倾向的片面性，忽视了德育对人的生命价值、成长需要的真正意义，必然歪曲了德育的本质，导致了只见"社会"不见"人"的"无人化"德育现象，造成德育与学生成长和发展的严重疏离，结果是德育效果长期低迷，德育的社会价值也不能得到真正的体现。

三、高校德育动力机制的构建

要使德育获得源源不断的动力，必须要对德育的动力机制予以构建和完善，并有所创造，这是德育走出困境的必由之路。

（一）德育动力机制构建的目的

德育动力机制构建的根本目的是实现德育的终极价值——"把人实现为人"。其直接目的就是要把德育动力最大限度地激发出来，并且形成适度的合动力，使之成为推动德育持续的、稳定的力量。但是这还是比较空泛的目的，有必要从小的、具体化的方面对这一问题予以阐述。

1.德育异化与人的异化的双向扬弃

德育异化是德育动力缺失的重要原因。因为异化的德育不再是人们所需要的德育，而变成一种约束人、限制人的异己力量。德育异化主要表现在以下几个方面：一是当前德育的异化。由于应试教育影响，一切德育活动以高考升学为转移，德育塑造人、完善人的功能被严重弱化，普遍存在重分数轻德育现象，德育畸形发展；二是大学德育的异化。在道德相对主义、欲望主义与工具理性主义的合力作用下背离了大学精神和教化本性，持守价值中立、娱乐化和工具化的立场，导致了自身的异化。其结果是，以促进大学生德行成长为目标的大学德育却导致了学生人性的迷失和堕落，这是对大学生的发展不负责，也诱发了大学德育自身的生存危机。

德育异化在本质上就是人的异化。历史唯物主义是以现实的、有生命的个人的存在为前提的。因而，现实的、有生命的人的存在本身就是最高的价值，任何人都不应该被轻易忽视、蔑视甚至践踏，相反，对任何人都应该充满同情、关怀、尊重和爱护。德育异化最根本的体现就是漠视人和生命的存在，对人和生命尊严的深层蔑视。而异化的德育培养出来的学生必然是人格有缺陷的，对人和生命本身缺乏同情、怜爱、关怀、呵护与尊敬的麻木、冷漠、无情的人。这样的人，必定是异化了的人。德育一旦异化，在某种程度上存在着忘却德育的真正对象和真正目的，就会漠视人的尊严、压抑人的自主、忽视生命的体验、曲解生命的意义，收获的是生命贫乏、缺乏活力、遗忘生命意义的学生。这是与德育的本质背道而驰的。在根本意义上，德育指向的是人的精神世界和意义世界的构建，它的任务是通过人的塑造，提升人、发展人，使人"超越现实的物欲满足，超越生命自身的时空限制，获得精神的提升，从而得到人生幸福和存在的意义"。因此，构建德育动力机制的首要目的和任务就是要防止、抵制、避免德育与人的双重异化。

2.人的全面发展与德育文化的双向互促

尽管在不同的历史时期和不同的社会条件下人们对于"人的全面发展"的理解和追求不尽相同，但在本质的理解上却是相同的，即人应该不断地追求自身的完善。

人不仅是认识主体和实践主体，也是价值主体。德育就必须以这个现实的人为根本的出发点和归宿。而人的根本需要则是解放、自由和全面发展的需要，因此，从德育的终极

意义或德育的最终本质来说，它要促进人的自由而全面发展。德育的原点和归宿应该是人的全面而自由发展。这种追求人的自由而全面的价值取向，不仅是由人之为人的内在本质决定的，也是人之存在要求的应有之义。所以，作为促进德育发展的德育动力机制也要围绕"人的自由而全面发展"这一原点和归宿展开。而且，德育动力机制促进人的自由而全面发展应该是一种对人的整体性发展和每一个人都自由而全面发展的促进，因为全面发展的人，不仅其物质力量要素要有充分的发展，而且其观念意识也应当全面完善。真正的人的发展不是一部分人发展和另一部分人不发展，而是人人都自由而全面发展，因为"一个人的发展取决于和他直接或间接进行交往的其他一切人的发展"。对人的自由而全面发展的追求，实际上也是德育动力机制构建的一种终极价值取向。德育和德育动力机制的各个构成要素都是围绕着"人的自由而全面发展"这一最高价值追求展开的。因此，德育动力机制构建要实现对人的自由而全面发展的促进，就要坚持以人为本，注重人文关怀，各种机制及其构造要素都要围绕解放和释放人的精神创造力，提升人的主体性和精神境界这一主旨，使人自觉人之责任，使人获得的正确政治方向奠定在理性文化的信仰基础上，通过文化自觉实现政治上的坚定。

（二）德育动力机制构建的基础

德育动力机制构建的基础，是关系到德育动力机制是否稳固、能否真正发挥它应有的功能的重要基石。

1.尊重人的存在和主体性

真正符合人的本性的哲学和伦理学应该充分尊重个人，尊重个体生命，应该教会每一个人把"人的生命作为价值的标准"、引导每一个个体"把他自我的生命当作每个个体的伦理目的"。这里的"标准"和"目的"的区分是这样的，标准是一种抽象的原则。用来衡量或矫正人们的选择，以便达到具体的、特殊的目的。将这一原则运用于具体的、特殊的目的与理性存在相适应的生命目的——属于每个个体的人，他所生活的是他自己的生命。人类必须按照适合于人类自身的标准来选择行为、价值和目标，以此来达到、保持、发现和感受终极的价值，它存在于自身之中，是其自身的生命。德育作为"把人实现为人"的一项育人活动，尊重人、提升人、发展人、丰富人、完善人应当成为德育的出发点和价值旨归。而这种人本价值旨归，应当充满对人自身的尊重、对自由和幸福的追求，蕴含深厚的人文精神和终极关怀。从这个意义上看，德育必须与人的幸福联系起来，与人的自由联系起来，与人的尊严联系起来，与人的终极价值联系起来，使教育真正成为人的教育，而不是机器的教育。使教育不只是人获得生存技能的一种手段，而且还能成为提升人的需要层次、丰富人的精神世界的一种途径。

主体性已成为当今我国哲学社会科学领域的一面旗帜、一个纲领和一个口号。主体

性，就是道德活动的主体所具有的完善自身、完善他人和完善社会的能动性。在德育活动过程中，要塑造人、完善人、发展人，但是首先要做的是尊重人，然后实现作为"人"的价值、尊严和意义。从这种意义上看，德育动力机制构建的基础首先要尊重人的存在和主体性。也就是说，德育动力机制的设计理念必须以人为本，以促进人的思想解放和精神的自由为宗旨，把人当作价值目的。因此，对德育进行主体性建构，必须按照人的方式，把人实现为人。所谓"人的方式"，就是"人以一种全面的方式，也就是说，作为一个完整的人，占有自己的全面的本质"。具体来说，所谓按照"人的方式"就是按照人之为人、人成为人的经济的、政治的、思想文化的条件和根据，让人之为人的自主本性得以自我创生、自我呈现的过程。所谓按照人的方式把人实现为人，就是这个意思。而主体性理论为德育的主体性建构提供了理论指导和可能路径。

2.导引终极关怀

终极关怀是德育的终极目标和价值。德育的最终目的是表现人的生存与发展内在要求的自由、和谐、全面发展并由此产生幸福感。终极关怀是最根本的关怀。"人本"，就是以人的幸福为本。从这个意义上说，人的终极关怀，就是使人得到幸福。亦即，所有的教育主体，无论是教育者，还是受教育者，都应该通过德育获得幸福的终极关怀。因此，获得个体幸福是德育的应该追求，德育不能背离"幸福"这一价值旨趣。然而，种种德育实践行为所导致的"人"的迷失，往往使德育深陷于有悖个体幸福的重重矛盾之中。事实上，不管德育以何种形式和程度使"人"迷失，归结到一点上都是对"人"的挤压，它压制了受教育者，也扭曲了教育者本身。因此，德育应回归幸福的本真，把幸福还给人。

（三）德育动力机制构建的路径

德育动力机制通过制度化的运作，为德育提供适度的动力，推动德育发展，实现德育价值，满足德育主体利益需要。从德育动力机制运作机理看，其主要包括四个方面的要素：主体、利益、价值和制度。德育动力机制运作的最终指向是德育主体的需要满足。因此，主体是德育动力机制的最终目的，也是德育动力机制建构的首要内容。德育受教育主体的需要、教育主体的需要、政治主体的需要和社会主体的需要都表现为一定的利益，德育的内生动力、外生动力和联动动力都是建立在利益基础之上的，利益因素是德育动力系统有机地联系的中介。故而，利益是德育动力机制中的核心因素，探讨德育动力机制的建构，离不开对利益的考察。由于受利益最大化的驱使，在多元价值格局中建立在不同利益追求基础上的德育主体之间必然产生矛盾和冲突，因此，德育动力机制除了通过利益激发动力，还必须超越利益的视野，通过提升价值和优化价值引导德育各主体选择、确立并维系共同价值理念和基础，从而使各方利益结构趋于平衡、协调和有序，实现社会和谐。所以，价值也是德育动力机制必须建构的内容。然而，价值引领是一种柔性的利益调节方

式，不带有强制性，因而必然有其自身的局限性。俗话说"无规则不成方圆"，德育动力机制也不是随意而为的，也该有一定的规则，才能更好地规范德育活动。从这种意义上看，制度是构建德育动力机制必不可少的内容之一。

1.主体维度的建构路径

从德育动力机制的性质和实现途径看，全员参与是德育理念的核心价值所在，是德育动力机制的应然取向和现实诉求。

全员参与是整体德育合力育人观，它的核心思想是人人都是德育主体。对于德育动力机制而言，人人都可以是德育动力的主体，也是德育动力机制的主体。这既是教育本身意义的要求，也是当代教育发展的内在需求。德育工作不是德育工作者的专属领域，其他主体，包括专业课教师、学校各职能部门、后勤服务人员、学生组织、政治主体和社会主体都含有丰富的德育动力要素，对德育动力机制的建构和运作都会产生一定的影响。因为各门课程、各个部门、各种服务载体、各类组织、团体里的人都具有德育资源和德育功能，其思想、道德、品质和人格都会给学生以潜移默化的影响。所以，德育动力机制需要全员参与，把德育工作渗透到各个工作环节和各项日常管理中去，构建各部门齐抓共管、各育人环节紧密配合、全员参与的"全员育人、全方位育人、全过程育人"的德育工作格局，形成全校上下共同推进的强大合力。从这个意义上看，全员参与是德育动力机制的应然取向和现实诉求。德育动力机制的主体应该是一种由教育主体、受教育主体、社会主体和政治主体组成的多层次的、全员参与式的德育动力主体。

2.利益维度的建构路径

利益是德育动力产生的原动力。因此，构建德育动力机制，首先要考虑利益驱动。利益驱动是德育动力机制实现张力作用的手段之一。对于德育内生动力机制而言，一切主体的利益追求都可以是德育内生动力机制的内在动力构造的源泉。

对教育主体而言，德育的利益驱动表现在两个方面：一方面，德育是教育主体的职业；另一方面，德育也是教育主体，只有在实际工作中证明自己的价值才能获得职业尊严。

对受教育主体而言，物质利益，是受教育主体德育动力产生的物质基础，而对物质利益的追求、享受精神愉悦、实现完美自我是受教育主体产生德育需要的内在动因。在德育过程中如果能够充分肯定和彰显个体利益和个体发展，必然会提高个体内化德育内容、养成道德行为的热情，提升道德成长的动力，最终提高德育的实效性。

对政治主体来说，其利益就是巩固统治秩序和维护统治阶级的利益。政治主体有意识地利用德育的手段来灌输主流意识，培育政治品质，实现自己的意志和目的，巩固阶级统治秩序，维护阶级利益。

对社会主体而言，其利益就是维护社会秩序和实现集体最大利益。道德作为一种调节社会关系的规范，是一种维护社会稳定的手段。社会主体通过德育引导学生在追求自身利

益满足与个性发展的同时，也应当遵循相应的道德原则和社会规范。

3.制度维度的建构路径

德育动力机制除了有主体参与、利益驱动和价值引领外，还必须有制度予以保障。因为制度文化是精神文化的载体，制度文化赋予物质文化以生命和活力。加强德育制度的有效性和德行，有两点是必须做好的，一是社会制度本身要体现公平和正义，从而形成良好的社会道德风气；二是学校德育不能回避对于道德制度本身的德行考察，应该正视并弥补制度缺陷，不断去完善自身的道德规范和制度体系，通过道德的制度来教育人、鼓舞人。所以，德育动力机制的制度建设是非常重要的一环。因为各主体在利益驱动和价值引领的前提下参与德育活动，利益诉求各异，价值观念也各不相同，单靠自觉自律是不行的，还要对德育主体之间关系及其调整规则进行合理确定。这不仅有利于更好地规范个人行为、管理行为和政治行为，提高德育的质量和调整力度，也有利于贯彻以人为主体、理解与尊重主体的合法权益与合理要求的德育理念，也是完善德育动力机制，促进德育动力机制的科学化、法治化的重要环节。德育制度是一个非常复杂的体系，制度体系的建构也是一项系统工程，而就德育动力机制的制度机制构建而言，主要可以从政府与学校的关系、教师与学生的关系构建两个维度对德育制度予以完善。

第二节　德育管理的创新

随着经济社会的发展和社会价值观、道德观的不断变化和发展，社会和国家对人才的定义和要求也不断发展。传统意义上的人才已经不再完全适应现代社会的需要。德育在教育过程中的作用越发凸显，德育已经成为衡量高校教育成功与否的重要标准。因此，我们必须要明确高校德育的工作目标和任务，转变现有的德育工作观念，增强德育的实效性，为实现全面人才的培养打下坚实的思想基础。另外，德育也是高校教育的重要内容，在各种时代问题和社会冲击的情况下，德育已经逐渐超越专业知识的培养，也逐渐受到社会各界的重视和关注。德育管理就是根据时代形势需要和受教育者的身心发展需要，对德育工作的资源、制度、形式等组织协调和优化管理的过程。高校的德育工作，是现代德育管理的重要内容，受到了社会各界的广泛关注，是保证大学生形成良好思想品德和高尚道德情操的重要手段，对于大学生的健康成长具有相当重要的作用。大学生是国家和社会发展的中坚力量，保障大学生的德育活动意义重大。

一、高校德育管理人本化的内涵

在给德育管理人本化下定义之前，需要先分析一下"以人为本""人本化""德育管

理"这三个概念。可见，理论研究顺利进行的首要前提是概念和范畴在使用上的统一。因此，有必要弄清"以人为本""人本化""德育管理"这三个概念的基本内涵。

（一）人本化的内涵

1.对"以人为本"的理解

以人为本，是科学发展观的核心。所谓以人为本，从最一般的意义上来说，就是要维护人的尊严和权利、尊重人的价值。作为马克思主义命题的以人为本，是要以人民或人民群众为本，它是建立在群众史观基础上的，是以确认人民群众作为历史创造者、作为国家和社会主人翁的地位为前提的。坚持以人为本的价值原则，目的在于不断满足人民群众日益增长的物质文化需要、促进人的全面发展。在构建社会主义和谐社会过程中，坚持以人为本的价值原则，就是要牢固地确立人民群众在国家和社会事务中的主人翁地位，深入体察人民群众的意愿，紧紧围绕人民群众的利益，使全体人民朝着共同富裕的方向稳步前进。

在现代高校德育中，以人为本是最根本的价值原则，是德育的本质要求。只有坚持以人为本，立足于人的全面发展，才能真正发挥德育的主导性，充分体现社会主义新社会是一个具有高度人文关怀的社会。

2.对"人本化"的理解

"化"是后缀，加在名词或形容词之后构成动词，表示转变成某种性质或状态。那么，人本化就是我们在分析、解决问题时的思维方式，即人们要确立以人为根本的态度、原则、需求、目的、方法来解决一切问题。就是一切以人为中心，一切为了人。现代社会要求坚持以人为本，树立全面、协调、可持续的发展观，促进经济社会和人的全面发展。高校作为引领社会发展与文明进步的发动机、思想库，树立以人为本的管理观念，推进高校全面、协调、可持续发展，是高校发展的本质要求。作为一种社会思潮，"以人为本"强调人是环境的主体，重视个人的发展、尊严和价值。综合众观点，"以人为本"有以下含义：

（1）人本化肯定人在社会历史发展中的主体作用和地位

纵观人类社会发展史，影响社会进步、发展的因素很多，但是真正起着基础性、决定性作用的因素是人。人在社会历史中的主体地位是肯定的。在人与自然、人与社会、人与人、人与自身的相互关系和作用中，人总是占据主体地位。于是，贯彻以人为本原则，关键在于弘扬人的主体性，唤醒自我意识，充分发挥人的主观能动作用。党领导的革命、建设和改革，最终都是要使人民成为社会和历史的真正主人。

（2）人本化强调对人本身的尊重意识

人不是机器，他需要关心、爱护、理解和尊重。对人的尊重，缺少不了对人生命的

尊重、利益的尊重、权利的尊重、个性的尊重、自由的尊重。总之，凡是涉及人性展示的方面，都值得理解和尊重。当人感受到他人的关爱和尊重时，就会产生积极的归属感，表现出强烈的幸福感和满足感。这种感情体验可以帮助人增强认同感。在高校德育管理过程中，受教育者和教育者同样是主体，都有权利向对方提出建议。教育者要树立正确的尊重意识，保证受教育者的正当权利。

（3）人本化重视对人的价值的肯定

人除了有自己的人格和尊严外，还是一种有价值和有意义的存在。这不是与生俱来的，而是人有目的的活动创造。最大限度地创造价值、生成意义是人本化观念所追寻的目标。只有把个人的发展同社会进步、个人的幸福同人民的幸福、自我实现同社会贡献自觉地统一起来，才能最大限度地实现和提升自我价值。在高校德育管理实践中贯彻落实"以人为本"，就是要树立正确的价值观，重视学生的"人的价值"的实现。高校德育工作要开发人的潜能，培养人的创新精神，引领人们在正确的轨道上去思考、选择、行动和创造，以便在更大程度上实现自身价值。

（二）高校德育管理人本化的内容

高校德育管理人本化应该以对人的深刻理解和研究为出发点，在德育目标中体现人文关怀，在德育过程中贯彻人本理念，建立一支人本化的德育管理队伍，形成德育合力，增强德育实效性，以实现育人的目标。高校德育管理的人本化思想主要体现在以下几个方面。

1.以育人为目标的管理

任何管理活动都要有明确的目标。有明确的目标，才可能进行有效的管理。德育管理，与其他管理活动不同。德育管理是以形成和发展受教育者的思想品德为目标的。这一目标是德育管理过程所特有的，是不能替代的。高校德育管理的基本任务：一方面，帮助受教育者正确地认识和确定自己的社会角色，明确自己的社会责任感，理解和遵守各种社会规范，学习和接受社会行为模式，适应社会，取得社会成员资格，不断实现个体社会化；另一方面，德育管理还必须促进受教育者自身的全面发展，充分地发挥人的主体能动性。人本化德育管理不是限制人、压抑人，不是阻碍人的思想解放、思想创造，与此相反，是鼓励人、支持人，是促进思想解放、改革创新，为社会主义建设事业培养建设者、接班人的实践活动。德育管理的这两个方面是不可分割的，个体社会化是前提，是外在表现；个性化又是基础，是内在要求。两者相辅相成，高校德育管理的人本化，就是要把这两个方面高度融合、完善发展起来。

2.主客体管理系统相结合

德育管理系统由主体管理系统和客体管理系统构成，由于组成要素主要是人，在高等

院校的德育管理活动就包括两个内容：一是对被管理者进行管理；二是对管理者进行自我管理。在现代社会，每个人要成为与社会协调发展和对社会有益的人，就必须接受一定组织的管理。没有管理，社会就不能有序、和谐地发展。在高校里，无论他是受教育者还是教育者，都要接受学校组织的管理。每个受教育者和教育者都有其特定的角色。受教育者是德育管理的客体，服从德育管理者的同时，又具有主体能动性。这种主体能动性不仅表现在认识、改造客观世界方面，还表现在对德育管理主体的作用方面。从事德育管理的教育者，是德育管理的主体，是德育管理活动中的引导者和控制者。但是他们也有接受管理的义务。因此，在高校德育管理系统中，没有绝对的教育者，也没有绝对的被教育者。这种主客体在一定条件下的相互转化，对教育者提出了更高的要求，那就是教育者善于适应角色的变化。因为高校的教育者担负着对大学生进行思想品德教育的重要任务，他们既是教育者，也是管理者，是社会主义思想的传播者，是全面贯彻党教育方针的管理者，是言传身教榜样模范的教育者。

3.教育与自我教育相结合

在德育管理过程中，不仅要对受教育者实施教育，还要充分调动受教育者的自主能动性，激发引导其进行自我教育。教育与自我教育是德育管理系统不可分割的两个方面，是辩证统一的，是相辅相成的。自我教育必须以教育为基础，教育又是通过自我教育来实现的。只有教育和自我教育相结合，才可能促进受教育者的全面发展。

4.德育管理人本化的系统性

按照系统论的观点，一切事物均具有系统的属性，一切系统都具有整体性。高等学校就是由各个子系统构成的整体。高等学校包括教育工作、德育工作、教务工作、行政工作、后勤工作等，这些都是高校工作的组成部分，是实现教育目标的重要因素，只有各个子系统有效合作，才能实现育人的活动。

德育管理渗透在各个组成部分之中。德育是培养人、塑造人的教育活动。德育工作是高校整体工作的重要组成部分，高等学校的教育工作、教务工作、行政工作、后勤工作等，都渗透着德育的因素，也都能发挥德育的作用。由于德育工作和各项工作有着密切关系，因此德育管理也渗透在其他各项管理工作之中。只有把德育管理和其他各项工作有机结合起来，才能建立各部门、各方面的工作和谐运行关系。

二、实现高校德育管理人本化的基本理论

我国改革开放以来，市场经济成为经济社会的主要形式，尤其是进入到21世纪以来，我国的经济社会发生了巨大的变化，物质极大丰富，人们的精神世界也随之发生了翻天覆地的变化。个人的思想道德素质是决定其整体素质的重要方面。作为教育桥头堡的高校教育阶段，德育是极其重要的一个环节。因此，研究高校德育相关问题，意义重大。

（一）实现德育管理人本化的基本原则

1.主体性原则

当今时代精神的主旋律就是提升人的主体性，唤起人的主体意识。这既是德育管理的出发点，也是德育管理的归宿。高校德育管理应该在社会主义办学方向的前提下，把尊重人、理解人、激励人、发展人，充分发挥人的主体性作为高校德育工作的重要内容。

（1）坚持主体性原则是德育管理内在规律的客观要求

不论是德育管理中的主体，还是德育管理中的客体，也不论是德育管理对象中各种要素，还是德育管理过程中不同的环节，这些都是人的活动，是由人组织、参与的活动。德育管理工作的成效，主要是来自人和人、人和组织的协调合作，要正确处理教育者与受教育者相互之间的关系。因此，坚持主体性原则，是德育管理规律的客观要求，是建立一个有生命力和实现高效的德育管理体系的根本所在。

（2）贯彻主体性原则是现代德育管理的发展要求

高校德育管理是以培育人、提高人的思想道德素质为目标的。德育管理系统是一个开放的系统，从社会输入学校的是人，在学校给予"加工处理"的仍然是人，最后学校向社会输出的还是人，这是一个完整的系统，较之其他工业系统、商业系统，更应该遵循主体性原则。学校的德育管理与学校行政管理、教务管理、后勤管理相比是有很大差异的。它是根据德育目标，组织、运用德育的各种力量和手段，协调和沟通教育的各种途径，以实现培育人的思想品德的教育管理活动。第一方面，它要遵循教育目标，促进学生向社会期望的方向发展，树立与社会理想、道德相一致的个人理想、道德；第二方面，它又要考虑每个学生的个性特征和个性品质，为他们思想品德的发展创造条件，以充分发挥学生的主动性和积极性；第三方面，学校德育管理还必须协调社会、集体和个人的利益，调节社会、集体和个人间的相互要求，在学校中形成和谐的思想道德关系。由此可知，高校德育管理作为指导、控制、协调的活动，不是限制人、压抑人、阻碍人发展的，而是要在尊重人、理解人、激励人的同时，促进人的全面发展，最大限度地激发人的潜能和创造能力，实现人的自我发展、自我完善。这是现代德育管理与传统德育管理的最大不同之处。

（3）坚持主体性原则体现了教育者与受教育者的双向道德交往关系

受教育者是有思想情感、内在需求，有自己思考、处理问题的方式的个体存在。他们不是被动地、盲目地接受教育者的思想道德指令，而是有选择地接受来自教育者的思想道德指令，并且是积极主动地选择和接受。在高校德育管理过程中，主体与客体之间具有相关性，两者是相互依存、相互作用的辩证关系。管理主体与管理客体并不是单向的作用关系，而是表现为管理主体和管理客体的双向影响、双向交流、双向制约。在高校德育管理

实践中，两者能动地认识和改造道德交往关系，不断地提高自身的能力和水平。

总而言之，主体性原则是学校德育管理的主要原则，也是管理客体的本质属性。在高校德育管理中，要尊重人、理解人、激励人，同时也要促进人的全面发展，重视人的主体地位，发挥人的能动性，才可能最大限度地调动学校师生的积极性，使学校德育管理呈现生机勃勃的局面。

2.系统性原则

在自然界和人类社会中，一切事物都是以系统的形式存在的。任何事物都可以看作是一个系统。任何管理都是对系统的管理，没有系统，就没有管理。系统性原则为认识德育管理的本质和方法提供了新的视角，从某种意义上来说，在德育管理原则的体系中起着统率的作用。按照管理学系统论的观点，高校德育管理也是由各个要素组成的整体，它是高校教育管理系统的一个组成部分。高校德育管理的系统性表现在以下几个方面。

（1）德育管理目标的统一性

不同的管理系统有不同的目标。学校德育管理作为一个系统，有与它相对应的德育目标。一个国家的德育目标，一般由国家教育部门根据社会发展的历史任务和受教育者的健康成长需求而提出。这样的德育目标要求，对青少年一代是完全一致的，具有统一性。这个统一的目标要求，对全国各级各类学校的德育，都具有完全指向和约束制约作用。就一个学校的德育管理系统而言，只能有一个总目标，作为学校德育管理者，在时间、精力和智力等方面都是有限的。因此，德育目标必须具有统一性。

（2）德育管理系统的层次性

德育管理系统的结构是有层次的，构成这个系统的要素和层次都是有顺序的，具有一定规律性。例如，学校的德育管理系统与学生德育管理，前者是一个整体系统，后者则是一个组成要素。系统与要素是相对而言的，如果组成要素杂乱无章地拼凑在一起，就不可能成为一个德育管理系统。

（3）德育管理系统的相关性

德育管理系统内各要素之间相互依存、相互制约，就是德育管理系统的相关性。它一方面表现为学生德育管理同学校德育管理系统之间的关系，学校德育管理系统存在和发展是学生道德教育存在和发展的前提，因而学生德育管理本身的发展，就要受到学校德育管理系统的制约。另一方面表现为学校德育管理系统内部的学生德育管理与其他要素之间的关系。某要素的变化会影响另外一些要素的变化，而各个要素之间的关系的状态，对学生德育管理和整个学校德育管理系统的发展，都可能产生重要的影响。

坚持高校德育管理中的系统性。首先，必须充分发挥高校德育管理系统中各要素的作用。高校德育管理系统包括许多要素，例如管理者和被管理者、德育目标和内容、德育管理方法等。这些要素对德育管理系统来说都是必须存在的，但是各要素所发挥的作用或

大或小，有正面或负面作用。在德育管理过程中，能否发挥诸要素的正面作用是至关重要的。是否发挥正面作用，发挥的程度如何，就看管理者如何把诸要素有机地组成为一个有联系、有层次的整体系统，进行统一的合作、协调、指挥和行动。最后，必须树立整体观念。以德育管理为主进行协调，局部服从整体，使整体效果最优化。更重要的是，要把高校德育管理放到整个社会主义精神文明建设的全局上考察。再次，必须深入研究德育管理系统的最优结构，使其充分发挥整体功效。改变不合理的结构，使德育管理结构处于一种相对稳定的状态，充分发挥各组成部分协调配合的积极作用，来提高高校德育管理系统的整体功能。

3.责任原则

高校德育管理是追求德育目标和德育实效的过程。在这个过程中，要挖掘受教育者的潜能，就必须在合理分工的基础上明确规定这些部门和个人必须完成的工作任务和必须承担的责任。挖掘受教育者的潜能的最好办法就是明确分割人的职责。职责不是抽象的概念，而是在内容、质量、时间、效果等方面的严格规定的行为规范。

（1）明确职责

一般来说，分工明确，职责也会明确。分工，是生产力发展的必然要求。在合理分工的基础上确定每个人的职位，明确规定各职位应担负的任务，这就是职责。所以职责是整体赋予个体的任务，也是维护整体正常秩序的一种约束力。它是以行政性规定来体现客观规律的要求，不是随心所欲的产物。但是，两者的关系又不是这么简单。因为分工一般只是对工作范围作了形式上的划分，至于工作的数量、质量、完成时间、效益等要求，分工本身还不能完全体现出来。所以，必须在分工的基础上，通过适当方式对每个人的职责，做出明确规定。职责界限要清楚，并一定要落实到每个人，只有这样，才能做到事事有人负责。

（2）奖惩分明

在高校德育管理中，对每个管理者和被管理者的综合表现和绩效给予公正而及时的奖惩，有助于提高管理者和被管理者的积极性，挖掘他们的潜能，从而不断提高管理实效，及时引导管理主体和管理客体的实践行为朝着符合高校德育管理的方向发展。有成绩有贡献的管理主体和管理客体，要及时给予肯定和奖励，使他们的主动性、积极性行为维持下去。如果长期埋没他们的工作成果，就会挫伤管理者和被管理者的积极性。这时奖赏就失去了它本身的意义。惩罚也是不可或缺的。惩罚是利用令人不喜欢的东西或取消某些为人所喜爱的东西，改变人们的工作行为。惩罚可能引起挫折感，在一定程度上影响管理者和被管理者的热情。但惩罚的真正意义在于通过惩罚少数人来教育多数人，强化高校管理的权威。

总之，责任原则是学校德育管理的主要原则，也是高校德育管理制度体系的重要组成部分。人无完人，建立健全高校德育管理职责制度，使分工明确、权限清晰，奖惩适当，才能充分调动高校德育管理者和被管理者的主动性和积极性，使学校德育管理呈现生机勃勃的局面。它对高校德育管理具有指导意义，是我们必须遵循的基本原则。

4.实效性原则

德育的实效性，是现代管理本质的反映，是德育管理工作的基本任务和归宿。管理学中的效益原则是现代管理的基本原则之一。效益是有效产出与投入之间的一种比例关系，可从社会和经济这两个不同角度去考察。任何组织管理都是为了获得某种效益。效益的高低直接影响着组织的生存和发展。它使人们认识到管理的实质就是为了增加实效，要求在管理过程中合理运用人力、物力、财力和时间，使有限的要素发挥最大的效能，取得最有成效的成果。在高校德育管理同样必须遵循实效性原则，以最少的人力、物力、财力和时间，获得德育最大可能的效果。为了增加德育管理的有效性，德育管理必须重视实效性原则。高校德育管理实效性，实质是德育管理目标的实现程度，具有长期性、后显性、整体性等特点。

（1）德育管理实效的长期性

德育管理实效的长期性是指受教育者科学的世界观、人生观、价值观和良好的道德品质的形成，要经过相当长的时间才能够完成。在其发展的过程中，要经历多次反复，做大量艰苦工作才能见成效。相对于物质成果而言，高校德育管理效果又具有模糊性、不确定性的特点，因此德育管理的效果，不能简单地用定量进行衡量，一般是通过定性来把握。

（2）德育管理实效的后显性

德育管理的实效具有后显性的特点。后显性是指德育管理的投入和其社会功效的显现之间，存在一个明显的时间差，投入后不可能很快就显现出来。虽然德育管理的效果不是马上就能显现出来的，但是它的作用却是不可估量的，影响是长期的、深远的，并且会产生一系列的连锁式反映，产生增加积极效果的功能。

（3）德育管理实效的整体性

学校德育管理实效的整体性主要表现在两个方面：一方面，德育管理过程中的整体性。在高校德育管理上，只有强调各种德育管理要素力量的一致性，才能达到最佳的德育管理目标。另一方面，对受教育者影响的整体效果。受教育者的思想品德是一个完整结构，他们的世界观、人生观、价值观、道德观以及道德认知、道德情感、道德意志、道德行为等，都是互相影响的。

综上，德育管理实效性原则，要求一切从实际出发，实事求是，这是学校德育管理目标的要求，我们必须从德育管理对象的实际出发，有效地开展德育管理工作。

（二）实现高校德育管理人本化的基本路径

1.确立德育管理人本化理念

高校德育管理观念只有及时反映时代发展的变化，反映德育实践的新要求，才能促进自身的发展，也才能对德育管理理论的丰富完善发挥自己应有的作用，实现自身的价值。观念是指人们对客观事物的理性认识，它将随着客观事物的变化而发生变化。而管理观念作为一种具体的观念形态，反映了人们对各类管理现象内在的本质联系的认识，也必然要随着管理实践的深入发展而不断更新。随着社会向更深层次发展，社会的变化速度不断加快，人们的思想更加复杂多变，德育管理观念只有适应这种要求不断更新，才能指导德育管理实践不断向新的领域延伸。因此必须树立"以生为本"的新理念。

（1）确立"以生为本"的新理念

"以人为本"是人们对生命主体价值、人的历史主体地位和作用的概括。市场经济的进一步发展对高扬人的主体性的诉求，使"以人为本"理念在社会发展的各个层面越来越受到人们的重视。"以人为本"就是一切活动都要以人的发展为出发点、以人的发展为归宿、以人的发展为动力。它既是一切社会历史活动的指导原则，也是教育活动的理念和指导原则。高校德育的主体是学校的管理者、教师和学生，而管理者和教师又主要是为学生服务的，所以高校德育"以人为本"归根到底是"以生为本"。

"以生为本"的德育管理不是以受教育者个人为主体，而是教育者的价值引导和受教育者自主构建相结合的活动过程，是教育者的主导性和受教育者的主体性共同发挥的过程，是教育理论和实践的真正统一，它较好地解决了受教育者个体发展和社会整体发展之间存在的矛盾。

（2）加强德育管理者的尊重意识

德育的主体客体都是人，出发点和归宿点也都是人，人就是德育的核心，坚持"以人为本"是德育发展的内在要求。贯彻落实"以人为本"的科学发展观，就必须加强管理者的尊重意识。

马斯洛的需要层次理论认为，尊重的需要，是人较高层次的需要，也是一种心理上的需要，包括自尊和受到别人的尊重。自尊和受到尊重，是联系在一起的。要想得到别人的尊重，自己要有被别人尊重的条件。每个人都有自尊心，它更是驱使人们奋发向上的推动力。在高校德育管理系统中，管理者要注意被管理者在自尊方面的需要和特点，要设法满足被管理者的合理需求，不能伤害他们的自尊心，只有这样，才能激发他们在学习生活中的主动性和积极性。强化他们的主动性和积极性的体验，有助于被管理者认同心理的产生和个性的正向发展。

在高校德育管理过程中，被管理者同管理者一样，也是权利的主体，他们有权利对管理者、管理措施等提出要求和建议，有权利做出接受或拒绝的决定。尊重受教育者，就是要求德育管理者首先要承认受教育者的主体地位，并尊重受教育者的主观感受，树立尊重意识，保证他们的正当权利。但是，受教育者的主观感受和决定不一定都是正确的，这就要求管理者在尊重他们的同时，也要进行科学的解释和耐心的引导，促使受教育者心悦诚服地接受管理。

（3）强化德育管理者的服务意识

在高校德育管理过程中，管理者要强化服务意识，做到服务育人，管理育人。德育管理的每一项工作，都是为受教育者的学习、生活和能力发展提供服务的，也是为了创造受教育者全面发展和成才的基本环境和必要条件。德育管理者，只有不断强化服务意识，让受教育者真切地感受到，管理者做的一切都是为他们的成才服务，都与他们的切身利益密切相关，都为他们的自由全面发展创造环境，使受教育者自觉地接受教育，进而增强德育管理的实效性。

2.树立德育管理人本化目标

德育目标管理与教育目标一样，在相当程度上体现着国家、社会的期望和要求，反映着教育者、受教育者的需要和追求，预示着德育的方向及其结果。德育目标贯穿德育的全过程，是德育的灵魂、核心。可以看出，德育目标是德育的首要问题。高校德育目标管理包含两个方面：一是对教育目标的管理。以育人、提高人的思想道德素质为目标；二是对工作目标的管理。

（1）确立正确、科学的目标

在德育管理活动中，确立科学的目标，明确管理的方向，根据一定德育管理准则，才能保证整个德育管理活动有序地进行，最终使德育收到良好的效果。一个切实可行、振奋人心的目标，可以起到明确方向、激励人心的作用，有利于对德育提出统一的要求。确定德育目标，必须坚持一切从实际出发，实事求是的原则，既要认真贯彻党的教育目的，与德育的根本目标相一致，又要从德育对象的思想实际出发，注意解决受教育者的思想问题和实际问题。在制定目标的过程中，目标立足点要有一定的高度，必须经过一定的努力才能达到。如果目标太容易实现，对受教育者就缺乏激励作用。但是，目标立足点又不易过高，不能脱离大多数德育对象的思想实际，过高的目标会使人们因为目标难以实现而放弃对目标的追求。脱离了实际状况所提出的目标，不仅难以实现，反而会影响德育教育者、德育管理者以及受教育者和被管理者对目标及目标管理的认同，目标的权威性就会受损，因此，德育管理的功效就无法得到实现。

（2）重视人的自由和全面发展因素

我国社会主义的基本制度决定并要求德育管理工作必须把人的全面发展作为根本目

的。人的全面发展包括人的体力、智力、品德、能力和社会关系的高度丰富和发展。培养全面发展的人才需要全面发展的教育，包括德、智、体、美、劳等方面的内容。其中，思想品德素质的教育居于主要地位。它在培养人们优良思想品德的同时，也对其他方面的发展产生了重要的影响。从一定意义上来说，人的体力、智力、品德、能力等的全面发展取决于人的身心潜能的开发，尤其是创造潜能的激发。德育管理能够帮助受教育者认清自己在社会发展中的主体地位，能够调动主体意识，激发创造潜能，推动人的全面发展。

3.完善德育管理人本化过程

从管理学的角度看，在高校德育工作中贯彻"以人为本"，就是要树立平等意识，发挥德育工作中受教育者的主体性，并在两者之间进行平等的交往对话。

（1）受教育者主体性的确认

确认受教育者的主体地位，发挥和尊重受教育者的主体性，是德育管理的基本思想，对受教育者主体性的肯定，就是对其独立性、能动性、创造性和实践能力的倡导和重视，对受教育者主体性的培养，与受教育者创新精神和实践能力的培养是一致的。确认受教育者的主体性，不是一般地肯定受教育者的主体地位，而是要把教育的着眼点放在受教育者的主体性的发挥和培养上。

（2）教育者与受教育者的平等交往对话

德育过程是发生在教育者和受教育者之间的活动。传统德育着力培养的是"听话"的好孩子，这种听话教育是建立在以教师、教材、课堂为中心的基础上，易于形成教师主体地位，不利于发挥受教者在教育过程中的主动性和创造性。平等的交往对话是"以人为本"德育过程实践的重要途径和重要形式。教育者与受教育者作为交往、互动的双方，是不可或缺、平等共生的关系，无论教育者还是受教育者都不存在完全的支配和中心地位。如果教育者和受教育者的关系是一种主体与客体的对象性关系，德育就容易变成单向灌输和强制压服，成为客体性教育。教育者和受教育者是平等的教育活动主体，是民主和平等的关系。教育者和受教育者双方都不把对方看作是被动地接受对象，而视为交往对话的双方。这种平等对话就是主体间的相互尊重、相互关心、相互理解，最终达成相互间的积极影响。教育者和受教育者的相互影响，不仅教育者对受教育者具有道德影响，受教育者也影响着教育者。在交往对话中，教育者和受教育者思想与思想碰撞，心灵与心灵交流，相互激励，相互作用，不断重新构建知识结构和认知水平，最终双方获得共同发展。

（3）自我教育

在德育过程中，受教育者既是教育的客体，也是教育的主体。当受教育者作为教育者施加教育影响的对象时，他是教育的客体，当他接受教育影响进而进行自我教育时，他便是教育的主体。受教育者作为教育客体时，也并不是完全消极被动地接受教育影响，而是积极主动地对教育影响进行认识、理解和吸收，也就是说，他们也在教育的影响下不断

地进行着自我教育。由此可见，教育者的教育和受教育者的自我教育，在教育过程中是同时存在的，并且是辩证统一的。没有教育者的引导，受教育者的道德发展就缺乏外在的积极强化，就难以形成良好的思想品德。没有受教育者的自我教育，教育者所传授的教育内容就不能为受教育者所真正认识和接受。由此可见，在德育过程中，既要调动教育者的主观能动性，发挥其指导作用，又要调动受教育者的自觉性、主动性，发挥其自我教育的作用，更重要的是，使二者统一起来，从而取得更好的德育效果。

4.培育人本化的德育管理队伍

高校德育管理要以人为本，德育管理的队伍建设关系到德育目标、过程、评估能否得到贯彻落实，关系着德育的实效性。因此，要重视德育管理队伍建设，不断提高他们的思想政治素质和工作能力，将其建设成为一支政治强、业务精、纪律严、作风正的专兼职结合的工作队伍。

德育管理不同于一般的社会管理活动，对工作人员具有特殊的要求。德育队伍管理，要按照政治强、业务精、纪律严、作风正的要求，建设一支专兼职结合的德育队伍。随着对外开放不断扩大，在社会主义市场经济条件下，在建设和谐社会的进程中，高校德育面临许多新情况和新问题，需要有一批训练有素的职业化人员集中精力去研究、去实践，以适应新形势发展的需要。加强德育队伍管理的职业化和专业化，可以从以下几个方面入手。

（1）要推行德育管理者的从业资格认定制度

德育管理者是德育队伍的主体，是德育队伍建设和管理的重点，应该按照职业化和专业化的要求建设和管理德育队伍。没有专门的职业规范和资格认定制度，就难免会把德育工作混同于一般的管理工作，受教育者就得不到应有的重视，其结果必然是德育的实际效果和工作效率得不到保证。德育管理者的职业化，建立统一的从业资格标准、职业规范和管理制度，完善德育工作队伍的选拔、培养和管理机制，使德育管理者把这项工作作为自己的终身职业，这样既有利于提高德育队伍的稳定性，又有利于培养出一批高水平的德育理论家和实践工作者。

（2）把提高德育管理者的素质作为德育队伍管理的重点

面对新形势、新情况，德育管理要想与时俱进，就必须做好德育管理者素质的可持续发展工作。要做到德育管理以人为本，就要努力提升自身素质，在学习中发展，在发展中增强本领。在当前这个转变时期，在社会主义精神文明建设和整个社会主义建设事业中，德育工作者在思想教育方面的责任尤其重大。加强德育队伍的培训，通过学历教育、职前培训、在职研修、自我管理和实践锻炼等多种形式，有计划地提高德育管理者的整体思想素质和业务能力。在培训过程中，要贯彻理论联系实际、学以致用、讲究实效的原则。根据需要，建构完整的德育工作队伍培训体系，制定科学的培训制度，编写科学的培训内

容，完善培训的形式，做好培训后的反馈和评估总结。切实加强德育管理者用理论指导实践的本领，用正确的价值观影响被管理者的思想行为的本领，善于调查研究、思想宣传和组织协调的本领、能够独立从事科学研究的本领，使德育管理者切实加强服务意识。提高德育管理者的素质是德育管理的重要内容，也是一项长期而又紧迫的任务。

（3）构建完善德育管理者的激励机制

德育管理中的激励，是指借助物质和精神刺激因素，调动被管理者学习、工作和社会活动的积极性，充分发挥他们的智力和体力的潜能的过程。通过激励，在某种外部刺激的影响下，使管理者获得某种内部的推动力，始终保持一个愉快的状态。在我国高等学校，德育目标能否实现，德育工作的质量和效率，很大程度上受开展德育工作管理者的积极性发挥程度的影响。激励已经成为人本化德育管理理论和实践的重要问题，建立和完善激励机制，是高校德育管理人本化的重要环节。

德育管理者作为教育者和管理者双重身份，既教育管理学生，也受学校和院系的双重领导。而如何提高德育管理者工作的积极性和创造性，就需要设置相应的激励机制。在管理实践中，物质激励和精神激励同样不可忽视。

马斯洛的需要层次论，认为物质需要是人较低层次的需要。通过运用某些经济手段和方式来组织、调节德育活动，满足德育管理者的物质需求，是实现高校德育管理实效性的途径之一。以人的多层次的需要系来看，需要不仅有物质需要，还有精神需要。精神需要是人的较高层次的需要，它包括人的情感需要、发展需要和成就需要等。在高校德育管理中，如果管理者对学校及其教育目标有强烈的认同感，就会在德育工作中体现出积极的、主动的工作态度，对德育工作的实效性产生积极的影响。对于人来说，精神需要比物质需要更重要，它的激励效果更为显著，影响更为久远。因此，针对人的需要和德育的特点，学校德育管理要使物质激励和精神激励有机结合，在满足人的物质需要和精神需要的基础上，调动人的积极性、主动性和创造性，充分发挥激励的作用。

第四章　思想政治教育观念创新

第一节　思想政治教育观念体系的创新

社会的不断发展和开放程度的加大，使不同人群之间的社会观念冲突越来越明显，为高校思想政治教育带来了挑战；经济水平的不断提升和社会改革的不断加深，为高校思想政治教育带来新机遇的同时，也带来了新的挑战。因此，高校思想政治教育要不断适应形势的发展，摒弃不适应社会发展规律的旧传统和旧观念，创造出适应社会现代化事业的新观念。

思想政治教育有其深厚的理论基础、紧密的内在逻辑和充分的现实依据，而在社会转型期的当前，社会结构的动荡和多元价值的碰撞给思想政治教育带来了困境，思想政治教育话语面临大众话语和流行话语的冲击，思想政治教育观念面临市场经济价值观的挑战。因此，改革创新是高校思想政治教育发展的必然途径。

一、思想政治教育创新的原则

随着"互联网"的发展，人类进入知识经济时代，新的思想观念更新和替代了工业经济时代下形成的思想观念，为新的社会发展模式提出了新的人才培养要求。我们需要针对高校思想政治教育的主体、客体和内容进行调整和变革，通过创新来解决其面临的问题，同时也要对高校思想政治教育的理论进行调整和变革，让高校思想政治教育与时俱进。

（一）知识经济时代发展需要高校思想政治教育的创新

知识经济以知识为动力进行发展，标志着人们的创造能力得到了高度发展，特别是精神创造能力得到了空前提高，其中智力、知识、主观能动性和思想水平等的提高，不是自然就能形成的，而是通过教育和培训等措施来实现的。

思想水平的培养可以通过思想政治教育来实现，培养要求的不断提高也给思想政治教育提出了难题。尤其是互联网的兴起大大提高了知识传播的速度和范围，学生获取信息的途径大大增加，高校思想政治教育难以形成往日的权威。坚持传统的权威教育模式显然是故步自封，只有创新才是高校发展思想政治教育的最佳途径。

（二）坚持继承与创新相统一的原则

思想政治教育不能丢掉中国5000年来传统文化的宝贵积淀。虽然当前思想政治教育是服务于社会需要的，是从中国的实际情况出发，以培养具有高尚爱国主义情操和思想道德修养的社会主义接班人为目的，但传统文化仍是思想政治教育创新的不竭源泉。只有深深扎根于传统文化的土壤中，思想政治教育才具有长久的生命力。

二、教育观念及其创新

高校思想政治教育观念的创新是改革创新的重要内容。下面主要从观念和教育观念、教育观念创新两方面进行研究。

（一）观念和教育观念

观念是指对人们所持有的事物有一定程度的认知和感知，它是人脑对于客观事物的主观反映。教育观念是在教育实践中形成的系统性客观知识。高校教育观指的是狭义上的教育观体系，是针对教育中的一些基本问题而产生的观念，主要包括教育本质观、教育价值观、教育实践观和教育质量观四部分。教育本质观提出教育的本质是将人培养成符合社会发展需要的人才，教育价值观提出教育的价值在于促进人与社会的和谐统一，教育实践观提出教育的实践要统筹兼顾，教育质量观提出教育要把人培养为具有高技术能力、高水平思维和高品质思想道德的人才。

（二）教育观念创新

时代的发展推动了教育观念的创新，体现了教育发展的必要性，同时也带来了挑战。

1.教育观念创新的概念

创新是指在特定的环境下，在原有事物的基础上，利用新的知识和技术，对原有事物进行改进的过程。创新通常要运用新的指导理论，着重强调引入新的概念与变革，创造出新的事物、构成和方法等，并对事物进行重新排列组合和挖掘提炼。它的目的是满足社会发展的需要，从中获取更大的收益和价值。

教育观念要不断根据社会的发展需要进行创新，要深刻反思现有的教育理论，重新制定人才培养的目标、方式、教育方法和内容等。教育观念的创新要在实践的基础上，不断分析和解决出现的新情况和新问题，要不断研究新的教育增长点，深化创新，通过创新突破旧的教育理念，促进教育改革和发展。

2.教育观念创新的现实基础

（1）教育观念创新是必要的

观念的形成是一个长期的过程，从另一方面讲，社会环境具有相对的稳定性，才能形成一个观念，这就意味着观念很难在短时间内做出巨大的改变。用马克思主义哲学的观点来看，观念是一定社会形态下的人类精神的产物，而社会形态是处于不断运动和变化过程中的，没有什么一成不变的事物，观念也必然不断发展和变化。随着社会的发展，生产力水平和社会结构都在变化，某些反映特定阶段的观念可能不再反映客观实际，跟不上社会发展的进度，甚至阻碍社会发展。因此教育观念的创新迫在眉睫。

（2）教育观念创新的任务是艰巨的

一般来说，教育观念受到主观因素和客观因素的影响。主观因素是人的因素，包括个人的身心发展水平、理论素养和实践经验等；客观因素是社会因素，包括社会发展水平、传统观念及文化、国家发展战略、域外国家的影响等。

深化教育改革，全面推进素质教育不仅要培养现代化人才，还要培养具有前瞻性思维、敢于创新的教师。教育过程中，教师是实施教育的一方，是教育的最前线，教师队伍的质量直接影响着教育的质量，他们的教育观念创新是重中之重。教师队伍整体素养较高，容易接受新事物新理念，才能够成为教育观念创新的引路人。因此，教师要鼓足改革创新的勇气，站在时代的前沿，在实践中发现问题、分析问题，把握教育规律，建立起现代化的教育观念。

（3）教育观念创新具有紧迫性

当今世界的两大主题是和平与发展，而创新和可持续发展是人类发展的主题。随着知识经济时代的到来，科学技术迅猛发展，生产力不断提高，国与国之间的竞争日趋激烈，而国与国之间的竞争归根结底是人才的竞争。面对21世纪的各种变化和严峻形势，我们迫切需要进行教育观念的改革创新。

3.教育观念创新的基本条件

创新能够推动教育主体的思想创新与重构，能够推动教育主体摒弃思维定式，达到新的理论境界。一般来说，创新是弃旧从新的过程，不仅仅是新事物的建立，还是旧事物的去除。但对待旧事物，不能全盘摒弃，因为旧事物中也有适合社会发展的部分。创新就是在对旧事物批判继承的基础之上，创造出新的符合社会发展的思维方式和技术方法。要善于从前人的智慧结晶中汲取精华，提炼出适合时代的科研成果和客观规律，最后形成科学的概念与体系。总之，创新不是完全反对传统，它们之间既存在着差异，又存在着千丝万缕的联系。

教育创新要鼓励教师对教学内容、教学方法以及教学理论进行创新，用新的教育学理论对教师进行武装，掌握教育发展的最新动向，推动精品课程传播和发展。将精品课程

作为教学改革的龙头，可以带动其他课程发展，推动课程建设与课堂教育改革。大力推进"课堂内外一体化"建设，将课堂教学与课外教学结合起来，创造出集课堂教学与学习汇报、交流感悟于一体的平台，不仅能给学生创造在课堂上实践所学知识的机会，也能提高教师的职业技能。

在教学实践中，教师要加强和培养自己的教学研究意识和能力，充分考虑到不同课程之间的差异，用不同的激励方法和项目活动进行统一的学科管理与运作。

4.教育观念创新的具体做法

第一，教育观念创新要与教学实际密切结合，要以教学实际为出发点。只有真正了解教学的实际情况，才能把握教学的具体细节和问题，不断强化教学理论和教学内容的针对性与时效性，更好地领悟学科教学内容以及出色地驾驭教学实践活动。只有这样，才能培养出能够深刻认识学习规律，将理论与实践高度结合的高素质人才。

第二，建设新的教育体制，包括建立新的教学机制、开拓新的学科和推进新课程的开发。教育体制要在提高教育质量和教育效果的指导下，敢于尝试，不能因循守旧，要调动教师的积极性，让他们有精力、有动力投身教育创新中去。课程设置要灵活多样，要在教学实际的基础上进行灵活配置，切忌墨守成规，不知变通。学科建设要多方位覆盖，适应社会发展的需要。

第三，我们应该注重培养和提高教师的学习能力，使他们具备扎实的专业理论基础和独立研究的能力。学习技能的提高不能局限于教学设计、课堂教学、教学媒体的应用和教学研究等，还应着眼于如何培养教师开发新课程、研究新教学理论的能力。

第四，加强教育与社会的联系。教育的本质是为社会提供优质人才，服务社会发展，教师应多与家长沟通，引导学生积极参加社会实践活动。这些社会活动可以帮助学生了解社会环境，以便他们日后能够更好、更快地融入社会。

第五，教育观念创新要与我国社会的改革开放步调一致。只有了解了我国改革实践的经验，才能厘清我国改革的现实基础和理论基础，才能进行适应我国社会现代化发展的教育创新。

三、高校思想政治教育观念体系的创新

社会水平的提高促进了人才培养水平的提高，作为培养学生思想素质层面的思想政治教育，自然也有新的要求。

（一）价值观的创新

大学生思想政治教育价值创新的主要目的是树立个人价值与社会价值内在统一的新价值观。在市场经济条件下，追逐利益最大化难免成为个人价值观的重要部分。从人生存

发展的角度来说，物质是人维持生活的基础，也是获得其他发展的前提，个人的逐利行为无可厚非。这是当前思想政治教育工作无法回避的一点，尤其是市场竞争机制充分激发出人们获取个人利益的欲望，如果仍然对物质利益避而不谈，思想政治工作不仅难以取得成果，而且还会让人感到厌烦。

在过去高度集中的计划经济体制下，个体对社会和国家绝对服从，人们丧失了个体自主性，更谈不上对物质利益的追求。在当时的社会环境下，人为地、片面地将社会价值和个人价值对立起来，强调社会价值，忽略或完全否定个人价值，导致了相当长的时期里思想政治教育只培育社会价值观的片面观点。思想政治教育功能只强调促进社会发展的功能，忽略或贬损个人发展的功能；思想政治教育只求社会发展，而不管个人发展；思想政治教育的内容只讲个人对国家和社会相关利益的服从，而不提对个人利益的保护。这一切都导致思想政治教育损害了个人的积极性与主动性，不可避免地受到人们的冷遇。

同时，随着我国市场经济制度的不断完善和经济水平的不断提高，社会中还出现了只强调个人价值而无视社会价值的问题。这种思想蔓延到高校，使得思想政治教育工作出现了只追求满足人的需要，而忽略社会要求的倾向，严重削弱了思想政治教育的影响。

从根本上说，社会和国家的集体利益是人民的根本利益。个人利益和社会利益应该是有机的融合体，不应该对立起来。因此在我国，个人与社会是辩证统一的。个人的全面发展是以社会发展的各个方面为基础的，社会和国家要为个人的全面发展提供最有利的环境，保障个人的合法权益，达到个人自由的目标，必须处在社会共同体之中。同时，个人的全面发展又能促进社会的全面发展。这就使得我们确立个人价值和社会价值内在相互统一的新价值观时，既要满足社会发展要求，也要防范片面的唯社会价值观。要按照社会发展的需要，主动服从并维护社会和国家的利益，克服片面的唯社会价值观，实现自己的价值。

（二）方法观的创新

思想政治教育方法应该是把教育者和受教育者结合起来，教育工作者应从思想政治教育方法的选择和运用入手，在教育者自身优势的充分发挥的基础之上，充分调动受教育者的积极性。

（三）主体观的创新

传统思想政治教育中，受教育者的主动性和积极性受到了严重压抑。事实上，思想政治教育的过程不仅是教育者积极筹备以及实施教育的过程，也是受教育者根据自身的认知水平和发展需要开展自我学习的过程。

（四）质量观的创新

创新思想政治教育质量观的主要目的是促进思想道德素质和科学文化素质全面发展。如果只重视科学文化而不重视思想道德素质，科学研究就会失去方向和规范，丧失人的主体性；如果只重视思想道德素质而不重视科学文化，那么培养出的人才就不能适应社会发展的需要，不能服务于我国提高生产力的要求。思想政治教育要坚持以人为本，充分发挥思想政治教育的双重功能，促进人和社会的全面发展。

第二节　思想政治教育观念创新的实践

大学生思想政治教育在整个教育工作中占有重要的地位，它是培养学生思想道德素质的重要途径，是一项长期而系统的工作。在中国特色社会主义发展的新形势下，大学生思想政治教育要与社会发展要求结合起来，摒弃旧思想，树立新思想，谋求长远发展。

一、素质培养意识的确立

随着世界全球化的加深，国与国之间的联系越来越紧密，竞争也越来越激烈。各国综合实力的竞争，从根本来讲，是国民素质的竞争，尤其是人才的竞争。大学生是祖国未来的接班人，必须努力提高大学生的综合素质。因此，思想政治教育工作者应与社会各界人士联合起来，积极培养大学生的文化素质、科技素质和道德素质，让大学生树立合作意识、竞争意识，积极为社会发展做贡献。

素质教育意识的确立，是现代教育理论中的一个重要命题，也是新时期思想政治教育理论研究的创造发明。人才综合素质不仅决定了社会的发展动力，也决定了社会的文明程度。

素质分为先天素质和后天素质，先天素质在一定程度上制约着人才的综合素质，但起非决定性的作用。人们通过后天学习和实践获取的素质，可以改善素质的先天缺陷。思想政治教育担负着培养学生后天素质的责任，致力于将学生培养为德、智、体、美、劳全面发展的高素质人才。

（一）树立现代意识

以前，思想政治教育工作过分强调了政治性，给人们的印象就是关注时事政治或者熟练背诵马列主义等经典著作，并强调社会性在思想政治教育工作中的主导地位，而忽略了人们的主体发展需要。长此以往，思想政治教育被束之高阁，严重脱离实践，给学生的感

觉是"高不可攀"。事实上，思想政治教育要注重培养学生的主体性，鼓励个人素质的发展，让学生树立以社会主义思想为核心的现代意识。

1.主动意识

现阶段思想政治教育的发展应把握发展趋势，突出战略层面的主动性特征。但以往思想政治教育的效果并不理想，从根本上说，是因为工作不积极，问题难以解决。要改变这种不利局面，就必须增强思想政治教育工作者的主动意识。

（1）了解个体需要，满足个体需要

要将思想政治教育的理论与实践结合起来，根据学生思想的变化及时调整和优化工作。

（2）积极顺应形势

根据时代发展的要求，不断调整工作方式和内容，以适应国内外形势变化。

（3）因材施教

要对学生的身心发展水平和思想道德素养有一个基本的了解，根据不同对象的不同特点，针对性地采取一系列措施，以满足不同对象的需要。

2.全民意识

思想政治教育不仅要面向大学生，更要面向全体人民，是全体人民的共同事业。中华民族伟大复兴的事业要靠人才去实现，我们需要认识到加强思想政治教育的紧迫性和必要性，让全社会的成员积极参与进来并融为一体，在全社会形成有效的管理和运行机制，实现思想政治教育与社会实践的有机共生。

3.预测意识

思想政治教育要具备预测意识，不仅要关注当下的理论和实践，也要能够预测未来的发展趋势。一是要超前研究人民群众关注点的发展趋势，努力把思想政治教育与人民群众的需要和愿望结合起来；二是要客观准确地预测自然科学和社会科学的发展给人们思想道德建设带来的影响；三是要预测社会改革给人们带来的思想变化。只有做出科学、准确的预测，思想政治教育才能适应形势的变化，而不被时代摒弃。

4.价值意识

在中国特色社会主义制度下，个人价值和社会价值是高度辩证统一的。社会价值是个人价值的基础，个人价值又促进社会价值的发展。

虽然当前大学生的整体素质在不断提高和完善，但仍然存在着诸多问题，甚至背离了社会现代化的发展进程，诚信缺失、不守规则、行事浮躁等问题屡见不鲜。因此，强化大学生思想政治价值意识就显得格外重要，要让学生把个人价值与社会价值结合起来，真正从服务社会的角度去实现个人价值。高校可开展相关活动，组织、引导学生进行有意识、有目标的素质训练。

5.时代意识

时代意识是指大学生思想政治教育要始终把握时代的脉搏，从时代的角度全局性地掌握学生的培养目标。

（1）要树立创新意识

现代社会高强度的竞争，成为创新意识的现实土壤。思想政治教育要在马克思主义的指导下，把课堂教育与社会实践结合在一起，创造性地开展实践活动，而不应该仅仅专注于开办讲座、做研究、做解释。

思想政治教育内容要实现行为和思想的高度协调，实际和理论的密切结合。思想政治教育效果的评价，可以引入绩效评价体系，积极激发人的主观能动性，最大限度地提高人的潜能。

（2）要树立发展意识

世界上所有事物都处于不断发展变化之中，在经济全球化的大背景下，各国政治、经济和文化都处于不断的竞争和融合之中。因此，思想政治教育要顺应时代发展的潮流，努力培养适合社会发展需要的现代化人才。

（3）要树立开放意识

随着自然科学和社会科学的发展，各个学科的边界越来越模糊。思想政治教育不是闭门造车，应以开放的态度，借鉴其他学科研究成果，创建新的教育体系和教育观念。

（4）要树立多样化意识

在当前社会条件下，思想政治教育的教育者和受教育者还存在着对立和矛盾，灌输式的教育模式依然存在。只有增强受教育者的自主性、独立性和可选择性才能提高受教育者的积极性，要运用多样化的方式方法，提高教学手段的艺术性和趣味性。

（二）前瞻心态的形成

前瞻心态就是思想政治工作要"面向未来"，要激起学生对未来的美好向往，激发大学生的积极性、主动性，让学生脚踏实地地学习科学文化知识，提高思想道德修养，不断向新时期社会对人才素质的要求和标准靠拢。

前瞻意识是当前思想政治教育的一个重要方面。学生生长在不同的家庭环境和社会环境中，在身心发展水平、思维方式、思想素质和道德修养方面存在着巨大的差异，这决定了他们在对待问题的态度和处理问题的方式方法上的不同。即便处在同一个校园环境中的学生，也可能具有不同的思想状态，所以就出现了多元化的发展方向。有些学生遇到问题倾向于寻求朋友的帮助，有些倾向于寻求家长帮助，而有些倾向于在互联网上咨询。

思想政治教育工作者要正确、有效地分析和解决问题，就要考虑这种情况。如果对一些情况有具体的了解，就能够超前地预测可能出现的各种状况，预先想到学生能想到的或

可能会想到的各种问题并进行分析，从而及时有效地进行解决，甚至可以在问题的萌芽期就积极遏止。

（三）开放视野的扩大

在互联网时代，信息爆炸、科学技术迅猛发展，国际交流频繁，国与国之间的竞争日益激烈，如果没有国际视野，就很难跟上时代发展的潮流。思想政治工作也必须引领学生面向国际、面向世界，用国际视角看待问题。思想政治教育工作者肩负着培养社会主义接班人的重要责任，必须将思想政治教育深深扎根于优秀传统文化，才能以从容不迫的姿态走向世界。

（四）增强人本意识

在思想政治教育工作中强调人本意识，就是强调以学生为本，是在不违背人才培养目标和教育质量的前提下，提高思想政治工作的人文意识，将学生作为工作开展的中心，把学生的思想素养和政治素养放在首位，兼顾人文精神和自主性的培养。

（五）现代观念的强化

强化现代观念是指思想政治教育要运用现代化的科学理念和技术手段，包括教学设备、教学理念、师资队伍建设水平、教育方法和教学管理制度等的现代化。

现阶段，强化现代观念是在深化历史意义的基础上，对中国特色社会主义现代化理论和实践的全面推广。强化现代观念首先要树立开放意识，无论是理论上还是实践中，封闭都不能成为高校思想政治工作的一种方法，要在党的路线、方针和政策的指导下，逐步打开各种学科的大门，广泛借鉴各个学科的知识，提高高校思想政治理论的多样性和深度。其次要加大教育费用的投入，加强师资力量和教学设备建设，提高教学效率和质量。再次要推进建设现代化的教学管理制度。最后，要转变思想政治工作的思维方式，实现工作技能的现代化。

当然，思维方式的现代化也是开展思想政治工作所必不可少的条件。人们主要以科学的思维方式理解客观世界，只有具备完备的理论思维体系，才能在思想政治工作中摸索出新的方法和途径，才能让中华民族屹立于世界民族之林。

二、注重培养创新能力

思想政治教育要注重创新能力的培养。事实上，创新是人的本性，是人的第一需要，也是最高层次的需要。只有在创造活动中，一个人才能获得真正的自由，才能成为一个真正的人。

　　我国传统教育过分强调集体教育，缺乏对学生自主性的培养，更谈不上培养创新能力和创业意识，这正是我国科技水平落后的主要原因。创新一方面能推动人创造能力的发展，另一方面也会对社会的进步和发展产生重大意义。

　　国家的创造力决定着一个国家的命运和地位。培养学生的创新能力是信息爆炸时代下的全球共识，也是提高我国综合国力的关键。我国将培养创新意识作为提高全民素质的历史任务。因此，思想政治教育工作应该着重培养大学生的创新意识、创新精神和创业意识，鼓励学生开展发明创造和自主创业等实践活动，让学生在实践活动中自觉提高自己的创新能力。还要培养学生的主体性，激发学生自主学习的能力，鼓励学生提出自己的想法和意见，并敢于坚持真理。

三、强化道德认知与道德实践

　　当前，我们开展思想政治教育工作的目的是培养大学生的道德修养和思想品质，并付诸实践。现在的思想政治教育以灌输为主，纯理论形式进行空洞地说教，强迫所有学生接受。因此，思想政治教育开展时，一方面，要向大学生系统讲解道德真理；另一方面，要在积极正当的引导下鼓励其深入思考，得出正确的道德判断。

　　以往的思想政治教育忽视了社会这一最重要的切入点，学生缺少实践经验，不能领悟思想政治观点的深刻性。只有为学生创造合作环境和实践参与机会，让学生真正地参与现实生活，体验深刻的情感，把自律与他律密切结合，才能将道德理论转化为道德认知与理性选择。

四、思想政治教育观念创新的注意方面

　　一是要注意摆脱传统工业文明带来的负面影响，逐步培养大学生具备以高尚的思想道德为基础的新的生态文明意识，帮助他们树立以人为本、关爱自然的态度，达到人与自然和谐发展的新境界。

　　二是引导学生主动学习与思考。只有使学生掌握正确的学习方式，才能缓解甚至解决知识增长与知识接受度不足的矛盾。思想政治教育应使受教育者树立独立思考和主动学习的意识，才能适应世界的变化。

　　三是要注意以人为本。人是思想政治教育工作的对象，人的思维方式、心理品质修养、思想道德修养和行事方式等是大学生思想政治教育工作的主要内容。我国思想政治教育应培养适合我国社会发展的社会主义现代化人才，要具有强烈的自我意识和民主意识、高水平的科学文化素养、高尚的品德、远大的志向以及正确的法治观念、创新意识和创业意识等。

第三节　思想政治教育质量提升研究

大学生思想政治教育质量的提升，具有广泛而深刻的研究意义，它是能够促进中国特色社会主义发展、提高国民的综合素质、实现国家长治久安的基础和保障。大学生思想政治教育是顺应时代发展的精神和心理的教育，必须坚持以人为本的发展理念，解放人的思想，注重人文关怀。

人文主义教育的思想在任何国家的任何时期都有其存在的位置和价值。人文主义的思想在世界各个国家都有体现，它是西方教育思想史上始终贯彻的核心思想。我国坚持的以人为本的科学发展观，也是对人文主义思想的落实和发展。

科学发展观的重要核心是坚持以人为本。大学生思想政治教育对人和人的心理的关注，正是思想政治教育坚持科学发展观的根本体现。

一、人文关怀和心理疏导的方式意义

中国传统文化中也有对人文强调的各种文学作品。这些文学作品都非常关注人的精神和思想方面。《诗》《书》《礼》《易》《乐》《春秋》都是人本身与文化的相互融合的重要体现。文化是一个民族、一个国家整体精神及价值观的具体表现。人文则是文化与人的高度的融合，一般指社会发展中具有先进性、科学性、规律性的客观或主观的存在，其核心是先进的价值观，内容则是先进的规范。

（一）人文关怀和心理疏导提出的意义

1.人文关怀和心理疏导模式提出的必要性

人文是人类文化中摈弃糟粕后留下的具有引导性、价值性、文化性的精神、物体、规范等。关怀就是关心爱护之意，即一种关注之意，不忽视之意。人文关怀，总的来说就是对人的整体精神、心理、身体、成长的关怀。人文关怀，最早认为是开始于西方国家，其重点就是肯定人的价值，重视人的个性和思想，强调人与人之间是自由、和谐、友爱、平等的，即一种民主化的状态。我国的思想政治教育强调的人文关怀是指尊重人的主人公地位和保护、满足个人需求，促进个人价值的实现。大学生思想政治教育工作中的人文关怀，是指一种针对大学生本身个性、心理、权利、尊严、个人价值、社会价值的关怀，对主体对象的地位、需求、生存状态以及成长教育的关切，是对大学生人生观、世界观、价值观养成与提升的一种情感关注。我国大学生思想政治教育人文关怀的本质就是时刻把大学生放在教育的突出地位，尊重他、关心他、理解他、帮助他。

心理疏导是关系到心理安慰的方法，是对有心理问题的人实施排解、缓解，帮助其克服心理障碍的方法。心理疏导的方式有很多种，一般来说就是简单地沟通交流，这样的方式有解释排解、理解同情、鼓励支持等，主要是通过话语的表达来起到开导的作用，达到解除心理问题、排解不良心理状态的目的。除此之外，还可以找专业的心理学专家，通过心理问答与情绪关注，运用心理治疗的方法和理论对求助者进行帮助，以缓解或消除心理问题或人格障碍，促进其人格健康、协调发展。

大学生思想政治教育课程必须对学生的这种状态开展及时有效的心理疏导，避免产生偏激行为，影响大学生的健康成长。大学生群体正处在人生观、世界观、价值观塑造的关键时期，因此注重心理疏导是大学生思想政治教育质量提升的必然选择。在教育理论指导下，根据大学生思想政治教育的现状，从教育的内容、教育的方式、教育所达成的目标手段等方面来加大人文关怀和心理疏导的教学任务。把人文关怀和心理疏导的理念、内容、方法和手段相结合，作为一条主线贯穿于大学生思想政治教育工作的始终。

2.大学生思想政治教育人文关怀和心理疏导模式的提出

思想政治教育工作是党留下来的优良传统。它具有教育人民、净化心灵的作用，时刻为党和国家、人民指引道路。思想政治教育工作与当代的教育工作是一脉相承又加以创新的，思想路线必须与时俱进，以此适应不断发展与变化的世界大环境。思想政治教育工作要求适应新的经济形势，树立创新思维意识，按照科学发展观和事物的一般发展规律，运用新的方法和机制，不断改进大学的教育工作。

思想政治教育中的老师和学生的主动性和创新性都应得到充分的尊重和发挥。实际中的思想教育工作往往过于强调老师的主导性和权威性，忽视学生的主体性和选择性，作为学生自己的需求没有得到有效尊重，这样的教学模式往往容易引发大学生的逆反心理，完全违背人文关怀理念的教学方法是导致大学生思想政治教育的质量得不到有效提升的制约因素。学生表面上服从，内心并没有真正认同，更谈不上有效内化和付诸实践。因此探索一种新教学模式，是大学生思想政治教育质量提升的关键。

（二）人文关怀和心理疏导模式的呼求

1.思想政治教育的内在要求决定了必须对大学生进行人文关怀和心理疏导

人文关怀和心理疏导强调发挥学生的主观能动性，坚持以学生为教育根本的理念，尊重其作为一个受教育者的地位和个性需求，遵循思想活动规律和思想教育规律，解决学生心理与思想方面的问题。注重人文关怀和心理疏导，是教育界的根本要求，也是大学生自身价值实现的诉求。

大学生思想政治教育的主体是教师和学生，教师和学生在教育与被教育的过程中，是一个有机统一的整体，也是其各自实现自己人生价值的过程。教育应坚持以人为本的核

心，把大学生真正作为教育的主角，时刻体现其能动性。大学生思想政治教育不可盲目地跟随变化而变化，它应该在教育学生的时候有所创新，这个创新不是盲目的创新，而应该是有依有据的创新，要具体问题具体分析，根据具体的思想变化，解决个体的心理问题，促进大学生思想政治素养的全面发展。引起大学生各种思想问题的根源就是心理不健全，所以，应该重视和保护大学生的心理健康，开展专业化的心理疏导，从各种有益身心的方面去激励、提升大学生的个人价值，让其充分认识自己作为一个人的重要性。

提升大学生思想政治教育质量的现实需要也要求我们必须重视人文关怀和心理疏导。大学生作为一个特殊的群体，其所承受的压力也是非常大的，其中包括就业、学习、生活、思想等，这些都是经济全球化的飞速发展和社会竞争的日益加剧所引起的。因此，关心和帮助学生解决这些切身问题，是现实对大学生思想政治教育提出的新要求和新课题。

2.思想政治教育的方向性决定了必须对大学生进行人文关怀和心理疏导

大学生思想政治教育中的人文关怀和心理疏导是一个新的必要性的课题。创新意识是任何事物都必须有的，它是大学生思想政治教育的源泉和动力。思想政治教育质量的提高，关键是一定要在创新上面做文章，并以此作为今后工作的创新基点。我们的大学，在教授学生专业课知识的时候，应当重视对大学生综合素质的培养，保证其个人人生观、价值观、世界观的形成。随着科学技术的发展和社会竞争的加剧，大学生在社会的各个方面遇到的问题和困惑越来越多。因此，在教育中添加创新型的人文关怀理念，是创新型国家的必然要求，也是培养创新型人才所提出的内在要求。国际国内环境的变化和大学生的思想现状和实际困难，都呼唤大学生思想政治教育的创新。

高等教育中的优秀合格的人才是我国能够实现中国特色社会主义现代化建设的关键。创新是一个人能够不断适应社会变化的关键。提升大学生的创新能力和创新意识，既是社会主义大环境的要求，也是受教育者个人的需要。大学生思想政治教育应遵循社会的发展和变化，改变思维、运用创新思维方法，为社会主义现代化建设做贡献。

（三）加强大学生的人文关怀和心理疏导

大学生思想政治教育必然会涉及各个方面，其中，政策的导向、坚持以人为本的理念、对民主化思想的学习等都有助于大学生思想政治教育的学习。以人为本的理念应该贯穿大学生教育的过程中，真正做到把学生放在思想道德教育的第一位。

1.坚持以人为本的教学理念

坚持以人为本的教学理念是符合中国国情的办学理念。科学发展观应当是以尊重人的平等权利为本位的发展。贯彻落实科学发展观就要注重人文关怀和心理疏导，把这种理念贯穿于思想政治教育始终。

大学生思想政治教育的长期发展需要整合国内外、校园内外、传统与现代等思想政治

资源，综合分析研究大学生的心理问题，建立一种可以长期存在和发展的制度，提升大学生的自我教育能力。

2.尊重个人自身价值

人的价值分为个人价值和社会价值。个人价值是一个人自身状态的很好表现，它是能达到自己对自己满足的一种状态。个人的社会价值是指个人对社会的贡献。社会价值是一个人作为社会的一个自然存在，其实现自身价值的同时为社会带来的好的方面的体现。尊重个人的自身价值，就要求社会关注、承认一个人的正常利益和权益。

3.实现平等化的思想政治教育模式

在构建人文关怀和心理疏导模式时，必须尊重大学生在思想政治教育中的主体地位、维护其选择权利。教育双方地位平等、自由民主、双向互动是思想政治教育工作的规范性要求，除此之外也包括教育过程和谐、教育效果良好。思学生所思，使大学生的权利得到实现，这是对大学生主体性和选择性的尊重。教育者与受教育者双方心灵、情感交融，在问题的看法上能产生共鸣，把大学生的自觉意识融入思想政治教育，在实际行动中得以实现。关于教育方面，应该是开放性、鲜活性、先进性和创新性的。大学生的主动选择权不能丧失，教师应该牢固地把握话语权、主动权和主导权，以开放性的视野、先进性的理念、科学性的目标、真理性和艺术性的教育参加到思想政治教育活动中。大学生的选择权应该是条件，教师的主导权是根据，两者在思想政治教育过程中相互促进和发展。

4.坚持务实型的思想政治工作作风

思想政治教育工作应求真务实，注重人文关怀和心理疏导，把帮助大学生解决思想问题最终落到实处。人的需求可分为生理上的、情感上的、归属感上的，也包括对自我价值实现的需求。思想政治教育工作应该在实际工作中融入人文关怀和心理疏导的理念，把帮助大学生解决其切身问题提上议程，这是对大学生价值诉求、现实需求等的深入思考。大学生思想政治教育应该把树立德业作为培养人才、开展教育的根本任务。大学生的思想活动规律、思想政治规律等实际问题会引起大学生的思想问题的变动，解决好实际问题，才能从根本上解决大学生的心理问题。

5.专业化和常规化建设是思想政治教育开展的基础

大学生心理疏导的重点是对教师队伍的优化和重建。其中包括建立一种专业与非专业相结合的模式，以教师为主、以辅导员为辅的教育团队，保障咨询工作与专业性相结合。在常规化工作方面，把大学生的心理测试和健康档案管理作为一种具体的制度来建立，建立入学前新生的心理测试制度，开设一个专业化的对心理方面进行研究和咨询的中心，开展心理教育课，对学生定期开展个性化的心理疏导等，健全心理疏导工作的体制化和常态化。

6.提高大学生自我成长的能力

古语有云，授之以鱼不如授之以渔，所以教育是把学习的方法教给学生，而不是把现成的东西交给学生。帮助解决大学生的思想问题，包括增强自觉性和自律能力，还有就是自主解决问题的能力。教育意识和能力提高的具体表现是：面对问题时思考能力的提高、解决问题时能力的提高、综合分析问题时能力的提高。

在教学的过程中，知识要传授，但也要重视对方法和能力的培养。对大学生发现和解决问题的能力进行考察，积极性和创造性的行为习惯应该作为大学生考核的内容。教育应该寓事说理，这样的方法使大学生容易接受，容易理解，教育成果显著。大学生思想政治教育的整体出发点是教给大学生应对问题、分析问题、解决问题的态度和方法，帮助他们形成创造性地解决问题的能力与习惯。

（四）互联网环境下大学生心理健康教育工作

网络技术的运用与普及，给大学生心理健康教育工作带来很大的影响，这些影响既有积极方面的，也有消极方面的。为了避免网络给心理健康教育工作带来的消极影响，要不断挖掘网络环境中的优势，并充分利用这些优势，增强心理健康教育工作的成效。

1.互联网环境给大学生心理健康工作带来的优势

一是网络环境给教育工作带来便捷。在传统教育中，高校对大学生的心理健康教育工作主要是以课程、讲座以及心理咨询门诊为主，而这些教育方式只能被限制在某个空间，无法很好地传播开来，不能够对有相似需求的大学生产生积极影响；再者传统的心理健康教育工作应变能力差，很多大学生不能根据自己的需求来选择学习的内容，不能有针对性地开展。但是随着计算机网络的发展，互联网不仅蕴含丰富的信息资源，而且传播的速度非常快，逐渐成为高校心理健康教育工作的重要平台，心理健康教育工作者通过运用网络这一传播手段，及时地向学生传授相关知识，从而引导学生树立正确的观念，还可以充分地利用网络手段，随时随地与学生进行沟通，有针对性地对每个学生进行指导，增强心理健康教育工作的时效性。

二是互联网拓宽了师生的视野。随着社会的发展，大学生心理健康的需求日益增长，原有心理健康教育资源已经不能满足大学生的心理需求，而互联网可以将全球范围以内的优秀心理健康知识资源有效地串联起来，为心理健康指导工作提供丰富的信息资源保障，拓展高校师生的视野。心理健康教育工作者可以通过网上查询心理健康指导需要的信息与知识，借鉴国内外心理健康专家的讲座，与自身的教育工作相比较，找出自身的不足，增强心理教育的效果，学生也可以从网上获取对自身有用的心理健康教育的知识。

三是网络有利于提高教育工作的准确性。受传统观念的影响，人们对于心理健康问题的认识存在着偏见，这造成大学生不愿意正视心理发展中遇到的问题，心理健康教育工作

者也很难找准大学生的心理问题，而网络营造的是一种虚拟世界，而且这属于一种新生事物，很容易引起学生的兴趣。在网络中学生可以使用匿名的方式倾诉自己的苦恼，而教育工作者可以从中分析，找出具体解决的方法，从而对大学生进行有针对性的指导，促使学生树立正确的价值观念，提高教育工作的准确性。

四是网络环境提升了心理健康教育工作的成效。在网络环境中，不管是学生还是教师都处于平等的地位，传统的强制灌输理念被摒弃，而学生成为受教育的主体，这样的教育方式比较容易被学生接受，这就促使学生主动接受心理健康教育，从而使心理健康教育工作的成效得到提升；另外，在网络环境下，心理健康教育工作者可以随时随地地了解学生心理发展所遇到的问题，并有针对性地进行指导教育，从而增强工作的成效。

2.互联网环境下大学生心理健康教育工作的新思路

一是引导大学生树立正确的观念。首先，要培养大学生的政治觉悟以及信息鉴别能力，进而促使大学生自觉地抵制不良的信息。其次，对大学生加强网络法制教育。

二是建设心理健康教育网络平台。目前，传统的心理健康教育已经不能满足大学生的需求，网络平台的建设可以有效地缓解这一问题。首先，要能引起广大师生的兴趣，网络平台的建设应该拓宽辐射面，从而吸引更多的师生加入其中；其次，在网络平台的内容选择上应当充分地考虑广大师生的心理需求，并最大限度地满足这种需求，进而提升网络平台的利用率；再次，心理健康教育网络平台要与传统教育有效结合，使网络平台为心理健康教育工作者、大学生以及家长之间的沟通提供更多的便利，把网络平台与传统教育相结合，促使教师、学生、家长之间成为无话不谈的朋友，减少大学生把电脑当成是倾诉对象的机会，促使大学生身心健康的发展；最后，还要开展网络心理咨询，设立学生心理健康档案以及进行网络教学，进而不断提升大学生心理健康教育工作的成效。

三是加强心理健康教育工作者的综合素质能力。网络环境给心理健康教育工作增大了难度。首先，给心理健康教育工作者带来更大的挑战，需要心理健康教育工作者既要掌握好专业的心理教育专业知识理论以及专业技能，还要熟练地掌握与运用网络技术，在运用网络对大学生进行心理健康教育工作时，也要求他们既要具有较高的政治觉悟以及政治鉴别能力，又要具有责任意识等；其次，在现实中很多心理健康教育工作者由于计算机网络的基本操作能力不足，造成心理健康知识获取的不及时，这就造成教师在学生心目当中失去了权威。为了杜绝这一情况的出现，心理健康教育工作者应该熟练地掌握计算机的相关知识与技能，从而充分地利用网络对大学生进行心理健康教育；最后，构建一支网络化的心理健康教育工作者的教师队伍，通过招聘既有网络技能又懂心理健康教育的工作者充实这支队伍，或者是经常性地开展相关培训，从而提升教师队伍的素质水平与业务能力，进而提高心理健康教育工作的实效性。

二、文化型思想政治教育质量提升

（一）对文化型的思想政治教育质量提升模式的解释

1.文化型的大学生思想政治教育的内涵

思想政治教育的特征之一就是特有的文化性，文化性是思想政治教育本身所固有的特性。广义性的文化是指人类在具体的活动过程中所获得的物质类的、精神类的财富的总和。文化性是一个国家、民族、个人在长期的生产生活过程中所形成的一种习惯，这种习惯准确地说是基本的文化素质的表现。

思想政治教育包括社会生活的方方面面，它是某个组织为了稳固其对整个组织的统治而开展的符合本组织根本利益的教育。模式的特点是常态化、常规化。文化型也是思想政治教育的一般模式，它有异于其他模式的显著特点。大学生思想政治教育的文化特性充分表现在提高人的思想文化素质，促进人的思想水平的提高，是思想政治教育的价值选择；丰富文化内涵、凝聚文化力量是思想政治教育的功能效用；提升国民的整体文化素质，增强教育的共鸣性是思想政治教育的主体责任。思想政治教育提升的渠道、主体、形式也应被赋予文化的内涵和文化的形态，以适应大学生较高的文化层次和不断增强的文化需求。提升大学生的文化品位，适时展现文化的各种形态，突出文化魅力是思想政治教育的文化性决定和赋予的，这也是提升大学生思想政治教育质量的有效模式。

2.文化型思想政治教育质量提升模式提出的必要性

社会主义文化建设的提出决定了必须把大学生思想政治教育模式向文化型方向转变。改革开放以来，市场经济方面逐渐呈现繁荣的态势，坚持以市场为导向的经济改革体制使我国经济建设取得了举世瞩目的成就，与此同时，文化体制方面提出了发展文化的新口号，突破制度性障碍，解放文化生产力发展，开创文化发展繁荣新局面。在文化体制不断发展变化的过程中，我国国家领导人对社会主义文化建设方面进行了不断的探索，涉及文化的内容、本质、形式、基本发展规律等。

（二）思想政治教育质量需要文化性的提升

1.思想政治教育质量不可缺少文化性

文化本身具有教育的功能，思想政治教育的各个方面都会受到文化的约束，比如在方式、过程和目标上。任何事物都是矛盾的集合体。任何事物本身都是一个运动发展的过程。思想政治教育本身也是主流思想与个体思想之间的矛盾集合体，思想教育的运动过程实际上是文化对个体思想的影响与改造的过程，其包含了教育的内容、教育的方式和教育

的对象，这些内容都会在一定程度上被赋予文化的意义，传承着时代文化的精髓，顺应着时代的变迁和发展。思想政治教育不能脱离文化而单独存在。思想政治教育的重要任务就是优化人们的价值观。文化的教育必须以价值观为导向，文化是主流意识和核心价值观的桥梁和纽带，通过文化的影响，才能把主流意识和核心价值观转化为社会成员的认知和行动。

大学生作为拥有高层次文化水平的群体，会有各种的思想问题，这些问题很多是由文化冲突引起的。人类社会也是一个矛盾体，会呈现和谐与冲突两种状态。社会开放性是社会的基本特征，文化多元性是社会发展的基本趋势，社会的大环境决定了我们的大学生会受到来自国内外不同类型、不同内容的文化的冲击，处在这样的文化环境中，大学生应该通过调整自己的思想，逐步养成完美人格。文化的冲突，既有其弊端也有其好处，它开阔了大学生的视野、提高了大学生的综合素质和能力，但同时也给大学生带来了各种各样的困惑和认知上的迷失。对于大学生来说，文化有其一定的魅力，它决定了大学生解决问题的方式也应该是高层次的，所以说，如果在大学生的思想道德教育中没有文化性，那么就意味着当代大学生思想政治教育工作没有做到实处，文化教育的吸引力和凝聚力会大大降低，其本身的价值也得不到体现，也就没有了文化育人的功效。

2.思想政治教育质量内在要求文化性的回归

我国的大学生作为文化层次较高的社会群体，其本身的数量仍然非常少，纵使我国高等教育已经进入大众化的普及阶段，但与外国相比，还没有超过50%的入学率，这就造成我国后期人力资源的紧缺。思想政治教育内容的文化内涵、教师队伍的文化素养、教学方式的各个方面都应该时刻体现文化魅力和文化特征，这是提升大学生思想政治教育质量的内在要求。

思想政治教育的文化性贯穿于大学生成长的各个方面。从当代中国基本经济发展方式和基本国情来看，文化已经成为民族创新力和发展力的源泉，也成为国与国之间竞争的重要因素，成为经济发展的重要支柱，也是人民精神文化要求提高的表现。文化需要创新，学校在文化创新中担当重要的责任。高等学校在引领社会思潮、凝聚社会力量方面发挥着重要的带动作用。

思想政治教育质量在空间方面的拓展要求文化性。从总体上来看，大学生思想政治教育的整体状况是良好的，为我国社会主义的现代化提供了很多优秀的建设者和接班人，在对大学生思想和精神的培养方面起到了一定的作用，但是，如果要与时代发展和人才需求的变化相适应，大学生思想政治教育在质量上还有待提高。

3.文化型思想政治教育质量提升的根本道路

创新既是实践的问题，又是理论的问题。创新型的思想政治教育模式也是文化型的教育模式。文化型的教育模式从理念到要素都体现了文化性。

一是理念指导教育。理念是行动的先导。对于企业来说，公司的领导人一般都具有极强的竞争意识和冒险精神。冒险精神和竞争意识会直接作为公司的理念转化为企业行为。先进的理念指导是构建文化型思想政治教育模式的需求，它可以体现文化的属性，展现文化魅力，最终有效地提升教育质量。

对文化的改革进行的部署，是指导我国文化发展的纲领性文件，它充分体现了党在形势判断方面的准确性，在精神文明建设方面的高度自觉性。坚持以人为本的先进理念并结合思想政治教育的基本现状，是构建文化型的思想政治教育模式的内在要求。从构建文化型的大学生思想政治教育模式的视角来看，以文"化"人的内涵，主要体现在坚持科学发展观，遵循教育规律，体现文化的特性，运用文化的方式，实现以文"化"人的教育。

二是提高教师的综合能力。教育队伍质量的提升是思想政治教育质量提升的保证。教师素养是综合性的，具有高品质、全方位、立体化的特点。影响大学生思想政治教育的客观因素就是教师的文化实力不强、魅力不足。

思想政治教育工作者必须具有一定的知识积累和求知欲望，还必须具有丰富的文化素养和良好的个人魅力，只有提高个人修养和魅力才能吸引学生追随自己，成为学生的良师益友。高校的领导组织、有关思政方面的任课老师是思想政治教育工作的主体，因此他们应是知识丰富、修养深厚、有坚定的立场和较高觉悟的人，只有这样才能充分展现政治理论成熟的魅力和文化艺术修养的魅力。

三是寓教育于无形。潜移默化的教育，使受教育者在不动声色中受到影响。隐性教育与显性教育适用的对象都是学生，只是教育方式不同，作用互补。大学生思想政治教育的隐性教育是通过在大学生的具体生活中找寻富有教育意义的内容和哲理，以学生可以接受的形式和方法，来达到无意识的教育熏陶。隐性思想政治教育因其重要地位和作用，而愈来愈受到人们的重视和利用。隐性教育除了具有渗透性、间接性外，还有开放性和持续性等特点，关于文化方面的思想政治教育因为具备隐性教育的特点，所以更容易被认同和接受。

高校思想政治理论课应该在课程的设计上彰显文化品位，应坚持把政治理论课当作思想政治教育的主途径，课程的内容上应保持政治功能与文化功能处在同一水平线上，同时借鉴优秀的文化；课程的讲解过程中应该以魅力为引导，而不是一味地说教。同时，应该在大学的各个学科中都融入思想政治教育，使大学生在任何的学习阶段都能受到文化的教育，从而达到思想政治教育效果。大学的思想政治教育还可以把各种的校园文化活动作为载体，做到娱乐性和文化性相结合，使思想政治教育在活动中得以开展。

四是以文化为载体的思想政治教育方式。文化载体是指各种文化产品。以文化为载体的思想政治教育方式有利于增强吸引力和渗透力，提升思想政治教育质量。

精神是一种价值取向，它可以给人的日常活动提供指导、信念和准则。精神是无形

的，大学精神文化的表现形式有办学理念、思想定位以及学风、教风等。大学生应重视大学精神文化的总结与提炼、传承和创新，形成独具特色的个性发展。

以物质文化为载体，形成大学生思想政治教育的文化氛围。大学物质文化可以丰富大学生的精神世界，大学物质文化能够提高大学生的内在修养和审美水平。在大学物质文化建设中，应该重视硬件和软件相结合，做好长远规划，重视建筑风格的内涵和价值，让大学所有的"物化"对象都体现一种文化、精神和品位。

大学生思想政治教育需以制度文化为正确导向。大学制度文化是一种激励环境与氛围，包括制度、准则、纪律以及组织。制度文化具有价值导向作用，大学的制度文化是建设思想政治教育的方式和途径，它与思想政治教育的目标较为一致。文化制度的建设，应该把握时代性和实行性，把社会主义核心价值观与制度内容建设有机结合。在实践中应充分发挥制度文化的隐性教育功能，提升大学生思想政治教育质量。

五是构建网络化的思想政治教育平台。人们在信息化时代可以对信息加以支配，信息可以经过人的选择、运用和创造，在量变和质变的不断发展变化中引起新思想、新知识、新科技的层出不穷。网络技术使信息体现着不同的意识、信仰和价值观，它被人们所浏览和利用的时候加速了信息的交流、知识的创新，推动了经济的发展，但是，信息异化也造成了很多负面影响，其中最严重的就是对大学生的三观构建方面的影响。网络信息技术的发展，既促进大学生世界观、人生观、价值观的形成，也因信息的复杂化和多样化，使大学生面临着很多难题。信息的多样性和丰富性，使得很多大学生只是拼命地查阅资料，不注重思考的重要性，久而久之就会习惯于网络的查询，认为一切胜利都归功于掌控信息。大学的学习时期是学生正确的世界观、人生观和价值观形成的重要时期，如果长期依赖信息，没有很好的信息辨别能力，就很容易受有害信息所诱惑，进而在思想和价值观的养成方面没有了主见。

人是信息异化的主要根源。做好大学生思想政治教育是防止信息异化的关键，我们要加强网络教育，充分地认识到网络信息的多样性，使学生能够科学地获取和利用信息，将信息整合、转化，转变成对自己有利的信息，促进自身的全面、可持续发展，避免信息异化带来的危害。主体意识的加强可以使学生认识其在信息化社会中的地位。人创造的信息要为人所用，人应当主动地选择和运用信息，为人的发展服务，而不是让信息改变人。大学生网络思想政治教育应把培养大学生的主体意识作为教学的主体目标，使其明白主体与客体的关系，掌握在信息社会中学习、发展和成才的主动权。

增强明辨是非的能力，使大学生在快捷享受网络信息的同时，能够有一个正确的认知态度。提高大学生的思想道德素质，必须坚持党的方针的正确领导，增加大学生的法治知识的学习，培养优良品格和高尚情操，自觉遵守有关信息与网络方面的法律制度，做遵纪守法的优秀"网民"。高校要加强校园网络建设，净化校园上网环境，防止信息异化，构

建网络思想政治教育阵地。要提高大学生信息技术水平，培养信息使用能力，用法律的强制力来约束信息活动。

三、开放式的思想政治教育质量提升

当今的社会是一个开放性与融合性相结合的社会，大学生的思想政治教育也面临着一个空前的挑战。大学生的思想政治教育关系其个人的成才成功，也关系着祖国的现代化建设，因此，大学生的思想政治教育在发展方面必须与经济和文化的发展相适应，与社会进步相协调，在观念方面，应坚持开放式的教育理念，形成开放式的教育模式，培养适应社会主义现代化建设的接班人。

（一）开放式思想政治教育质量提升模式的解释

1.开放式的大学生思想政治教育质量提升模式的含义

开放式的教育是以学生为中心，利用教育资源和社会环境，借助社会力量通过自由民主、和谐互动的教育方法来完成培养人的全面发展的教育。

思想政治教育的最终目的是使人们对自身和社会有一个正确的认识，它是涉及世界观、人生观和价值观的教育。开放式的思想政治教育模式就是指在开放多元的社会环境中，通过建立开放、包容的教育理念，利用各种教育资源，促进个人和社会的全面发展。

大学生思想政治教育的包容性是大学生思想政治教育开放性的一个重要特征。思想政治教育的开放性的具体表现是，应该做到传统与现代、隐性与显性、纵向与横向、课内与课外的教育相结合。除此之外，思想政治教育环境的复杂性与选择性、教育目标的先进性与层次性、内容的主导性与丰富性，都要求教育必须有开放性的特征。

富强、民主、文明、自由的社会主义现代化建设决定了大学生思想政治教育应走民主性和自主性的路线。民主性和自主性的大学生思想政治教育以发挥大学生的主体作用为前提，以建立良好的师生关系为基础，师生在和谐的环境中相互学习、共同探讨、双向互动、共同进步。在这种环境中，学生的能动性、积极性和创造性才可以充分发挥出来。自主性的学习是大学生提高自己对课程价值的整体认知，在老师的指导下和在教学目标的引导下，自由地通过目标、内容、方法的选择来完成自己学习的过程。民主性和自主性的思想政治教育是大学生课堂教育改革的重点。

开放式的思想政治教育是相对于传统的大学生思想政治教育而言的，创新性的大学生思想政治教育应该是开放性的、多元性的、变化性的，它是对以往东西的推陈出新，要改变内容的陈旧性、方法的落后性、成果的简单性等。当今社会全球化现象明显加强，经济飞速发展、文化交融复杂，处在大环境影响下的大学生无时无刻不受到影响，如果想在变化中生存下来，大学生思想政治教育必须立足时代，放眼未来，通过创新思维方法，促进创新发展。

2.开放式的大学生思想政治教育质量提升模式提出的必要性

政治多极化、经济全球化、文化多样化的特点决定了当今的世界是开放性的世界。开放性是一个国家发展的推动力，封闭性的国家不可能在全球化的形势下得到有效的发展。

思想政治教育是开放性的教育。开放是强国、富民之路，开放的姿态、思想境界、观念、方法等都是大学生思想政治教育质量提升的关键。开放性的教育应该在教学过程中培养学生开放性的视野、开放性的理念、开放性的学习方法等，这也是提升大学生思想政治教育质量的必然要求，是摆在大学生思想政治教育工作者面前的重要课题。

（二）开放式的大学生思想政治教育质量构建模式的呼求

1.对传统教育的深刻反思

我国的大学生思想政治教育在培养人才方面，为社会主义现代化建设做出了巨大贡献，但是，细究其在教育的观点、方法和内容方面，还存在着一定的片面性，总体来说是因为教育的封闭性。首先，国与国沟通与交流的不充分，致使教育的沟通也欠缺，教育视角的封闭性是因为思想不够解放，视野不够开阔，过分地强调国情和意识，国与国之间交流得少，最重要的是教师学习的机会少，不注重学习和借鉴国外的前沿信息、经验，以至于在教育的角度上与世界脱轨。其次，在教育的内容方面，过多地强调内容的社会需要和社会价值，忽视了对大学生作为社会个体的个性发展、内容效能要求的排他性，往往用只有少数先进分子才能达到的先进标准作为唯一标准去教育、要求与衡量所有大学生；对外来的思潮不加分析，过多地批判和否定，甚至视为不可接触的"洪水猛兽"；内容表现形式单一，主旋律"丰满"，多样化"骨感"，往往停留在一般性的理论分析和口号式的宣教上，不能就社会重大问题和热点问题进行深入全面、令人信服的阐释。

2.时代对人才的需求

世界是开放共荣的世界，文化与思想也一定是开放与共荣的。当今世界呈现出一种多样化的发展趋势，而且这种趋势日渐明显，体现在政治、经济、文化、科技的各个方面。随着国际化的发展，中国与世界各国的各种利益方面休戚相关，呈现出一荣共荣、一损俱损的状况。

意识一直被认为是支配人的一切行动的先导。国内的高等学校是大学生培养各种先进的思想和意识的基地。当前，我国的整体国情是正处于改革开放的重大发展时期，与社会的不断接轨和交流，使社会上下处在一个国内外各个方面相互交融的关键时期，其中包括各种矛盾的激化、经济发展方式和职业选择的多样化等。大学生在各种各样环境的影响下，其自身的思想认识和价值取向也呈现出复杂多变的特点。

当今世界的发展呈现出开放和包容的特点，这也是世界各国发展的大趋势。世界各国都必须顺应时代发展的潮流，找寻适合自己发展的道路。大学的思想政治教育也应该在坚

持开放与包容的情况下，自觉地摸索适合本院校和学生的开放性的教育方法，使大学生在校形成开放、包容、和谐共存的理念，为毕业后走向社会和国际化的大舞台作铺垫。

（三）提升开放式的大学生思想政治教育质量的根本道路

1.培养开放式的观念

观念是一个人对事与物的看法，也是行动的先导。开放式的教育观念主要是针对当代大学生思想政治教育的培养方面来说的。建立开放式的大学生思想政治教育必须首先建立一套开放式的育人观念。

开放式的育人观念，首先就是应该打破传统的教育思想的禁锢，树立新的顺应时代潮流的创新型的教育理念。新的教育理念应该涉及民主、平等、公正、法制等理念。大学生思想政治教育应该坚持创新型的思想理念，突破以往循规蹈矩的教育理念，以开放和创新的思想观念，顺应新的时代背景，在知识点、创新思维、创新能力、综合素质等各个方面培养学生开放性的观念。改革开放使我国的政治、经济、科技、文化各方面的发展都有了长足的进步，大学生思想政治教育也应坚持走改革的道路，用开放性的眼光和思维认真对待国内和国外的教育理念，寻找一条符合中国国情的思想政治教育新模式。我国是一个民主、平等的国家，教师与学生之间应该建立一种平等友好的关系，教师亦师亦友，与学生和平友好相处，相互之间无话不谈，在这种平等交流探讨的关系下，才能提升思想政治教育质量。大学生的思想政治教育必须发挥学生的主观能动性，把发挥其个人价值作为教育的目标，培养学生的主人翁意识，把教育与学生真正统一起来。法制也是构建开放型的教育模式应该关注的，开放即是自由，但自由不是绝对的，开放式的教育模式也应该尊重法律，在法律的范围内开展。

2.明确开放式教育的方向

任何事物的发展都有一定的方向性，方向指引着人的一切行为，具有一定的指导性。党的一切工作的出发点都有其明确的方向，党的思想政治教育工作是保持党的工作的先进性的前提。明确的教育方向也是大学生思想政治教育的基本前提，方向就是动力，方向就是明灯，方向就是目标，没有了方向的船只，只是大海上的一片树叶，随波逐流。确定大学生思想政治教育方向的主要依据是国家的发展战略和大学生的思想实际。大学生思想政治教育模式的开放性决定了教育的方向也应该是开放的。

方向具有一定的多样性和层次性。大学生思想政治教育方向同样具有层次性。大学生的思想方向必须符合党和国家的基本要求，必须符合党的政治教育的目标，同时应该满足大学生思想政治教育的整体目标，既要实现共产主义的思想，又要成为德、智、体、美、劳全面发展的人才，必须把这两个方向有机地结合起来。教育方向的多样性还包括我国的基本国情、基本的经济发展方式等客观存在。开放式的大学生思想政治教育方向应该与社

会的发展相适应。社会价值与个人目标的统一决定了我国大学生思想政治教育方向应该是社会与个人的统一。

3.充实的内容

实现教育目标的重要依据是意识、价值观、品德等具有思想性的东西。思想政治教育各个方面的要求主要表现在思想政治教育自身、目标的一步步实现以及对受教育者本身的要求等，它们共同体现了思想政治教育内容的逻辑性和多样性、时代感和层次感等特点。我国大学生思想政治教育坚持以思想性教育为核心，培养大学生在综合学习爱国主义的教育、创新性的思想、基本道德规范的基础上，形成自己正确的世界观、人生观和价值观。

大学生思想政治教育其中重要的一个特点就是开放性，改革开放的要求决定了思想政治教育内容必须是开放的、兼容并包的。

世界是开放、兼容并包的，大学生的思想政治教育也应该顺应世界潮流，在继承和发展中国优秀文化的同时，批判地吸收、借鉴、学习世界各国的先进文化。当今世界呈现出文化交融、碰撞的特点，各种文化之间互相融合和吸收，这也就决定了大学生的思想政治教育内容也呈现出多种文化的交相呼应，所以我们应该坚持核心的价值，在学习各种文化的时候，时刻在心中坚持主旋律的地位。大学生思想政治教育的内容除了应该遵循事物发展的一般规律外，同时也应该是随机应变的，一成不变的教育内容不符合教育的本质要求。教育的内容应该是改变的、创新的、发展的各种思想和理论的融合。

4.开放式的教育方法

大学生思想政治教育的方法是对大学生进行思想政治教育所使用的一套包含了学习思想和授课方式的方法。教育的本质就是对思想的教育。授之以鱼不如授之以渔的原理就是教育的原理。具体问题具体分析这是一个普遍存在的道理，但是，大学生的思想政治教育不可能将其毕业后遇到的一切问题都一一解决，所以，在大学生的教育中，教育者应该也必须建立一套综合解决问题的方法，让大学生以后解决各种问题时都可以以此为蓝本。

大学生的大学教育应该是理论和方法相统一的教育。大学生开放式的思想政治教育也应该坚持理论和方法的统一。做任何一件事情，都应该有一定的方法，大学生在大学思想政治教育的学习中也会形成自己的一套方法，同时，在认识、创造世界的时候也会有一套自己的理论化、体系化的方法论。大学生的思想政治教育工作的重点一是应该加强思想上的理论学习，二是教给大学生具体解决问题的方法。理论与实践是有机统一的，大学生的思想政治教育应该在具体的授课过程中，积极与实践活动相结合，从根本上解决大学生思想政治教育与社会脱节等问题。

5.实现现代化的大学生思想政治教育

现代化是时代发展的目标。如今现代化已经逐渐体现在社会的不同角落。大学生的思想政治教育也应该坚持转变成现代化的教育。现代化不仅包括思想的先进化，也包括制

度、技术、物质、精神等方面的现代化。大学生思想政治教育现代化是与社会的现代化相适应的。教育的先进化涉及教学方法的先进化、教学内容的先进化、教学思想的先进化、教学设备的先进化、教学目标的先进化等。

6.构建和谐的师生关系

良好的师生关系是保证思想政治教育工作有序开展的关键。这里面包括地位的平等和态度的和谐。教育整个过程的有序开展需要教师和学生共同参与，师生在过程中以友好的姿态参与其中，可以为大学生思想政治教育起到事半功倍的效果，这也是开放式的大学生思想政治教育模式的内在要求，同时，也是当今建立和谐社会的要求。和谐是辩证唯物主义和谐观的基本观点。和谐在师生关系中的具体体现是：一方面，师生之间友好相处，互相信任和尊重，彼此学习，彼此成就，在教育这一过程中获得双方价值的体现，一步步走向自己个性和人格的完善；另一方面，和谐的师生关系强调的是学生作为一个主体的地位应受到尊重。和谐的师生关系能够为教育提供良好的空间和氛围，这样的教育空间必定会对教育产生不一样的效果。

和谐的大学生思想政治教育关系也应该是互动性的，互动性教学课堂才能把思想政治教育做得更好。教师在课堂上应该做到与学生积极地互动。互动性教育应该体现在教育的方方面面，尤其是课堂教学方面。教育也是人与人沟通交流的过程，其中也应该坚持用情感"化"人的方法来实现教育的目标。高等教育要求思想政治教育坚持以学生为本，教育者与被教育者双方是主导与主体的关系，也是民主、平等的关系。当今的世界是一个资源大爆炸的时代，各种各样的信息以不同的形式来影响着众人，所以，信息复杂，方式也是复杂的，因此信息的传导方式也应该是多样化的，我们应该改变以往的直线式教育，变成循环式、互动式的教育。

四、和谐型思想政治教育质量提升

和谐社会的构建是当今党、国家、人民一致追求的目标。我党在和谐社会的构建上，从思想和制度等各种层面做出了实质性的努力，各族人民在党中央和谐社会的号召下，也用实际行动践行着和谐社会的伟大目标。和谐社会的建设不仅顺应世界的大环境，同时也符合中国的国情，它在促进社会主义经济、政治、文化、科技等各方面发展的同时，也保障了社会的稳定和谐，为建立和平稳定的世界关系奠定了一定的基础。

（一）和谐型的大学生思想政治教育质量提升模式

1.和谐型大学生思想政治教育模式的意义

和谐文化、和谐思想有一定的历史基础，并得到了不断地发展和完善。人与人之间，国与国之间，事与事之间，和谐方能长久、共生。

和谐的文化与思想是中国社会自古至今所追求的目标，它强调的是人与人之间、人与自然之间的和谐共存。其中，人与人之间表现为很好地处理人际交往、身心发展等方面的关系。和谐的文化与思想涉及很多方面，其中包括思考的方法、心理健康、价值的选择、伦理道德和行为特征。和谐要求不同的事物之间能够形成相辅相成、相互促进、共同发展的关系。

大学生思想政治教育的和谐型教育模式，有助于提升教育的质量，使整个教育的各个环节都呈现出一种和谐共存共发展的状态，具体就是通过方式的和谐化、内容的和谐化、目标的和谐化、结构的和谐化来提高大学生的思想政治教育的质量。

大学生思想政治教育的和谐性体现在师生地位的平等性方面，还有就是教学内容的柔和性。平等的师生地位主要指双方之间公平和民主的沟通与交流，不以师为准则，不以生为教者，双方地位平等，要互相平等地沟通交流，运用民主性的方式来完成教育的目标。大学生思想政治教育的柔和性主要表现为审美观和互动性方面。教育学也是一种对事物认识的过程，这就涉及个人的审美问题，同一事物不同的人有不一样的理解。审美水平高，对事物的想法和思考就比较完善和合理。互动性，是指教育的过程应该是师生时刻保持一种柔和的姿态，相互尊重、共同学习。除此之外，大学生的思想政治教育和谐性还有很多方面的表现，如大学生思想政治教育的层次性和协调性。

2.大学生和谐型思想政治教育提出的必要性

社会主义和谐社会涉及的方面很广，它的要求和表现方面也是全局性的、立体化的。和谐社会的构建，需要和谐型教育的辅助。和谐型的大学生思想政治教育是具有时代性的教育。和谐型的大学生思想政治教育的提出建立在对中国历代文化的深刻总结上，是在现代中国文化的基础上发展出来的符合中国大学生政治教学的教育。

社会主义和谐社会的建立是符合时代发展的旋律的，大学生的思想政治教育也应该不断创新、不断发展。和谐型的大学生思想政治教育模式既反映了时代变革的主题，也是自身创新发展的内在要求。构建社会主义和谐社会，需要社会各界做出努力，因此，对作为祖国未来的建设者的大学生来说，加强大学生和谐思想的教育至关重要。社会主义的经济制度，决定了和谐社会不允许不公平和欺诈的现象发生；社会主义的政治制度，也要求大学生的思想政治教育要体现社会主义和谐的要求。

构建社会主义和谐社会是对中国传统和谐理念的继承与发展。和谐是社会发展和大学生思想政治教育的内在要求，和谐型的大学生思想政治教育是教育的本质决定的。一成不变不是教育，墨守成规不是教育，尔虞我诈更不是教育。根据我国的政治、经济、文化的现状，我国的大学生思想政治教育仍然有很多不合理的地方。思想政治教育缺少目标性，没有内容，重点不突出，涉及的方面比较窄，缺少实践性，过多地强调知识的传授，而忽视了大学生主观能力的锻炼，这是教育普遍存在的现象，同样在思想政治教育中也存在，因此，必须构建和谐的思想政治教育来解决这些问题。

（二）大学生和谐型思想政治教育质量提出的呼求

1.和谐社会的内在要求

社会主义和谐社会的建立要求和谐型的大学生思想政治教育的构建和发展。社会是由人组成的，大学生作为社会中一个广泛存在的主体，其在和谐社会建设中的地位不容忽视。和谐社会的建立需要做到人与人之间、人与社会和自然之间的和谐共存，这三者之间的关系也是一个和谐共存的关系。大学生思想政治教育的工作就是在具体的工作和方法上保证三者之间的和谐统一，这其中的一个主体是人，最重要的教育工作就是对人的教育。对人的教育包括信念教育、道德教育和知识教育，通过这些教育培养符合社会发展的人才，为构建和谐社会提供人才支持。社会主义和谐社会是民主法治、公平正义、诚信友爱、充满活力、安定有序、人与自然和谐相处的社会。大学生思想政治教育应紧跟时代需求，自觉构建大学生的公平、民主、法治等观念。

2.和谐社会的新角度的要求

和谐社会的理念之一，是把人放在发展的中心。以人为本的发展理念决定了大学生思想政治教育应该时刻关注人的主人翁地位，时刻满足大学生的需求和要求，保证其自身利益在发展中得到保护。大学生的思想政治教育必须时刻关注大学生的各种需求，尊重其主体地位和独立人格，通过和谐化的教育方式促进师生和谐发展，引导他们实现自身价值与社会价值的和谐统一。

科学发展观是全面的、可持续的发展。大学生思想政治教育坚持科学的、全面的、和谐的发展观，在保证文化课学习的同时，也应该促进大学生思想政治素质的提高。

（三）和谐型的大学生思想政治教育质量提升的道路

1.坚持层次性的和谐

教育是一个循序渐进的过程，思想政治教育同样也不例外。教育的目标是具有复杂性和条理性的。任何事物的目标都是有其自身的发展规律的，同时其自身的发展规律也必须适应社会的发展规律。按照教育的一般规律来说，思想政治教育的目标顺序应该分为大与小、长远与眼前、个人与社会、主要与次要等，这也体现了教育的复杂性和条理性。

思想政治教育的目标应该是一个和谐统一的过程。小的目标实现了，大的目标才能在此基础上得以实现；个人的目标实现了，社会的价值也能从个人的价值实现中体现出来；次要目标是可实现也可不实现的，主要目标必须得实现，这里又涉及主次的问题等，因此目标的实现有一定的规律和条理性。和谐型的大学生思想政治教育必须遵循教育的一般规律。

大学生思想政治教育的最终目标是指导大学生具体目标实现的依据和基础。这里的目

标都具有和谐性的特点。目标的条理性是和谐性的关键。思想政治教育的最终目标是在符合党的基本路线的同时，实现个人的价值，包括个人价值与社会价值，用共产主义的最高理想来教育和引导大学生的思想政治教育。我国大学生思想政治教育在当前阶段的重要工作包括：首先是对大学生三观的培养，这是进行一切生活和工作的核心；其次是进行爱国主义的教育，这是凝聚人心的关键；最后是对道德方面的教育，这是作为一个自然人必须遵守的规则。我国大学教育的整体目标是完成素质教育，在教育的过程中培养大学生的各种意识、思想、能力等，它是一个全面的条理性的教育。大学生思想政治教育涉及教育内容的方方面面，包括理论和技术的教育、思想和实际问题。除此之外，在教学方法上，应该是"软硬兼施"，坚持教育与管理的和谐。学生工作离不开管理，管理也是教育，科学的管理就是有效的教育。

大学生的思想政治教育不是一门独立的学科，它融入各科的学习当中，这是因为各科之间都是相互融通的。同时，思想政治教育也不是简单的课堂教学，它涉及生活的任何时候。教学的管理中也可融入思想政治教育，在管理中开展教育，在教育中加强管理。思想政治教育是一个发展中的教育，它应在学习优秀传统文化的同时，加以改进创新，从而形成新的教育理念和方法。与时俱进是大学生思想政治教育的品质，是大学生思想政治教育的生命力所在。

2.坚持创新性的和谐

大学生思想政治教育的内容具有一定的规律性和稳定性。大学生思想政治教育的目标也应该在坚持教育内容规律的情况下，对教育内容进行一定的创新，这是时代赋予的要求与责任。大学生思想政治教育的创新内容应该是在遵循一般规律的基础上所进行的创新。人的世界观、人生观、价值观是一个可变的过程。大学生思想政治教育的本质是与时俱进，其教育的内容应该与时代同步。大学生思想政治教育内容的规律性和理论性，决定了其创新的过程不能缺少核心思想的指引，否则，无所顾忌的创新只是没有根据的创新，实用性就会大大削弱。

3.坚持教育方式的和谐

教育的真正原理是教会学生学习的方法，而不只是知识的教授。大学生思想政治教育可以通过科学的合理的理论指导，从外面传输进去，也可以让大学生发挥主观能动性去选择和确认，最终形成自己的行为理念。大学生的主观能动性应该在思想政治教育过程中得到充分的发挥，其能动性的发挥程度决定思想政治教育的效果。大学生思想政治教育是双向的活动，需要教师与大学生的主体地位得到和谐发挥。教师是思想政治教育的主导人，学生是被动者，充分发挥学生的主动性，与教师的主导性应做到和谐统一，两者相辅相成。教育的内容上，主导的思想和多样化的思想是和谐统一的。教育过程中，坚持规律与特点相融合，使大学生思想政治教育不偏颇。教育方法上，运用通识的方法，结合前沿的

动态和意识，方便学生接受大学生思想政治教育。

4.坚持传统与现代技术的和谐

传统教育创新发展的过程应坚持和谐的发展。传统的教育方法与现代的教育方法是不能用一个制度去衡量的。大学生的思想政治教育应在传统的教育方法基础上，结合现代技术进行创新和发展。

对以往传统的技术我们不可以丢弃，可以通过创新的思维和方法对其进行改变和再创造。传统与现代技术的和谐统一需要顺应时代的潮流，结合大学生的思想关注方向，利用新的技术和方法来开展大学生思想政治教育。

大学生开展思想政治教育工作的一个有效手段是通过网络途径，进行网络化的宣传和教育。关于创新的教育管理制度，我们可以建立创新型的学分管理制度、建立符合学生自身情况的课程模式。学生社团也是其中创新思想教育的一部分。

5.坚持各类教育的和谐

课堂教学、课后实践、文化影响、网络渠道是大学生思想政治教育的新途径。大学生思想政治教育应该坚持发挥教学的主导作用，开展各种渠道相结合的多渠道培养模式。

课堂教学是大学生思想政治教育的主导，大学生的思想政治教育应坚持课堂教学的主导，切实改革教学内容、方法，增强思想政治理论课的吸引力和说服力。大学生思想政治教育的途径是多种多样的，会涉及社会、校园、网络等方面。大学生思想政治教育应坚持学校、家庭和社会三方相结合，我们的教育活动是一个复杂多变的活动，三方由于地位和职能的不同，发挥的作用是不一样的，但是不能把它们分开，三者和谐统一才能有效开展思想教育活动。

第五章　思想政治工作中心理教育机制构建

第一节　心理教育在思想政治教育中的应用

一、心理教育在思想政治教学中的应用概述

（一）学校思想政治教学中心理教育的实施与渗透

教育的一个根本职能是为社会主义现代化培养人才，人才的培养目标与规格必须适应社会的需要，而作为培养国家合格人才的基础性教育。思想政治教育存在着某种程度上实效性的缺失。在思想政治教育中必须渗透和实施心理教育。心理教育之"教育"主要渗透、表现在教学、发展、调整、分配作用之中。

第一，心理学知识课程。心理教育是综合性、应用性很强的边缘科学，需要理论和实践的紧密结合。无论是从事心理教育的工作者还是运用心理教育的受教育者都要有坚实的心理学理论基础。因此，心理学、发展心理学、心理测量学、心理咨询学、异常心理学等基础课程和公共课程的开设不仅是向老师和学生介绍心理学理论、心理评价技术、心理咨询和治疗技术，也是帮助老师通过心理学知识的学习和积累，在心理教育实践中总结经验，吸取教训，在实践中掌握各种咨询和治疗技术，根据学校环境、学生特点，运用理论解决学生各种各样的心理和行为问题；帮助学生通过运用学习掌握的心理学知识，逐步提高自身修养并增强心理素质和道德修养。如果我们的思想政治教育和道德养成建立在学生良好的心理素质基础之上，那么，将间接带来思想政治教育的良好效果。

第二，阶段心理教育。心理教育是一项长期的教育任务，它的发展始终贯穿于学校教育的始终。心理素质的改善与提高是一项艰巨而复杂的工程，不可能一蹴而就，更不可能一劳永逸，要从小抓起，常抓不懈。大学生已具备很强的自学能力及自我教育能力，因此当前对于高校学生的心理教育，应以调动其积极性、开展自我教育为主，辅以心理教育讲座与心理活动。把心理教育的阶段教育运用到思想政治教育中来，结合环境因素因地制宜，结合学生的个别素质因材施教，思想政治教育将取得相当成效。

第三，心理教育与其他学科的渗透。其一，与文理学科的渗透。学科教学中的心理教

育的渗透，主要是积极推行启发式和讨论式教学方法，将知识的传授融进"人"的思想教育，激发学生的独立思考和创新意识，让学生亲身感受知识中涵盖的人生哲理，培养创新思维的习惯和索取新知识和新信息的强烈欲望。大学语文教学中心理教育的渗透，主要通过对优秀的古典诗词歌赋的讲授和对现代、当代优秀文学作品的鉴赏，以及开展讲故事、朗读、演讲等各种活动表现出来的。其二，心理教育与思想道德修养课相结合。思想道德修养课是为大学新生开设的一门公共必修课，在这门课的教学中，充分纳入心理教育的内容。其三，心理教育与日常思想政治教育相结合。思想政治教育不只存在于课堂，在日常工作中，学生辅导员、政工干部应增强对大学生的心理教育意识，学会运用心理咨询的方法去工作。在工作中要注意了解大学生的心理特点，了解大学生常见的心理问题及矫治方法，避免把大学生的心理问题都归结为思想问题去看待。要把心理教育与日常思想政治教育工作相结合，并在日常工作中，贯穿心理教育，既有利于提高大学生的心理素质，也有利于提高德育工作的成效，使德育工作贴近学生，关注学生自身的个性发展。

心理教育理念是学校心理教育发展中的前提性、根本性问题，是心理教育实践和变革的思想先导。心理教育的根本问题是人的问题，其功能理所当然直指人的成长、发展与自我实现。作为一种特殊的社会服务，学校心理教育要真正尊重学生的心理需要，关怀学生的精神生活，就要确立以人为本的教育理念。所谓"以人为本"就是把人视为自身心理发展与建设的主人，把人的主体性发展作为目的，而不是手段，一切从人出发，一切为了人，一切服务于人，一切着眼于人的全面发展，重视人的生命和生活，关怀人的价值和使命，关照人的精神和信仰，真正确立起"人"在我国学校心理教育中的中心地位。

同时，我们应当承认，这个"人"是有思想感情与个性、活生生的整体的人，不是局部的人或由局部凑成的人。作为现代学校心理教育建设与发展的切入点，审视学校心理教育的主要问题及成因，是我国学校心理教育不可忽视的新的生长点。我国学校心理教育只有定位在"以人为本"的基本点上，实践和建构"以人为本"全面发展的心理教育价值理念，其长远教育效益和发展前景才会是非常美好、灿烂的，这样的学校心理教育才是最受欢迎、最富有生命力的。"要革面，先洗心。"或许，只有在心理教育观念现代化变革的前提下，我国学校心理教育的规范化、科学化和现代化才能真正实现。

在学校心理教育研究方面，本土化取向正成为一场势不可挡的时代潮流。正是出于对当前学校心理教育中过度西化倾向的不满，国内一些专家学者发出了心理教育本土化研究的呼声，日益注重探索中国自己的心理教育之道。本土化研究的目的，并非要建立故步自封的学校心理教育，而是要创建面向世界的各具特色的心理教育，为世界学校心理教育提供新的视野、理念和方法技术，在全球学校心理教育中做出不可替代的独特贡献，因而其前途自然不可限量。

（二）学校思想政治教学中的心理教育活动实施

心理教育活动顾名思义，就是通过一系列的心理辅导活动，让学生从中懂得认识自我、接纳自我、发展自我，提高自身的心理素质，培养乐观、向上的心理品质，促进人格的健全发展。

在思想政治教育过程中，我们同样可以利用思想情感生成训练生成思想观念、政治观点和道德信念。学生头脑中存在的某些思想，可能妨碍他们对思想政治教育的要求及其意义的真正理解。现实的思想政治教育的要求不符合学生头脑中的认识或者与原有需要相矛盾，又或教育者本身言行不一致，导致很多受教育者对现行的思想政治教育不相信。在实际生活中遇到一些问题，无法自己解决，内心充满疲倦、无奈，甚至厌烦的感觉。通过思想情感生成训练可以有效地改变学生原有的观念，生成道德品质信念，同时也使个人的消极心态转化为积极心态，帮助学生树立积极的信念。

（三）高等教育心理学的研究原则与研究方法

1.高等教育心理学的研究原则

21世纪是一个需要心理教育和呼唤心理教育的时代，也是我国学校心理教育全面复兴和大有作为的时代。我们应当立足于现代教育科学、心理科学发展的视野来把握我国学校心理教育建设的基本思路和未来走向，积极寻求学校心理教育发展的变革策略，努力建构与我国现代化建设实践需求相适应的心理教育体系。就其实质和基本思路而言，就是要以我国源远流长的心理教育思想流变和现代转化为依托，以社会主义现代化建设提出的现实要求和20年来我国学校心理教育现实为基础，以世界学校心理教育发展、演变的规律和趋势为参照，建构既具有现代民族精神，又反映世界文明发展要求；既融入传统教育精华，又体现现代教育思想的学校心理教育的价值理念、实践范式和研究取向。

高等教育心理学的研究，应遵循以下的原则：①客观性原则。按照客观事物的本来面目予以揭示而不凭臆测加以推断，是一切科学都应遵循的基本原则。高等教育心理学的研究要本着实事求是的精神，按客观事物的本来面目反映事物。在研究过程中，要对影响大学生心理的外界环境、行为反应及其内心体验进行客观分析，而不能把研究者自己的主观设想掺杂进去，以求如实地探明现实与心理之间的因果联系及心理发展的规律。②发展性原则。大学生正处于从不成熟到成熟的过渡阶段，他们的生理和心理都在迅速发展，所以必须坚持发展性原则。从发展的角度来分析影响大学生心理发展的诸要素，研究大学生心理发展的趋势和阶段。③理论联系实际的原则。高等教育心理学研究的首要任务是为高等教育实践服务。它的研究课题必须来源于高等教育的实践，研究成果也必须为高等教育实践服务，并保证它的实际应用的效能。因此，研究要从高等教育的实际出发，探求高等教

育情境对大学生心理活动的影响以及大学生心理活动对高等教育情境的依赖性。高等教育心理学的研究，只有面向高等教育的实际，才能积累大量有价值的科学资料，才能为提高高等教育的教学质量和管理水平服务。④教育性原则。高等教育心理学的研究，是为了更好地教育大学生，更有利于他们健康的成长，而不是为研究而研究。因此，研究不仅要在课题选择上考虑它的教育意义，使其研究结果有助于教学和教育质量的提高，而且在研究方案的设计上和实际进行的过程中，也应考虑对大学生有良好的教育影响，不能做有损学生身心健康发展的事情。

2.高等教育心理学的研究方法

科学研究的方法是促进科学发展的重要途径。高等教育心理学常用的研究方法有以下几种。

首先，观察法。也称"自然观察法"，是指在自然的生活情境或教育过程中，直接观察被试者的外部行为表现，从而研究其心理活动的方法。①从观察者参与程度划分，可以分为参与性观察与非参与性观察。参与性观察是指观察者在某一段时间内，主动融入他正观察的团体之中，观察和记录该团体或某一个体的行为表现。这种观察不会使被试者有不自然的反应，能搜集到广泛而有效的资料。但如果观察者卷入太深，也可能使得观察失去客观评价的尺度。非参与性观察是指观察者不参加所要观察的团体或组织的活动，也不以成员的身份出现。这种观察有助于观察者保持客观评价的尺度，但容易使被试者产生不自然的反应，难以获得深入的资料。②依据观察的组织程度，可以分为结构性观察与非结构性观察。结构性观察也称标准化观察，它有较严格的观察提纲和观察指标，不能随意变更。其观察资料可以进行统计处理，但观察者必须接受专门训练。非结构性观察也称"非标准化观察"，它允许观察者在观察提纲范围内进行灵活处理。它多在研究的初期或在确定研究对象和范围时使用。③依据观察的系统性，可以分为系统性观察与非系统性观察。系统性观察是指研究者有目的、有计划地对研究对象进行的观察。非系统性观察是指在日常生活中自发的、偶然的观察。

采用观察法研究高等教育心理问题时，研究者必须掌握有关教育心理学知识，熟悉所要研究的教育、教学过程及其可能出现的心理现象。同时，还需要做到：①根据研究目的，明确限定观察对象；②准确规定所要观察的主要特征；③确定合理的观察方法；④借助科学手段做好客观记录。观察法的主要优点是简便易行，被观察者在自然条件下的行为表现真实自然，较少受到环境的干扰，所获得的材料比较真实。其主要缺点是观察资料的质量容易受到观察者的能力和其他心理因素的影响，而且观察到的资料数量有限，往往难以做出概括化的结论。

其次，实验法。实验法是指在某种控制情境中探究自变量与因变量之间关系的一种方法。即在控制的条件下，系统地操纵某种变量的变化，来研究此种变量的变化对其他变量

的影响。由研究者操纵变化的变量称为"自变量"或"实验变量";由自变量引起的某种特定反应称为"因变量"或"反应变量"。在实验中,实验者系统变更自变量,积极控制无关变量,客观观测因变量,然后考察因变量受自变量影响的情况。实验法是依据外部影响与心理反应之间的相关情况或数据去探明心理活动及其规律的一种有效方法。实验法不仅能揭示问题"是什么",而且还能进一步探究问题的根源是"为什么"。

实验法可分为实验室实验和自然实验两种形式。①实验室实验。实验室实验是借助专门的实验设备,严格控制实验情境,从而准确、周密地观察自变量与因变量之间关系的研究方法。优点是对无关变量进行了严格控制,有助于发现自变量和因变量之间的因果关系,并允许人们对实验结果进行反复检验。其缺点是实验情境的人为性因素可能干扰实验结果的客观性质,并难以将实验结果推广到日常生活中去,因此,在高等教育心理研究领域中较少运用。②自然实验。自然实验也叫"现场实验"。它是在教育的实际情况下,按照研究的目的,控制某些条件,变更某些条件,以观察被试者的心理活动表现。自然实验虽然也对实验条件进行了适当的控制,但它是在人们正常学习和工作的情境中进行的,在某种程度上克服了实验室实验的缺点。因此,自然实验法是高等教育心理学研究中最常用的一种研究方法。其优点是:①所得到的结果与实验室实验相比,更加接近教育的实际情况,因为它是在教育过程的真实情况下进行的。②自然实验法同观察法相比,具有较强的主动性和较高的严密性。因为它通过控制和变更某些条件,给被试者的心理活动以必要的影响,使之发生所预期的变化,有利于研究者得到所期望的实验材料。

再次,调查法。调查法是在自然条件下,通过提问的方式搜集资料,间接了解被调查对象的心理和行为的研究方法。调查法的途径和方式是多种多样的,如通过谈话要求学生本人做口头回答,通过家访了解学生平时在家中的情况,通过查阅材料(如班级鉴定、教师评语、学生的作业等)进行分析。高等教育心理学某些课题的调查研究,也常采用问卷法去搜集资料。

问卷法的优点主要是简便易行;取样大,研究的被试具有广泛性与代表性;由于样组扩大,可以抵消一些中间变量的影响;研究结果的统计处理具有科学性。但是问卷法也有一些难以克服的缺点,如问卷中题目的用语有时容易表露某种期待的答案;被试者对问题的回答常有猜测,不易真实;统计处理较简单,难以进行质的分析。为了使问卷法发挥它的优点,应用时可做以下改进:①问卷题目不宜过多,必须紧紧围绕主题;②问卷题目内容应生动有趣,使被试者愿意回答,回答须简单;③被试者应根据自己的实际情况回答,尽量避免去了解主试者的意图;④一套问卷题,中间应加入一定量的测试被试者回答是否真实的题目;⑤问卷材料的选择须严格和客观,应通过预测进行效度的检验。

最后,个案法。个案法是对单个被试者进行深入详尽的观察与研究,以便发现影响某种行为和心理现象的原因。通常需要搜集的资料包括个人的生活史、家庭关系、生活环境

和人际关系等。根据需要，也常对被试者做智力和人格测验，从熟悉被试者的亲友处了解情况，或从被试者的书信、日记、自传等进行分析。个案法的优点是能加深对特定个体的了解，有助于教师因材施教。但往往由于搜集的资料真实性不强，而影响到研究结论的可靠性。

（四）高等学校的心理咨询

1.心理咨询的原则、步骤与形式

（1）心理咨询的基本原则

第一，理解支持原则。来访者一般对心理咨询抱有很高的期望，同时也有很多疑虑。因此，咨询员要热情、诚恳地接待来访者，对他们的苦闷表示理解，并给予精神上的支持。这样，容易建立相互信任的咨询关系，有利于来访者获得自我成长的勇气和力量。

第二，保密性原则。保密性原则是鼓励来访者畅所欲言的心理基础，也是对来访者人权及隐私权的最大尊重。这样，来访者才会袒露自己内心的隐秘。保密范围包括来访者的谈话内容、姓名及来访者的合理要求等。

第三，时间限定原则。心理咨询必须遵守一定的时间限制。咨询时间一般规定为每次50分钟左右。原则上不能随意延长咨询时间或间隔。限定咨询时间的理由是：可以让来访者有一定的安全感，使来访者能够充分珍惜和有效利用这一时间；一般情况下，咨询时间为一周一次或两次，这样可以使来访者在间隔期间充分回味咨询时的体验，并将其作为自身成长的刺激剂；让来访者知道，咨询者也有自己的生活，除自己外，还有其他人要找咨询者咨询，世界上并不能也不是仅仅为自己。这样的体验与学习，对来访者是有现实意义的；可以促使来访者产生分离的体验。人的一生要面临一系列的分离，如断乳、与家庭分离、与配偶分离、与工作分离等，分离既是痛苦和伤感的，但也含有成长的意思。因此，限定时间，让来访者重复这些分离带来的复杂体验，对促进其健康成长是有意义的。但是，咨询时间的限定也不是绝对的。根据来访者的病理状态、心理发展程度等可以适当调整时间和间隔次数。

第四，促进成长的非指导性原则。心理咨询以咨、访双方的真诚关系为基础，这种关系不是一种外部指导和灌输的关系，而是一种启发和促进成长的关系。因而心理咨询的任务在于启发来访者发挥潜能并促进其成长，而不是包办代替地进行解释指导。这样做，一方面体现了咨询人员对来访者的尊重与信任；另一方面也避免因情况了解不深入而产生片面性判断。

第五，预防重于治疗的原则。学校的心理咨询人员不仅应重视来访学生的心理偏常或心理障碍的诊治，更重要的是重视咨询过程中心理卫生知识的宣传与普及，以防患于未然。这样才能更好地发挥学校心理咨询工作在促进心理健康方面的作用。

此外，像整体性原则、发展性原则等也都是心理咨询中应当重视和遵循的原则。

（2）心理咨询的基本步骤

第一，建立关系。当来访者登门的时候，咨询员应热情自然地对他们表示欢迎，并扼要地介绍心理咨询的性质和原则，尤其应着重介绍保密性原则，使他们能够消除初次见面的陌生感，能够畅所欲言，建立起初步的信任关系。

第二，了解问题。建立初步信任关系后，咨询员应在了解来访者基本情况的基础上，通过来访者的自述和必要的询问，了解来访者存在的心理问题及其严重程度、持续时间、问题成因等情况，并弄清来访者本人有无明确的意识、有无强烈的求助愿望等。

第三，分析诊断。分析诊断和了解问题是结合在一起进行的。首先必须弄清来访者问题的类型。

第四，帮助指导。对心理问题进行明确诊断后，重要的工作是帮助来访者分析他们的心理障碍，提供指导意见。由于心理咨询是一种磋商行为，咨、访双方是一种彼此合作的伙伴关系，因此咨询员不能为来访者硬性规定方案，越俎代庖。

第五，结束咨询。经过多次心理咨询后，如果比较成功，咨询活动可暂告结束。如有可能，可进行追踪研究，不断总结经验。

（3）心理咨询的主要形式

根据心理咨询的不同特点，可分为以下几种主要形式：直接咨询和间接咨询。直接咨询是由咨询人员对具有心理疑难或患有轻微心理疾病需要治疗的来访者直接进行的咨询。这种方式有利于问题的解决，并能对症下药。间接咨询是由心理咨询人员对来访的教师、家长和管理人员所反映的当事学生的心理问题进行的咨询。这种方式在咨询员和当事人之间增加了一道中转媒介。有效处理咨询员和当事人之间的关系是影响咨询成败的关键；个别咨询与小组咨询。个别咨询是一位咨询员对单个来访者进行的咨询。在个别咨询中咨询对象一般顾虑少些，有利于咨询员对其耐心深入地进行帮助。小组咨询是将具有同类问题的求助者组成小组，共同商讨、指导或矫正。这是一种多向的交流，有助于学生的互相支持，能较集中地解决共性问题，效率较高；面谈咨询、信函咨询、电话咨询和现场咨询。面谈咨询是咨询员和来访者面对面地进行的咨询。这种方式有助于来访者直接倾诉内心的苦闷、焦虑和不安，也有助于咨询员深入了解和诊断来访者的心理健康程度。信函咨询是咨询员通过书信的形式对学生、教师和家长提出的心理问题进行解答和指导。它不受时间安排和空间距离的限制，但一般较难深入全面地解决问题。电话咨询是通过电话对求助者给予劝慰或指导，比较适用于孤独苦闷或紧急情况的处理。现场咨询是心理咨询专家深入到基层学校或学生家庭居住区，为广大求助者提供服务的一种咨询形式。它比较经济，时效性也强。

二、心理教育在思想政治教育中的应用意义

从以上分析，心理教育在思想政治教育中应用的意义可以归纳为以下几个方面。

第一，心理教育赋予了思想政治教育新的时代内涵。随着改革开放的不断深入发展，新的历史时期对思想政治教育的要求也不断深化。思想政治教育面临新问题、新矛盾的挑战。在新的环境形势下，思想政治教育将在如何教会学生认识自己，如何成功地进行人际交往，如何培养自信心，如何保持良好的心态，如何调整情绪状态等重要人生课题上重新思索和定位。从内容上看，这些涉及"教会学生认识自己，培养自己"等心理教育所承担的内容也应与思想政治教育工作密切相关。因此，在学校教育教学中开展心理教育，渗透心理教育理念，既可以丰富思想政治教育的内涵，使它的内容更加贴近学生生活实际，又有利于学生独特、创造性个性的发展。

第二，心理教育为德育提供了良好的心理背景。思想政治教育的效果不仅取决于教育者实施了什么样的教育内容，还取决于学生能否接受这些教育内容。也就是说，学生的态度是影响思想政治教育成效的关键因素，而态度又取决于其自身的心理状况。例如，一个有逆反心理或其他心理障碍的学生，是不可能很好地接受政治、思想、道德教育的；同样，一个不会自制，冲动急躁的学生也许并不是对思想政治教育的态度不端正，而仅仅是因为其胆汁质的气质类型。因此，"思想政治教育难搞"背后的原因，可能是并没有真正地理解学生的类型，没有"因材施教"，更没有走进学生的心理，打开学生的"心锁"。掌握了心理教育这把"心灵之钥"，以学生的心理健康为基础，把理解学生的人格特质作为手段，为思想政治教育工作创造和谐、稳定的心理环境，可以实现思想政治教育的最佳效果。

第三，心理教育更新了思想政治教育观念和模式。心理教育充分尊重、信任和理解学生，为学生架起心灵的桥梁进行情感交流，以情感化学生。面对遭遇成长中各种心理问题的学生，心理教育工作者始终以接纳、理解、共情的心去关心他们，倾听他们的心声，用爱来抚慰他们心灵的创伤。在这种信任、平等和爱的气氛中，学生获得自由的心灵空间，真正独立思考，承担责任，去追求新的目标，在实践中真正认识自己，反省自己，学会学习和生存。心理教育的这一特点，无疑冲击了旧有的思想政治教育的观念和模式。思想政治教育习惯"板起脸孔"训育，习惯居高临下地说教，习惯从品德、思想上解释学生的问题，不习惯从学生的心理上分析原因。这种以管教为主的思想政治教育模式使学生心理压抑，不但不利于其个性的发展，而且收效甚微。因此，要改变这种状况，应从心理教育的角度，去更新思想政治教育模式。如今，已构建了一些新的思想政治教育模式，如体验教育模式、角色教育模式、讨论式教育模式。这些模式就是利用心理教育来进行思想、政

治、道德教育，通过充满人情味的教育方式，启发学生自我认识、自我调适、自我努力、自我激励、自我实现，充分调动他们的积极性，发挥他们在思想政治教育中的主体作用，使思想政治教育活动在新的模式中运作，以取得较好的效果。

第四，心理教育有利于提高思想政治教育的实效。心理教育作为一种教育手段和方法，遵循心理规律将有助于思想政治教育工作的有效实施。首先，通过心理咨询，思想政治教育工作者不仅可以了解到学生的一般身心特点和思想状况，而且可以从更深的层次上了解学生的情绪、情感乃至气质、性格等方面的具体情形，建立心理档案，从而因材施教，加强思想政治教育的针对性。其次，通过心理咨询，可以鉴别出学生到底是心理问题还是思想问题，从而对症下药，加强思想政治教育的针对性，最终实现化解矛盾、消除障碍，促进学生全面发展、健康成长的目标。

第二节　心理教育专业人员的培养

专业化的教师需要拥有从事教育教学工作的基本技能和能力。教师的教学技能指教师在教学过程中运用一定的专业知识和经验顺利完成某种教学任务的活动方式。它可以分为教学认知能力、教学操作能力和教学监控能力三个方面。教学认知能力指教师对所教学科的定理法则和概念等的概括水平，以及对所教学生的心理特点和自己所使用的教学策略的理解水平。教学操作能力指教师在教学中使用策略的水平。其水平高低主要看他们是如何引导学生掌握知识、积极思考、运用多种策略解决问题的，它所要解决的不是做什么，而是如何做的问题，具体包括制定教学目标的策略、编制教学计划的策略、选择和运用教学方法、选择设计教学材料和教学技术、课堂管理策略、教学效果评价策略等。教师综合应用各种策略解决各种问题和冲突的能力常常表现为教育机制，这是教师面临复杂的教育情境时所表现出来的机敏、迅速而准确的判断和反应能力，它源于教师敏锐的观察、灵活的思维和果敢的意志，也源于他教育经验和知识的积累以及对学生的了解和关爱。教学监控能力是指教师为了保证教学达到预期的目的而在教学的全过程中，将教学活动本身作为意识对象，不断地对其进行积极主动的计划、检查、评价、反馈、控制和调节的能力。在这个教学能力结构中，教学认知能力是基础，教学操作能力是教学能力的集中体现，而教学监控能力是关键。

一、高等学校教师的社会角色

教师是教育系统中知识经验的所有者和传授者。教师的角色职能在于把人类社会所积累的知识经验传授给教育系统中的学生，使他们获得一定的知识、技能和行为规范，形成

一定的心理结构和健全人格，使人类社会得以延续和发展。

教师的社会地位决定了教师所扮演的社会角色。教师任务的多样化决定了教师社会角色的多样性。教师地位是崇高的，作用是多方面的。一个人如果想做一个符合社会要求的合格的社会成员，就必须学会角色扮演。那么，一个人如果想做一个符合社会要求的合格教师，就必须学会根据不同的教育任务，扮演不同的社会角色。

（一）教师是人类文化科学知识的传授者

教师这一职业有别于其他各种职业的最显著的标志，乃是知识、原理和技能的传授者，培养解决问题能力的辅助者，并成为某一学科的专家。作为高校教师，既然要成为某一学科指导的专家，就要在该学科的内容方面具有较深的造诣，同时还要认真钻研自己的传授方法。当教师的知识达到某一关键水平之后，决定教学效果的更重要的因素是教师对教材的清晰表达和组织。所谓"传道、授业、解惑"正是体现了这一重要意义。

人类的经验和知识离不开教育，在今天知识激增的时代，尤其不能没有教育，更不能没有教师。教师就是要按照一定的教育目的，根据一定的教学计划，有组织、有系统地将现代的科学文化知识传授给年青一代，使他们在较短的时间内掌握前人长期积累起来的科学文化知识。

（二）教师是年轻一代个性的塑造者

一个人如何发展，朝着什么方向发展，在很大程度上取决于教师的引导和培养。教师不仅要传授知识，开发智力，而且还要根据学生自身的特点，分析、引导和培养学生向哪方面发展。帮助大学生形成正确的思想观点，培养高尚的品德和良好的个性特征，这是一项十分复杂细致的工作。它要求教师应有关心、爱护学生的满腔热忱，具备多种教育能力和技巧，善于创设良好的教育情境，善于掌握学生的思想脉络，发现大学生身上正在成长的积极因素，适时给予引导。

（三）教师是学生集体的管理者

教师要充当的另一个角色是学生集体的管理者。这个角色主要表现在两个方面：第一个是学生集体的领导者，第二个是纪律的执行者。班级是学校中主要的基层组织。教师受学校的委托，在班级内施加有权威性的影响，承担着领导行为。作为纪律的执行者，教师不但要传递社会的价值系统，而且还要依此评价学生的行为正确与否。教师必须使每个学生都能遵守学校的规章制度，遵守学生守则，帮助学生形成"律己"的习惯和控制能力。教师要善于和学生共同安排学习活动，并在各项活动中通过有效的管理来培养学生的思想品德，发展他们的能力，完善他们的个性。

教师作为班级的管理者，应有计划地去培养班集体，要创造一种和谐、民主、进取的集体环境，形成良好的班风，使学生自觉地接受管理，加强自我管理，并积极参与班级管理。教师作为管理者还应该促进学生彼此的了解和信任，调节学生之间、学生与其他任课教师之间的人际关系。

作为管理者的教师具有一定的权力。例如，奖励与惩罚的权力，维护教学秩序的权力，安排活动的权力等。权力是一种带有强制性的影响力，教师对权力使用得当，才能发挥正常的管理作用。教师使用权力时，要切忌"以权压人""命令主义""独裁高压"等不当的管理倾向。从更重要的意义上说，教师的领导方式必然会对学生的人格特征和行为方式产生直接的影响，所以，权力也是一种教育。

（四）教师是学生心目中的楷模

教师担负着传递社会和文化价值观与准则的任务，被学生看作是代表或具有这种价值观的人。因此，在学生的心目中，教师是一个楷模，是一个值得仿效的榜样。这就是说，教师对于学生不仅应是社会道德准则的传递者，更重要的是社会道德准则的体现者。如果说社会性的学习是通过模仿来进行的，那么，教师在这方面的行为表现对学生道德与情感的发展就显得十分重要，教师必须有比较高尚的品格。

教师是处于社会与学生之间的中介人物，教师要通过自己的言传身教向学生传递社会的道德行为准则，在调适学生与社会的关系中发挥一定的作用。这就要求教师在国家观念、法纪观念、公民权利与义务方面，都应按社会期待的标准去调节和控制自己的言谈举止。因为教师是学生认同与模仿的对象，学生对教师有一种特殊的信任感，他们往往把自己尊敬与爱戴的教师视为模仿的楷模，这是学生的一种心理特征。教师的一言一行、一举一动都会对学生起到很大的示范作用，并对学生的心灵产生深刻而久远的影响。

在教学过程中，教师对所教的学科和对学习的态度，也时常成为学生的榜样。如果教师对所教的学科持积极与热情的态度，表现出对学科的热爱、对疑难问题的钻研与探索，对真理的追求与维护，对偏见与谬误的鄙弃和厌恶等，那么，就会形成和加强学生对学科的兴趣和学习热情，养成学生严肃认真的工作态度。如果教师对所教的学科马虎从事，毫无热情与生气，那么学生也很少会去积极热情地学习这门学科。榜样的作用确实是无穷的，教师的言谈举止，有时会影响学生终生。

（五）教师是学生的朋友和知己

生活在现代社会的大学生，不仅希望教师成为他们步入科学殿堂的引路人，也非常希望教师成为他们真诚、坦率、无话不说的挚友。教师如果对学生热爱、同情、平等相待，坚持做耐心细致的思想教育工作，他带领的班集体就可能成为团结友爱的集体，他也就可

能成为学生的朋友和知己，学生也就可能把自己的心里话告诉他。

教师要成功地承担学生的朋友和知己的角色，必须注意以下几个方面：首先，教师有时需要淡化他的地位角色，应该更多地考虑到教师与学生在人格上是平等的，教师应该是值得学生信赖的朋友；其次，教师必须尊重学生，尊重是一种信赖，教师要把学生当作一个具有独立人格的人来对待；最后，教师要坚持平等待人，认真虚心地听取学生的意见和建议，并能理解和认可学生的不同意见与分歧，以十分真诚的态度与学生友好相处。

（六）教师是学生的"心理调节者"

从生理学上来说，有健康的人与病人；从心理学上来说，也同样有健康与病态之分。严重的精神疾病是精神大夫的事，教师无能为力。但是，在校学生的心理情绪状态，教师应做细心观察。因为学习不仅是一个把握未知的过程，而且还会产生种种个人体验。从心理健康的观点来考虑，教师应当把学生从惧怕权威、缺乏自信或自卑中解放出来，鼓励学生表达自己的思想，理解并认可不同意见的分歧；教师要创造一种谅解和宽容的气氛，不仅允许而且鼓励学生自我提高、自我约束和进行创造性的努力。因此，在高校的教育过程中，教师必须充分了解每个学生的情感、意志、能力、气质、性格等心理特征，尊重他们的人格，有的放矢地实施教育，保证他们心理的健康发展。

二、教师应具备的人格特点

教师本身应具备哪些特定的人格。总的说来，教师的人格特点应表现在以下几个方面。

（一）正确的动机

献身于培养人的教育工作，忠诚于人民的教育事业，乃是教师从事教育活动的最高尚的动机。教师只有热爱自己的工作，热爱学生，对教育工作产生极大的热情，对学生产生强烈的义务感，才能发挥教师的巨大潜力。所以说，职业动机是教师搞好工作的基本动力。

（二）浓厚的兴趣

对教育工作的浓厚兴趣，是教师创造性地完成教育工作的重要动力。

1.教师的兴趣要广泛

科学的发展，人类的进步，给教育带来了许多新的东西，这就要求教师关心并了解这些有关的新知识。孤陋寡闻、见少识浅的教师很难激发起学生的求知欲、培养出知识面广的人才。

2.教师要有中心兴趣

教师的中心兴趣是指对学生的身心发展，对所授学科的研究兴趣。这种兴趣不仅促使教师接近和了解学生，也促使他们积极地钻研教材，研究教育方法，进行创造性的工作。

3.中心兴趣与多方兴趣相结合

将中心兴趣与多方兴趣结合起来，是教师创造性地完成教育工作的重要心理条件。

（三）热烈的情感

热烈的情感不仅能推动教师积极地工作，而且能直接感染学生，影响教育过程。教师热烈的情感主要表现在：对教育事业的热爱，对学生的热爱，对所教学科的热爱以及高尚的情操。一个具有深刻的道德感、强烈的理智感和正确的审美感的教师，就会在任何场合下，诱导出学生相应的情感。这对于学生高尚情操的形成，将会产生重大的影响。

（四）坚强的意志

教师坚强的意志品质，是顺利而有效地进行教育工作的保证，也是学生学习的榜样，其主要表现如下。

1.目的明确

它能使教师在任何情况下，都坚守教育岗位，做到矢志不移。

2.坚忍不拔

教师具有这一意志品质，就能在教育实践中保持旺盛的精力，克服内部和外部的各种困难，并以自身的行为陶冶学生的情操，培养学生大无畏的精神。

3.沉着自制

慎重地对待自己的言行，善于支配和自我控制，这是教师有效地影响学生的重要心理因素。在教育过程中，教师要理智地对待学生，以诚恳的态度向学生提出要求，坚持教育工作的一贯性、系统性和连续性。

4.坚决果断

教师具备了这一品质，就能在出现问题时，明辨是非，及时做出反应，果断地做出处理；而当发现自己的决定有错误时，又能及时改变或停止执行这一决定。

（五）良好的性格

在教师的人格特点中，性格是最核心的因素。它主要包括以下几点。

1.公正无私

在教育过程中，教师必须公平地对待每一个学生，关心爱护全体学生，尤其是对那些学习有困难、品德行为较差的学生。

2.谦虚诚实

教师一方面要正确地分析自己，老老实实地做学问，对自己身上的缺点和错误勇于改正；另一方面又应虚心地向别人求教，甚至不耻下问，向学生学习。

3.活泼开朗

活泼开朗是精力充沛、心胸豁达、充满活力的一种表现。教师应保持乐观开朗的态度，以积极饱满的情绪去从事教育工作。同时，教师活泼开朗的性格又会感染学生，通过无言的教育收到潜移默化的效果。

4.独立的性格

不偏听偏信，不人云亦云，独立地发现问题和解决问题，这是教师进行创造劳动必须具备的品质。

三、高校心理教育专业人员的工作开展

（一）认真分析，根据受教育者的特点，因材施教，有效实施心理教育

在对学生进行心理教育时，要有足够的耐心，认真分析教育对象的思想特点和个性特征，采用因材施教的教育方法，是预防和消除心理阻抗现象的重要途径。

心理教育的因材施教，就是要根据学生的不同气质类型、能力的强弱、千变万化的性格、思想的差异，做到因势利导，对症下药。语气要轻柔委婉，不要给他们造成"二次"心理压力，语言运用要准确、恰当，防止产生误解。

（二）正确进行诊断，调动学生的主动性积极面对阻抗

作为教育者要善于弄清学生的不信任与心理阻抗的区别，还要善于弄清学生暴躁退缩等人格特征与心理阻抗的区别，进行正确的阻抗诊断。应对阻抗的主要目的在于解释阻抗，了解阻抗产生的原因，以便最终超越破解阻抗，使心理教育取得实质性进展。关键还要调动受教育者的积极性，使之能与教育者一同寻找阻抗的来源，抓住有利时机向学生指出产生阻抗的原因并加以疏导，间接的阻抗常以移情的方式表现，阻抗的解除还必须与移情的处理结合起来进行。只有在妥善地处理好移情以后，才能最后破除阻抗。总之，需要教育者和受教育者积极面对阻抗，不再回避，最终消除阻抗。

（三）尊重学生

在对大学生心理教育过程中要充分尊重学生的现状以及他们目前的价值观、人生观和权益，积极引导他们认同、肯定和喜欢自己，建立自信和确立成就动机，树立正确的道德观、人生观和勤奋感。给予他们足够的爱护、关注，建立健康、和谐、融洽的师生关系，消除阻抗，达到教育目的。

（四）提高教育者的综合素质

提高心理教育工作者的综合素质，不断完善教育者的人格品质。要求心理教育工作者不仅要有广博的学科知识，丰富的人生阅历，健康的生活情趣，广泛的兴趣爱好，还应具有亲和力，公平公正、以身作则，有着独特的人格魅力。这样才能增强学生对教育者的认可和信任感，形成教育同盟关系，从而降低阻抗。

（五）加大宣传力度，让学生对心理教育有正确的认识

高校可通过各种宣传媒介，引导大学生对心理教育有正确的认识，特别是刚进入大学校园的新生，既不片面夸大心理教育的作用，也不否认其对大学生的重要影响。让大学生在遇到发展问题或处于人生低谷时能迅速寻求正确的途径，从中得到有益的帮助。

（六）心理教育形式的多样化

在对学生进行心理教育时不再是枯燥单调的理论，力求内容形式多样化，不仅可以进行传统的面对面讲授、团体辅导，也可以以专题讲座、沙龙的形式进行情绪体验，还可通过书信、电话、网络给学生答疑解惑。手段也要更加丰富，通过真实的案例分析让学生感同身受，更有说服力和启发性，采用游戏、心理剧等形式也能让学生在轻松的氛围中加深印象，认真思考，从中获得启示。

四、高校心理咨询教师心理枯竭的对策

（一）确定现实可行的职业理想和咨询目标

有关工作和职业紧张的研究发现，控制感、自我效能感等个体认知变量，不但对工作和职业紧张有直接的作用，而且还有显著的调节作用。因此，心理咨询教师要根据咨询工作的特点、自己的专业条件、来访者的具体问题以及外部环境条件等建立现实可行的理想与目标，这样才能保持良好的自我效能感和一定的成就感。心理咨询教师要正视自己的局限性，克服完美主义倾向，对咨询工作不要抱有不切实际的"幻想"，包括来访者的问题应能迅速地被自己解决，自己可以为任何类型的来访者提供有效的咨询和治疗，自己所做的工作肯定能够有效地改变来访者的生活等。心理咨询教师的工作的确能解决很多问题，但却不是全部的问题。对此心理咨询教师要有清醒的认识。当咨询教师带着不切实际的想法并在工作中遇到困难、挫折时，幻想就会迅速地破灭，恶劣的情绪就会伴随而来。

（二）正视心理咨询的职业特点，丰富自己的生活内容

全面、丰富的个人生活内容会有助于咨询人员培养良好的心理状态和积极的工作理念。咨询人员要丰富自己的生活内容和生活方式，应该拥有足够的工作以外的私人空间和自由，从事有意义的活动，包括培养和发展人际关系、发展自己的兴趣爱好、参加休闲娱乐活动等。只有在个人生活和专业工作两个方面都是丰富的、全面发展的，才有助于保持心理健康，达到个人的自我实现。

（三）学会合理宣泄

精神分析理论认为，个体遭到挫折就会产生紧张、焦虑的情绪，这种情绪一定要通过种种形式宣泄出来，心理才能保持平衡。如果心理枯竭的情绪得不到宣泄的机会，随着心理枯竭的增加，消极情绪积累起来，往往会导致精神失常。所以当心理咨询教师受到一些消极情绪，如愤怒、恐惧、挫折影响时，不妨向亲友、同事及时倾吐，以得到宣泄，关心你的亲友会给你一些恳切的建议，这对舒缓压力和紧张的情绪是非常必要的。

锻炼和放松是一个比较有效的方法。当压力事件不断出现时，进行适度的、有节奏的锻炼，或持续数分钟的放松，就能够换来舒畅而平缓的心情。在一个安静的环境中，按一定的要求完成某种特定的动作程序，经过反复练习学会有意识地控制自身的心理生理活动，可以降低机体唤醒水平，增强适应能力，调节因紧张反应而紊乱的心理生理功能。由于这种松弛是持久、有益的，是由自身努力形成的，所以容易形成对环境的控制感，而这种控制感对减少环境压力所造成的紧张是非常重要的。

（四）建立有效的社会支持系统

对待心理枯竭，除了个人的努力之外，学校、社会的作用至关重要。心理咨询教师要合理地安排单位工作量，建立工作中良好的人际关系，寻求来自同业人员在专业知识、技术、情感以及价值观等方面的认同与支持，寻求心理督导的帮助，对心理咨询教师排解压力，保持良好的情绪体验和对工作的掌控感大有益处。咨询人员需要的不仅是来自同事、督导和机构的支持，来自家人、亲友、邻居和其他人所提供的情绪、心理、资讯等方面的社会援助系统也不容忽视。拥有广泛而有效的社会支持系统的人，才能身心健康，不易倦怠。

第三节 心理教育课程建设与思想政治工作的融合

一、高校思想政治教师的心理素质

"素质"这一词，是心理学的一个专有名词，原指一个人生来就有的感觉器官、运动器官、神经系统，特别是大脑的某些解剖的和生理的特点。从目前的研究来看，素质一词不仅具有上述的自然属性，同时还具有社会属性。可将它定义为，素质是先天自然因素和后天社会因素的"合金"，它是个体一系列的自然特点、知识技能、行为习惯、文化涵养以及品质特征等方面的有机结合。教师的职业特点、社会角色和人际关系，决定了教师应具备一系列特定的心理素质。

（一）教师的教育机智

所谓教育机智，是指教师对学生活动的敏感性以及能根据新的、意外的情况快速做出反应，果断地采取恰当的教育措施的一种独特的心理素质。它是观察的敏锐性、思维的灵活性以及意志的果断性的独特结合。

教师的教育机智并非天生的，而是教师在学习教育理论、总结教育经验、努力参加教育实践的过程中逐步形成和发展起来的。

教师的教育机智主要表现在以下四个方面。循循善诱，因势利导。在教育过程中，教师应充分调动学生的积极性，把学生的兴趣爱好引向学习活动，引向正确的轨道。灵活果断，随机应变。由于学生的千差万别和教育情境的错综复杂，教育过程中随时会发生一些意想不到的事情。教师的机智表现为能根据当时的情况，灵活果断地处理突发事件，及时地调节和消除矛盾行为，从而有效地组织教学活动。方式多样，对症下药。学生中发生的问题，其原因是多种多样的，情况也各不相同，而学生的个性也存在着差异。教师的教育机智表现为能正确分析问题的起因，考虑学生的个性特点，采取灵活多样的方式和方法，有的放矢地进行教育。实事求是，掌握分寸。要使教育工作达到预期的效果，教师在教育学生时，应掌握分寸，把握好一个"度"。因此，教师的机智还表现为讲究教育工作的科学性，在教育学生和处理问题时实事求是、说话有度、分析中肯、判断准确、结论合理、要求恰当、方式适宜，以最小的代价取得最佳的教育效果。

（二）教师的教育能力

教育能力是指教师为成功地进行教育活动所必须具备的能力。教师的教育能力与教育

效果有较高的相关，它可以概括为以下几种主要的能力：

1.组织教学的能力

教师的主要职能是通过教学活动向学生传授知识和技能，因此，组织教学的能力就成为教师必须具备的一种特殊能力。它主要包括制订教学计划和组织课堂教学两个方面。

在制订教学计划时，教师要考虑的是教学内容的系统性、科学性和思想性；学生的自身特点；讲授知识的容量适中。在课堂教学中，教师要考虑的是要根据不同的教学目的和内容以及不同学生的特点，选择不同的教学方法；要创设一种情境和气氛，充分调动全体学生的学习积极性，使他们的全部心理活动都能处于一种积极状态之中；要善于在学科知识与学生原有心理水平之间建立联系，使新知识在学生原有的认知结构中找到联系点，从而内化为一种新的认知结构；要灵活妥善地处理好课堂教学过程中的突发事件，使课堂教学能顺利进行。

2.言语表达的能力

教师的教育活动主要是通过言语来进行的，因此，教育效果的好坏，在很大程度上取决于教师言语的表达能力。同时，教师的言语表达能力，对于陶冶学生的情操、发展学生的言语都有很大的作用。

在教育过程中，教师的言语表达能力主要表现在两个方面。第一，在内容方面：要有新的思想和观念，要富于哲理，给人以新鲜感。要言之有情，言语要反映真挚的情感，以此打动学生的心灵，激发他们的情感。第二，在形式方面：准确精练。能确切地使用概念，科学地做出判断，合乎逻辑地做出推理，表述简洁清楚，干净利落，既不拖泥带水，也不节外生枝。通俗明白。说话要明白，深入浅出，善于把复杂的东西讲得简单，把抽象的东西讲得具体。生动形象。言语要有趣味性，能引人入胜，并符合形象思维的规律和形式，用学生熟悉的形象去加深他们对概念、公式、法则、定理的理解。经验的教师在教学中，不仅善于解疑，而且善于设疑、激疑。所谓设疑，就是向学生提出问题，埋下伏笔。所谓激疑，就是创设问题情境，激发学生提问的意识和解决疑难问题的积极性。

3.了解学生的能力

学生是教育的对象，作为教师应具备了解学生的能力。因为了解学生是教师发现人才的关键，是因材施教的依据，了解学生的能力，与教师的观察力和注意分配力有关。

（1）观察力

教师要具有了解学生个性和学习情况的敏锐而精细的观察力，既能找出某类学生共同具有的典型特点，又能发现每个学生的个性特点；既能从学生的听课、提问、回答问题中发现他们掌握了哪些知识，又能从学生的作业、考试中找出他们学习上的薄弱环节。

（2）注意分配能力

有能力的教师，在讲述教材的同时，还能够通过学生的外部表现，正确知觉学生的内

心世界。在同一时间里，能把注意力分配到两种和两种以上的不同对象和活动上面，这是有理想的教师必须具备的基本能力。他必须既能高度集中注意于自己的讲授，同时也能注意到班级情况：哪些学生精力集中，全神贯注；哪些学生貌似听课，实则神离；哪些学生搞小动作，破坏纪律；哪些学生已经理解，哪些学生还有疑惑等。一个成功的教师是能紧紧抓住学生的脉搏，调节自己的工作的。而缺乏注意分配能力的教师，则往往顾此失彼，不是讲课内容丢三落四，就是对学生的纪律不能顾及。

4.独立创造的能力

教师的劳动是一种创造性的劳动。教育改革需要教师具有独立创造的能力。科学的发展，人类的进步，要求教育不断地进行改革。教师只有在教育思想、教育内容、教育形式、教育方法上不断创造，才能跟上教育的发展。教育情境需要教师具有独立创造的能力。对于教师来说，完全相同的教育情境是没有的，普遍适用的最佳教育模式也是不存在的。在教育过程中，教师不可能完全照搬别人的经验，也不可能全部套用自己以往的经验，而需要寻求一种新的方法和途径。教育对象需要教师具有独立创造的能力。教育的对象是一个个富有个性的学生，没有一条教育原理和方法对任何学生都适用。这就要求教师根据不同的对象，采用不同的方式，因材施教，不断地创造出新的东西。

5.实际操作的能力

教师的实际操作能力是多方面的：在学生集体形成的过程中，教师能组织学生的力量，运用多种形式，开展多种活动，加强对学生的管理；在教学过程中，教师能自己制作教具、使用教具，进行实验演示；在课外活动中，教师能对学生做具体指导。因此，实际操作的能力，乃是教师必须具备的能力之一。

6.教育科研能力

在当前不断变革的社会背景下，对教师提出了新的、更高的要求。教师要由原来的"教书匠"转变为创造者、研究者，要从"经验型"的人才转变为"科研型"的人才。因此，高校教师还必须具有一定的教育科研能力。

教师要达到教育学生的目的，就必须了解和熟悉学生的身心特点，研究学生各方面的成长规律，懂得采用什么样的教育、教学方法，才能取得较好的效果，这就要求教师必须善于吸取国内外教育科研的新成果、新思想，并用以指导教育实践，进行深入的研究和探索，把教学经验上升到理论高度，从而摸索新的规律。在教育教学改革的过程中，教师身在第一线，要善于发现问题、提出问题、分析问题与解决问题。教师还要熟悉科学研究的原理与方法，以便确定研究课题，设计和制订研究计划，搜集有关材料，统计和分析有关数据，从而更好地进行研究。教师边教学边研究，不仅有利于提高教育教学质量，而且也有利于提高教师自身的素质。

二、高校思政工作要激发学生的学习动机

学生学习成绩的差异，除源于智力因素以外，非智力因素，诸如学习动机、人格特点、家庭背景以及社会文化环境等也起着不可忽视的作用。在各种非智力因素中，由于学习动机与学生的学习愿望、学习兴趣、学习积极性直接相关，因而成为影响学习行为的一种重要因素。

（一）动机与学习动机

1.动机

所谓动机，是指引起和维持个体的活动、并使活动朝向某一目标的内部心理过程或内部动力。人的各种活动都是在动机的指引下，指向某一目标而进行的。动机具有以下功能：第一，激活功能。动机是人们从事某种活动的原因，是推动人们进行某种活动的内部动力。第二，指向功能。在动机的支配下，人的行为总是指向一定的目标或对象。动机不一样，人们活动的方向以及所追求的目标也不一样。第三，强化功能。当活动产生以后，动机可以维持和调整活动。当活动指向既定目标时，个体相应的动机便获得强化，因此某种活动就会持续下去。

2.学习动机

所谓学习动机，是指推动、引导和维持人们进行学习活动的一种内部心理过程或内部动力。学习动机之所以重要，对教师来说，是因为它既可以作为教育的目标，又可以作为教育的手段。增强学生的学习动机是教育目的之一。我们要培养学生有一种强烈的求知欲和为建设祖国而不断提高自己的愿望，学而不止，奉献人类。作为手段，我们可以通过激发学生的学习动机来提高他们的学习成绩，也可以通过强化学生的学习动机来巩固其良好的学习效果。对学生来说，首先，学习动机决定着学习方向。它要求学生懂得为什么学，朝着什么方向努力。其次，学习动机决定着学习进程。在学习过程中，学生的学习是认真还是马虎，是勤奋还是懒惰，是持之以恒，还是半途而废，这些差异将取决于学习动机。

（二）学习动机的基本结构

在实际学习过程中，学习的动力因素虽是多种多样的，但促使主体从事学习活动的直接作用成分只有两个：一是作为主体学习愿望的学习需要；二是作为对主体的学习活动具有吸引作用的学习期待。因此，学习动机的两个基本成分就是学习需要和学习期待，两者相互作用，形成学习的动机系统。

1.学习需要与内驱力

学习需要是指个体在学习活动中感到某种欠缺而力求获得满足的心理状态。它的主观

体验形式是学习者的学习愿望或学习意向。这种愿望或意向是驱使个体进行学习的根本动力，它包括学习的兴趣、爱好和学习的信念等。从需要的作用上看，学习需要即为学习的内驱力。所以学习需要对学习的作用，就称为"学习驱力"。

学校情境中的成就动机主要由以下三个方面的内驱力组成，即认知的内驱力、自我提高的内驱力和附属的内驱力。这三种内驱力就是学习需要的三个组成因素，也就是说，在个体内部至少有这三种需要是指向学习的。

（1）认知的内驱力

是一种要求理解事物、掌握知识，系统地阐述并解决问题的需要。它以求知作为目标，从知识的获得中得到满足。这种内驱力主要是从人类原始的好奇心和探究欲中派生出来的。

（2）自我提高的内驱力

是指个体由自己的学业成就而获得相应的地位和威望的需要。它可以使学生把学习行为指向在当前学校学习中可能取得的成就并在此基础上将自己的行为指向未来学术和职业方面的成就和地位。但它不直接指向知识和学习任务本身，而是把学业成就看作是赢得地位和自尊的根源。成就的大小决定所赢得地位的高低，同时又决定着自尊需要的满足与否。所以，它是一种间接的学习需要，属于外部动机。在学习过程中，认知的内驱力即内部动机固然重要，但自我提高的内驱力即外部动机也是必不可少的。这是因为学生不可能始终坚持以掌握知识为学习目标。

（3）附属的内驱力

是指个体为了获得长者（如教师、家长等）的赞许而表现出来的把工作、学习搞好的一种需要。它既不直接指向学习任务本身，也不把学业成就看作是赢得地位的手段，而是为了从长者那里获得赞许和接纳。这说明学生对长者在感情上具有依赖性。

2.学习期待与诱因

学习期待是个体对学习活动所要达到目标的主观估计，它是另一个构成学习动机结构的基本要素。学习期待与学习目标密切相关，但两者不能等同。学习目标是个体通过学习活动想要达到的预期结果。而在个体完成学习活动之前，这个预想结果是以观念的形式存在于头脑之中的。因此，学习期待就是学习目标在个体头脑中的反映。

诱因是指能够激起有机体的定向行为，并能满足某种需要的外部条件或刺激物。诱因可以是简单的物体，如食物、水等，也可以是复杂的事件和情境。凡是人们希望接近的外部刺激物称为正诱因或积极诱因。学习期待是静态的，而诱因是动态的，它将静态的期待转换成为目标。所以，学习期待就其作用来说就是学习的诱因。诱因与期待一样，都可以诱使有机体产生目标定向行为，因此，可以把二者看作是动机结构中起拉力作用的成分。

3.学习需要与学习期待的关系

学习需要和学习期待是学习动机的两个基本成分，两者密切相关。学习需要是个体从事学习活动的最根本动力，如果没有这种自身产生的动力，个体的学习活动就不可能发生。所以说，学习需要在学习动机结构中占主导地位。另外，学习需要是产生学习期待的前提之一，因为正是那些能够满足个体的学习需要，与那些使个体感到可以达到的目标的相互作用，而形成了学习期待。学习期待指向学习需要的满足，促使主体去达到学习目标。因此，学习期待也是学习动机结构的必不可少的成分。

（三）学习动机的种类

1.正确的动机与错误的动机

根据学习动机内容的社会意义，可以分为正确的动机与错误的动机，或者高尚的动机与低级的动机。高尚的、正确的学习动机的核心是利他主义，学生把当前的学习同国家和社会的利益联系在一起。

2.近景性动机与远景性动机

根据学习动机的作用与学习活动的关系，可以分为近景的直接性动机和远景的间接性动机。近景的直接性动机是与学习活动直接相连的，来源于对学习内容或学习结果的兴趣。例如，学生的求知欲望、成功的愿望、对学科的浓厚兴趣、教师生动形象的讲授以及教学内容的新颖等，都直接影响到学生的学习动机。这类动机作用的效果比较明显，但稳定性较差，容易受到环境或一些偶然因素的影响。

远景的间接性动机是与学习的社会意义和个人的前途相连的。例如，大学生意识到自己的历史使命，为了不辜负父母的期望，或争取自己在班集体中的地位和荣誉等都属于间接性动机。那些高尚的、正确的远景性动机的作用较为稳定和持久，能激励学生努力学习并取得好成绩。而那些只是为了自己的名利、地位的近景性动机作用的稳定性和持久性相对较差，容易受到情境因素的冲击。

3.内部动机与外部动机

根据学习动机的动力来源，可以分为内部动机和外部动机。内部动机是指由个体内在的需要引起的动机。例如，学生的求知欲、学习兴趣等内部动机因素，会促使学生积极主动地学习。外部动机是指个体由外部诱因引起的动机。

当然，内部动机和外部动机的划分不是绝对的。由于学习动机是推动个体从事学习活动的内部心理动力。因此，任何外界的要求，外在的力量都必须转化为个体内在的需要，才能成为学习的推动力。在外在学习动机发生作用时，个体的学习活动较多地依赖于责任感、义务感或希望得到奖赏和避免受到惩罚的意念。因此，从这个意义上说，外部动机的实质仍然是一种学习的内部动力。所以，我们在教育过程中强调内部动机的同时，也不能

忽视外部动机的作用。教师一方面应逐渐使外部动机转化成为内部动机，另一方面又应利用外部动机使学生已经形成的内部动机处于持续的激起状态。

4.一般动机与具体动机

根据学习动机起作用的范围不同，可将学习动机分为一般动机与具体动机，或性格动机与情境动机。一般动机是在许多学习活动中表现出来的，较稳定、持久地努力掌握知识经验的动机。该类动机贯穿于学校生活的始终，甚至在以后的工作中或毕生都具有这类动机。另外，该类动机广泛存在于许多活动中，表现在对不同科目，不同课题，不同内容的学习都具有强烈的动机。一般动机主要产生于学习者自身，与其价值观念和性格特征密切相连，因而也称为性格动机。具有这种学习动机的学生，具有较高的稳定性，即使遇到教学能力低、教学责任感差的教师，也仍能认真努力学习。具体动机是在某一具体学习活动中表现出来的动机。由这种动机支配的学生，常常只对某一门或某几门学科感兴趣，而对其他学习内容则不予注意。这类学习动机多半是在学习过程中因学业的成败或师生关系的影响而逐渐养成的。由于这类动机主要是受到外界情境因素的影响，因而也称为情境动机，其作用是暂时的、不稳定的。

（四）激发高校学生学习动机的方法

学习动机的激发，是指在一定教学情境下，利用一定的诱因，使已形成的学习需要由潜在状态变为活动状态，形成学习的积极性。那么，在实际教学中，教师应如何激发学生的学习动机，使他们那种潜在的学习愿望变成实际的主动学习行为呢？

1.创设问题情境启发学生积极思维

所谓问题情境，是指具有一定难度，需要学生努力克服，而又是力所能及的学习情境。简而言之，问题情境就是一种适度的疑难情境。在教学过程中，提出有一定难度的问题，使学生既感到熟悉，又不能单纯利用已有的知识和习惯的方法去解决，这时就激起了学生思维的积极性和求知的欲望，使学生进入"心求通而未通，口欲言而未能"的境界。

要创设问题情境，首先要求教师熟悉教材，掌握教材的结构，了解知识之间的内在联系；此外，还要求教师充分了解学生已有的认知结构状态，使新的学习内容与学生已有发展水平构成一个适当的跨度。这样才能创设问题情境。

启发学生的积极思维，通常采用以下两种方法：一是言语提问，即在教学中，由教师直接提出与教材有关的、需要解决的问题。二是活动方式，即让学生参加一定的活动，使他们在活动中产生问题。

2.从内部动机入手培养学习兴趣

学生的学习行为可源于内部动机，也可源于外部动机。所谓内部动机是指学习是出于对学习过程本身感兴趣，学习内容本身已具有足够的内在诱因价值，它无须再借助于其他

外在强化物便足以引起学生的学习行为，就是内在动机驱动学习。所谓外部动机则是出于对学习过程的结果感兴趣，他们学习是为了在考试中获得好分数，是为了赢得教师和家长的赞扬和认可等。总之，学习内容以外的东西吸引他们去学习，就是外在学习动机。

依靠外部动机来维持学生的学习，具有以下三个潜在的危险：第一，学生会感到自己是被别人操纵的。为了获得他人的赞扬和奖励，自己必须付出努力。第二，学生会把学习看成是达到某一目标的暂时性工具。一旦学期终结，考试结束，外在目标达到以后，学生就会将所学内容抛到九霄云外，这种学习很难发生迁移，因而也不可能使学生终身受益。第三，学生会过于依赖教师，学习缺乏自觉性和独立性。

3.激发学生的学习兴趣

成功的教学始于良好的开端。教师在导入新课以前，重要的是先使学生对新课内容感兴趣，这就要求教师在讲解新内容以前，先将新内容与学生原有的兴趣联系起来，讲清新内容在日常生活中的重要性与实际应用意义，会有助于学生把当前的学习和自己的理想与社会事业联系起来，唤醒学生的求知兴趣，由此增强学生学习新知识的内部动机。

4.保持学生的好奇心

有经验的教师在讲授新课的过程中，常常运用各种方法来进一步唤醒并维持学生的好奇心。新异的、奇怪的、复杂的、不协调的或模棱两可的刺激，常常能产生一种观念唤醒，心理学家伯莱恩称之为"认识性好奇"。这是一种目的在于获得知识以掌握和理解环境的行为。伯莱恩认为，认识性好奇来自观念性冲突，即新的信息与已有观念的冲突。有意地运用惊奇、怀疑、复杂、困惑与矛盾的方法，能唤起学生的认识性好奇，从而使学生处于动机激起状态，这种状态促使学生寻求解决冲突的办法。

5.将教学目标转化成可达到的学习目标

依据成就动机理论，中等难度的任务对个体具有最大的诱因价值，任务太难或太易，都不利于激发个体的成就动机。因此，教学应该将教学目标分成不同的等级和层次，建立一个教学目标系统，使不同能力、不同程度的学生，都在此目标系统中找到切合自己情况的、可达到的学习目标，从而使每个学生的成就动机都有机会获得满足。这样，通过循序渐进，学生便可逐步达到教学目标。心理学的研究发现，让学生自己去选择目标要比教师为学生设立目标更能激发学生刻苦学习的动机。

6.充分利用反馈信息给予恰当的评定

来自学习结果的种种反馈信息，对学习效果有明显的影响。这是因为，一方面，学习者可以根据反馈信息调整学习活动，改进学习策略；另一方面，学习者为了取得更好的成绩或避免再犯错误而增强学习动机，从而保持了学习的主动性和积极性。如果在提供定量的信息反馈的基础上，加上定性的评价，效果会更明显，这就是给予恰当的评定的作用。此外，反馈信息要明确、具体、及时而且具有经常性，评定要恰当。

7.根据作业难度恰当控制动机水平

学习动机和学习效果之间有着相互制约的关系。因此，在一般情况下，动机水平增加，学习效果也会提高。但是，动机水平也并不是越高越好，动机水平超过一定限度，学习效果反而变差。教师在教学时，要根据学习任务的不同难度，恰当控制学生学习动机的激起程度。在学习较容易、较简单的课题时，应尽量使学生集中注意力，使学生尽量紧张一点，而在学习较复杂、较困难的课题时，则应尽量创造轻松自由的课堂气氛，在学生遇到困难或出现问题时，要尽量心平气和地慢慢引导，以免学生过度紧张和焦虑。

总之，激发学生学习动机的方法和手段多种多样。只要教师有效地利用上述手段来调动学生学习的积极性，学生就有可能学得积极主动，并学有成效。

第六章　思想政治教育和创新创业教育协同育人路径

第一节　思想政治教育融入创新创业教育的途径探析

通过对高校思想政治教育存在的问题及原因分析，有针对性地就如何开展高校创新创业教育中的思想政治教育进行研究并提出相关对策，包括在意识层面上提高对高校创新创业教育中思想政治教育的认识；强化师资队伍建设；以及在教育内容、教育方法、发展环境方面对高校创新创业教育中的思想政治教育进行创新和完善。

一、提高对高校创新创业教育中思想政治教育的认识

（一）充分认识思想政治教育在高校创新创业教育中的导向作用

将创业教育与思想政治教育二者相融合，应该要深刻理解思想政治教育在创业教育中的导向作用，充分发挥其重要性，培养出全面发展的创业型人才。

要深刻理解思想政治教育在创业教育中的导向作用，第一，要重视引导大学生形成正确的创业观，指导大学生在创业过程中把个人选择建立在服务国家、服务人民的基础之上，将实现自我价值与促进经济社会进步发展结合起来。第二，要重视培养大学生所必需的创业道德素养与法律素养。坚持诚信创业，遵纪守法，加强个人品德建设和职业道德建设，提高自身的社会责任意识，这对于大学生自身发展和顺利创业具有十分重要的意义。要把这一思想理念融合到创业教育之中，使大学生自觉形成良好的道德习惯与法律修养，为营造良好的社会风气做出自己的一份贡献，真正在创业过程中实现自己的人生价值。第三，要重视磨炼大学生坚强的创业意志，良好的创业心理品质，培育出拥有健全人格、全面发展型的创业人才。创业的过程充满着艰辛，不会一帆风顺，可能随时会遭遇到各种挫折，这正是对大学生心理承受能力、意志力的最大考验。很多学生创业是为了规避当前就业压力和以寻求工作自由为目的而选择创业，那么他们很有可能刚开始对创业抱有强烈的积极性，当遭受到不顺利的境遇时，就开始茫然、不知所措，甚至放弃创业。

（二）明确高校创新创业教育中思想政治教育的目标

开展创业教育中的思想政治教育是高校创新创业教育顺利发展的保证。通过开展高校创业教育中的思想政治教育，培养具备健全创业品格、创业综合素质过硬、全面发展的综合型创业人才，以期更好地为高校创新创业教育而服务，促进其全面发展。

开展创业教育中的思想政治教育，具体而言，就是要引导大学生在良好的价值取向的基础之上树立正确的创业观；培养大学生端正理想信念，树立高尚的创业品格；磨砺大学生艰苦奋斗的创业精神与坚忍不拔的创业意志；全面提升大学生的创业综合素质与创业能力；为大学生顺利创业营造良好的环境支持；最终塑造出大学生健全的创业品质，独特的创业个性，能够更好地适应竞争激烈的市场环境，更好地将适合自身情况的创业规划付诸行动，促进创业的顺利进行。同时，思想政治教育者可以采用模拟实际情境或者利用创业实践基地等方式，让大学生亲身体会、深切感受创业教育中思想政治教育的重要意义。

（三）树立正确的高校创新创业教育中思想政治教育理念

创业教育作为以全面提升大学生创业综合素质、健全大学生创业人格为根本价值取向的一种素质、实践教育活动，整个教育过程要始终贯穿于高校教学课堂与创业教育实践平台中，通过改革创业教育中思想政治教育的教育体系、教学内容、教育方式，改善其发展环境，在理论和实践的双重平台上完善大学生的创业知识结构，激发大学生的创业意识、创业精神，磨砺大学生的创业心理品质，提高大学生的创业能力，不断完善大学生的创业综合素质，引导大学生在创业过程中促进自身全面发展，能够更好地适应竞争激烈的市场环境，更好地将适合自身情况的创业规划付诸行动，促进创业的顺利进行。以此为宗旨，我们才是真正做到了树立正确的高校创新创业教育中思想政治教育理念。

这种将二者有机融合的教育理念，能够激发大学生的创造性思维和创业斗志，在勇敢追求梦想、实现自我价值的创业道路上，能够承受可能遇到的挫折和不顺利的境遇；大部分想要创业的大学生是希望通过创业实现个人价值；而在不愿意创业的同学中，多半同学都是因为承受不了创业压力和创业艰辛从而放弃创业的想法。

二、创新高校创新创业教育中思想政治教育的内容

（一）坚持共性指导与个性培养相结合的原则确定教育内容

不少大学生缺乏创业意愿和创业意识，在求职中抱着求稳的心态。当前，许多大学生面对严峻的就业形势，"先就业，后择业"的观念十分突出，对于自身的职业生涯规划并不明确。还有一些同学是十分想创业，但苦于对创业的认知不足，自身应当具备的创业

综合素质"未达标",在创业的过程中容易碰壁,且产生挫败感。那么,针对这一实际情况,高校创业教育中的思想政治教育首先需要面向整体,面向大部分学生,开展创业基本通识教育,引导大学生树立正确的创业动机,坚定大学生的创业态度,激发大学生的创业精神,培育大学生的创业品质,提升大学生的创业综合素质,使创业教育中思想政治教育的影响面和受益面扩大。

(二)坚持理论与实践相结合的原则确定教育内容

在高校创新创业教育中思想政治教育的理论教育内容方面,首先要摒弃以往那些严重落后于时代发展、与大学生当前需求不匹配、流于形式的教学内容,增加体现市场环境新要求,激发学生创新思想与开拓学生创造性能力的内容;在教材的选用上,要充分利用国外发展较为成熟的创业教材体系,同时紧密结合我国大学生当前的创业心理发展特点,以发挥大学生的主观能动性和自主创新能力为基点,以培养全面发展的综合型创业人才为目标,强化思想政治教育对于创业教育的导向性作用,形成具有我国大学特色的多样化、个性化教材体系。

高校还可以设置专门的心理辅导机构。进行心理疏导教育历来是思想政治教育工作者的重要任务之一。受金融危机的影响,市场经济不稳定因素较多,大学生创业也很有可能会遇到挫折。不少大学生是出于规避就业压力的考虑而选择创业,那么当他们在创业的路途中遇到逆境,是否会茫然,产生自我否定与怀疑,是否会坚持前行,这都需要思想政治教育工作者帮助创业大学生进行心理疏导,保持或重塑自信,他们才能够在面对这些问题时做出最优抉择。但是,对于进行创业心理品质培养这一问题,在当前并没有被高校、被大学生所重视。当前的创业教育活动并未使大学生明了磨砺自身创业心理品质的重要性。据此,专设创业心理辅导站十分迫切且必要,它可以随时帮助大学生创业者提供咨询服务、心理疏导,引导他们以健康积极的心态正确走好创业之路。

在高校创新创业教育中思想政治教育的实践教育内容方面。多数大学生认为当前所在学校的创业教育太过于注重理论知识的讲授,不能联系实际创业案例进行分析,因此对于目前的创业教育并不满意。高校应该加强创业中思想政治教育的实践性教学,就是要求教育者依据大学生当前阶段对知识的接受规律,充分引导大学生发挥主观能动性、创造性思维,为大学生提供创业实践平台或模拟实际情境,使得大学生可以通过实践教育活动获得亲身体验和感受。此类实践教育活动,主要是指作为"第一课堂"上理论教学的拓展和延伸,它就是要将思想政治教育的内容隐性渗透于实践活动之中,对学生产生潜移默化的影响,使得学生在做中体验,深受创业精神的感染。要丰富创业中的思想政治教育实践教育内容,具体而言,我们可以从以下几个方面来进行。

第一,以创业策划、设计大赛为代表,推行多层次丰富的创业实践教育类竞赛活动,

学生可以通过模拟创业情境对自己的创业计划方案进行实际操作，教师在此过程中也要不断引导大学生吸收所学的创业基础知识、提高团队协作意识、坚定创业态度、秉承创业精神，引导大学生感受创业过程中可能遇到的压力，进而学会进行自我心理疏导。

第二，定期举办创业教育讲座、沙龙，邀请创业成功人士和正在努力创业的青年人与大学生进行面对面的交流。让他们丰富的创业经历、独特的个人魅力激发大学生的创业激情，开拓他们的创业思维，增强他们的创新意识。让这些创业示范性榜样促进大学生更加坚定创业的信心与决心，挖掘出自身的创业潜质。

第三，要充分发挥学生社团的组织优势，以此为平台，积极开展社会实践活动，在校外课堂中亲身体验企业运行模式。首先要积极鼓励和倡导成立各种以创业教育为主题的学生社团，并成立专门机构、委派有经验的教师加强对此类社团的管理和指导，将其打造成为能使更多学生参与的创业综合素质培养平台。高校应该面向社会，尽可能地与一些企事业单位建立友好合作关系，让具备一定创业基础知识和创业基本素质的大学生代表利用课余时间在其中参加调查研究和实践锻炼。深入企业了解其运行模式，了解企业在最初创业时所遇到的问题；深入社会了解当前的创业市场环境；同时也对自己应当具备的创业综合素质和能力有一个更加清晰的认知，从而能够通过创业教育中的思想政治教育有针对性地完善自己的创业知识结构和创业综合素质。

第四，组织或参与创建大学生创业实践基地。大学生对于高校创建大学生创业实践基地十分渴望。各地各高校应该尽可能的积极参与到这样的政府引导型大学生创业孵化基地中去，借助其平台和资源，在学校内选拔确实具备创业素质的人才，将其可行性较高的创业项目规划放置于孵化基地中，请专家给予评估和帮助，这也是争取到项目投资，提高创业成功率的有力途径。由此一来，既为大学生提供了创业实践指导，又充分发挥了大学生作为创业主体的能动性作用，让大学生通过真实的创业实践活动，体悟到需要具备的创业精神和创业心理品质，增强创业能力，提升创业综合素质。

（三）把握高校创新创业教育中思想政治教育的四个重点

第一，要培育大学生于创业过程中树立远大的理想、坚定的信念。通过思想政治教育的熏陶，促进大学生树立正确的世界观、人生观、价值观，从而引导其自身具有积极的创业观。我们要充分发挥思想政治教育的正面导向作用，通过高校创新创业教育中的思想政治教育，将自己的创业目标、创业理想建立在满足于社会价值之上，脱离单纯谋利的功利性层面，上升至以实现社会责任、时代责任来创业的价值高度，将实现个人价值与为社会主义现代化事业做出自身贡献结合起来。

第二，要培育大学生于创业过程中开阔视野、丰富知识。扎实的专业知识功底是大学生更好开展创业的保证。通过专业理论教育与实践教育的学习，使大学生更好的感知和理

解创业基础知识、创业所具备的综合素质与能力；结合自身实际情况，不断有针对性的学习，完善自身创业教育知识结构。只有通过不断的学习、吸取营养才能使自身更全面的发展，才能使自己的知识更丰富，视野更开阔，在创业过程中具备创造性思维，具有发展的眼光，敢于创新，真正成长为全面自由发展的创业型人才。

第三，要培育大学生于创业过程中保持高尚的品德、诚信守法。要在教育中不断提升学生的道德品质和法律素质。品德高尚、诚信守法的人会具有强烈的事业心、社会责任感、奉献精神和法律意识，这正是在当前竞争激烈的市场经济环境下，大学生创业者所必需的。"信则立，不信则废"，要培育大学生踏踏实实用自己诚实的劳动、合法的经营去创业，讲文明，讲道德，讲奉献。这才是大学生形象的代表，这才是我国社会发展所必需的。只有品德高尚的人才能有积极向上的动力，才能在创业过程中顽强拼搏，去实现自我的人生价值。

第四，要培育大学生于创业过程中开拓进取、艰苦创业。这是大学生创业所必须具备的创业精神和创业斗志，这也是根据当下大学生保守、一味求稳的实际心理状况所决定的。很多大学生不选择创业的原因是"惧怕创业过程中的艰辛"，同时也有过半的大学生不愿意创业是觉得创业压力太大，害怕自己承受不了可能遇到的挫折，这反映出大学生面对创业没有信心，存在畏惧的心理特点，这也是阻碍大学生创业的心理因素之一。这进一步说明了高校急需重视对高校创新创业教育的研究，其中特别应该包括加强对大学生创业品质的培养，这也就非常需要创业教育中的思想政治教育发挥其完善心理品质的功能。创业需要胆识，需要长远规划，需要开拓进取，只有这样才能够跟得上时代发展的要求。创业过程中也难以一路顺风，更加需要大学生磨砺出积极的心态，艰苦奋斗、锲而不舍的精神，对于在创业中所遇到的挫折能够坚强面对，促使创业顺利进行下去。

三、探索高校创新创业教育中多样化的思想政治教育方法

（一）转变教育模式，着力强化大学生的主体意识

在我国，受传统应试教育的旧体制、社会传统思想等影响，大学生创业的现象并不普遍，尚属新事物，大部分大学生就业态度保守，一味求稳；普遍缺少自主创业意识和内在动力，缺乏常识性的创业知识，创业能力低下，于是毕业后就只好被动就业。同时，这部分学生自身也缺少创业精神与创业斗志，害怕吃苦，所占比例过半。这说明，我们急需强化大学生对于创业的主体意识，要激发他们的自主创业动力。因此，在高校创新创业教育中的思想政治教育过程中，要注重转变旧的教育理念、教育模式，要做好以下几点。

第一，引导大学生以"自我教育、自我管理、自我服务"为立足点，给予自身正确的角色定位，强化自身主体意识，明确自身在教育过程中应该充分发挥主观能动性的作用。

　　第二，提高大学生对创业的理解和认知，充分调查他们对于创业的热情和积极性，激发大学生的创业意识，最大限度的挖掘大学生的创业潜能，要让创业理念深入大学生的心中，使他们能够积极主动地开始今后的创业生涯规划，并且勇于将适时可行的创业策划付诸实践行动。

　　第三，要让大学生清楚认识创业所必须具备的知识结构和综合素质，认识到自身不足之处，明确今后努力方向，不断充实和完善自我。教育活动的真正意义应该是价值引导与自主建构辩证统一的活动过程，是教师引导和学生充分发挥其主体作用的有机结合。因而，在高校创新创业教育中的思想政治教育里，我们要转变传统的被动灌输教育模式，教师要对学生进行启发式、引导式教育，更重要的是要调动大学生的主观能动性，充分发挥大学生的主体作用。

（二）拓展教育方法，着力提升教育实效

　　在创业教育中思想政治教育的过程中，我们必须通过丰富的教育方式方法，将理论性教育与实践操作锻炼结合起来，才能够真正提升教育实效性。

　　高校首先应该重视通过课堂教学、专业讲座及沙龙、媒体宣传等形式引导大学生积累丰富的创业教育基础知识，拥有一定的理论功底；通过专门的思想政治教育工作培养大学生正确的创业价值取向，让大学生清楚认知自身所必须具备的创业精神、创业心理品质、创业实践能力等创业综合素质。促使大学生可以结合自身实际情况，制订可行性较高的创业策划方案，科学合理的规划未来的职业生涯。

　　另外，在把握好"第一课堂"的同时，高校应该尽可能地为学生提供多样化的创业实践锻炼平台，通过丰富多彩的实践教育活动，帮助大学生真正领会所学到的理论知识，锻炼大学生的创业能力，磨砺他们的创业意志，激发他们的创业精神，最终提高他们的创业综合素养。

　　具体而言，除了在前文中所具体讨论的丰富教学内容的方式以外，在适应时代发展新要求的影响下，高校还可以通过以下两种教育方法来提升创业教育中思想政治教育的实效性。

　　第一，将思想政治教育融入至互联网教学中，创立大学生创业网络主题专栏，进一步拓展高校思想政治教育的空间和渠道。可以依托高校主页、贴吧、微博、微信公众平台建立创业教育板块，对大学生进行创业知识普及、创业精神感染，把思想政治教育内容也巧妙的融入其中，利用身边的优秀人物和感人事迹来影响学生，树立典型教育案例，特别是白手起家最终通过自身不懈努力取得创业成功的企业家经历，由此引导大学生坚定创业态度和创业决心，树立自身的创业理想目标与价值定位。另外也要加大网站的宣传力度，加强对于互动环节的建设，积极鼓励更多师生参与其中进行沟通交流。这种基于网络平台的

交流模式更容易让学生打消心中的顾虑，使教师获得学生内心的真实想法，在教学过程中也可以针对学生的心理状态调整教学规划，从而不断满足大学生对创业教育的实际需求。

第二，高校还应该积极鼓励学生尝试进行网上创业，这类创业方式投入资金相对较少，风险也较好把控。随着信息技术在校园内的广泛应用，高校校园电子商务获得了快速开展，进行网上创业已成为大学生追捧的一种新时尚。网络接入、网络购物已成为中国网民最大的开支项目，我们的创业教育应该结合这一现实经济情况，引导更多的学生把握住此中商机。高校思想政治教育工作者应当科学分析、合理引导和鼓励大学生的网上创业行为，加强培训大学生学习网络买卖所涉及的电子商务知识、网络政策法规，这既是繁荣我国电子商务市场、有效扩大内需的一项重要途径，又可以促进大学生在实践操作过程中不断完善自身的创业能力和创业素质。

四、加强高校创新创业教育中思想政治教育的师资队伍建设

（一）强化专职教师培训，提高教学质量

高素质高水平的师资队伍将是提升创业教育中思想政治教育质量的重要力量，他们是培养全面发展创业型人才的主力军。他们应该具备深厚的理论知识功底和丰富的创业教育实践经验，最好是自身就拥有创业经历，那么他们的创业精神、生活阅历和独特的个人魅力将会深深感染大学生，激励大学生燃烧创业激情与创业斗志，直接影响大学生创业综合素养的提升。

当前，大多数大学生对当前学校所开展的创业教育效果是不满意的，尽管如此，但他们还是希望"思想政治教育工作者承担创业指导的责任"以此来提升创业教育的实效性，这说明他们依然对教师提供较高质量的创业教育怀抱希望。针对这一现实状况，高校必须利用校内外一切资源，整合创业教育中思想政治教育师资队伍力量，加强对教师的专业培训，着力提升教育质量。

为此，高校需要形成明确的培训机制。

第一，通过一定的教学考核标准，分期分批积极组织符合考核标准的专职师，包括思想政治教育、创业教育课程授课教师，各部门单位团委、大学生创业就业指导中心管理人员，学生辅导员等主要师资力量外出参加更高水平、更高平台的创业教育专职培训，或是鼓励教师自主外出培训深造，提高自身的业务能力。

第二，每年定期选派在创业教育工作方面业绩突出的专职教师深入企事业单位交流学习、深入社会参加市场调研等，了解各单位从最初创业开始运行管理的"第一手"资料，在创业过程中积累下的实际经验和曾经遭受的不顺利境遇，亲身体验创业的整体过程，体悟创业者的人生经历和其创业精神的感染力。在此基础上，提炼整理出具有时效性、代表

性的经典创业案例，运用实践案例教学法使得学生能够更直接地吸收和接受教学内容，提升教学质量和教学实效性。另外，学校要有组织地开展专业领域报告交流会，鼓励、安排参加培训或交流的教师共享学习心得，总结所吸收到的教学经验，在更大范围的教师队伍里加深对创业教育中思想政治教育的创新研究，更加科学合理、与时俱进的进行教学内容规划，提升教育质量。

第三，组织教育工作者进行语言沟通技巧、创业心理健康培训辅导等相关课程的学习，进一步提高自身教学综合素养与个人讲学魅力。善于运用创新性教学思维，言传身教，将思想政治教育内容渗透到创业教育之中，着力于提升教学的实效性。

（二）完善师资选拔制度，构建专兼职相结合的师资队伍

我们要选拔出更加优秀、综合素质过硬的师资队伍来进行创业教育中的思想政治教育，就必须要完善师资队伍选拔制度，构建专兼职相结合的多样化师资队伍。

首先，必须坚持公开、公正选拔，公平竞争的原则，既有利于使最优人选脱颖而出，又能够充分调动相关教育工作者的积极性和主动性。经过院系领导的推荐、自我申请、其他教育工作者的内部评估认证等渠道可以选拔出真正愿意并且有能力承担此项工作的教育者，其主要构成力量应该是作为教育活动决策者的行政管理层人员、作为中坚力量的思想政治教育、创业教育课程教师和作为广大师资队伍根本的辅导员。

其次，针对我国创业教育中思想政治教育师资队伍的现状，一方面，高校应该开办创业教育讲坛，极力邀请创业成功人士和多年从事创业教育研究的资深专家到学校与校内教师面对面交流，在沟通交流过程中汲取他人的创业实践经验或实践教学经验；或是通过培训机制鼓励教师"走出去"，深入企业、深入社会。另一方面，在高校创业教育管理部门的统一协调指导下，应该聘请一部分极具代表性的、拥有专业精神与创业实践经验的兼职教师来与校内专职教师共同组成创业教育的师资队伍。包括创业成功者和企事业单位管理人员，为他们提供讲学和宣传平台，同时他们较高的专业化水平、丰富的创业实践经历会进一步充实大学生的创业知识，他们的创业精神、过硬的创业综合素质也会进一步激发大学生的创业热情，坚定他们的创业决心，使大学生意识到自身还有哪些不足之处，有针对性的不断完善和提升自身创业综合素质和能力。

五、创造高校创新创业教育中思想政治教育的良好发展环境

（一）提升校园创业文化建设，营造良好的创业教育氛围

我们必须高度重视学校创业文化建设，加大力度落实、宣传创业教育活动。良好的校园文化氛围是一种重要的教育感染力量，它以某种特有的潜在作用影响着大学生的思想品

德和心理素质，是高校开展思想政治教育工作的一条重要途径，将思想政治教育融入创业教育工作中，就必须创造有利于创业教育发展的舆论氛围和校园文化环境。

首先，高校可以通过课堂、交谈对话、媒体平台、讲座沙龙等各种渠道宣传、渗透创业教育中思想政治教育的思想，使其深入校园思想文化建设中、深入广大师生的心中；高校要抓好高校创新创业教育的网络教育平台建设，开展网络课堂平台传授理论知识，开发网络模拟培训平台使得学生从中加强对创业实践过程的认知，也加深对自己所具备的创业能力和基本素质的了解，促进今后学习的针对性，同时更有利于大学生做出适合自身实际情况的创业规划；高校要有组织地开展丰富多彩的校园创业实践活动，例如举办以团队为单位的创业专业竞赛、鼓励学生申请创业实验项目、通过文体活动有针对性的培训学生所必须具备的创业综合素质等，大力开辟"第二课堂"教学平台、实践基地，鼓励更多的师生主动参与其中，在实践中体验，耳濡目染，接受创业教育的文化熏陶。在创业实践活动中融入良性竞争，进一步激励大学生的创业积极性，培养他们的心理承压能力；积累施行创业策划的经验，提高创业综合能力。

（二）整合力量，构建高校创新创业教育的全社会支持体系

第一，要加强政府的支持力度。我国政府虽然非常鼓励大学生自主创业，并且出台了一系列优惠、支持政策，但缺少鼓励开展高校创新创业教育中思想政治教育的规划、目标与具体参考细则，这些政策结合各地、各高校实际情况下的落实程度并不理想。国家和地方政府都应做出积极努力，成立相关政策促进部门进行指导和督管，确保政策可以落实到位。以政府为主导，联系高校、社会组织合力创建创业孵化基地，鼓励更多的学生、企业团体入驻基地。另外，政府还可以出面委托相关单位设立大学生创业咨询、培训机构，邀请成功创业者、企业管理人员与大学生面对面交流，以他们的实际经验和专业精神对大学生创业者进行指导。

第二，要提升全社会的认可程度，强化社会力量的支持力度。当前，社会受传统既定理念的影响较深，加之我国创业教育的研究起步较晚，整个社会范围内对创业教育尤其是创业教育中的思想政治教育认识不到位，认可程度、重视程度皆不够。需要社会、政府相关组织构筑良好的创业教育宣传平台，将创业教育中的思想政治教育渗透至网络、电视、广播、报纸、社区展板等多种媒介中去，渗透到群众的生活中去，使老百姓加强对创业的认知，逐渐提升他们对创业教育中思想政治教育的认同度，慢慢转变他们一味支持大学毕业生稳定就业，对创业敬而远之的态度，减少大学生创业的社会压力，在全社会形成积极鼓励支持大学生创业的氛围。一方面，要鼓励社会各股力量的积极参与，为大学生提供创业机会。

第三，家庭是人生的第一成长环境，家庭教育具有学校教育、社会教育不可代替的地

位和作用。如果大学生家长在他们的子女成长过程中，采取积极支持、关心的态度去面对他们创业，对创业实践本身抱有坚定的信念和顽强的斗志，就更能够激发出大学生的创业兴趣和激情，树立符合学生自身实际特点的创业理想目标，同时在无形中对大学生形成更加健全的创业人格起到正面带动作用。

第二节　创新创业教育融入思想政治教育中的路径选择

一、将创新创业教育贯穿于大学生思想政治教育课程教学中

（一）把创新创业教育与马克思主义理论教育结合起来

创业意识是创业者必须具备的创业前提，只有具备了创业意识创业者才能进行创业行动。创业者在当代社会应具备多方面的创业意识，主要包括：一是创业主体意识。创业者成为创业实体的主体，创业者不同于其他职业人，是为自己的企业或公司创造价值、创造财富，企业或公司的运营情况直接与创业者的前途命运息息相关。这种创业主体意识促使创业者在创业过程中产生巨大的动力，充分调动创业者各方面的才能，发挥创业者的主观能动性积极创业。二是资源整合意识。创业者充分利用现有的信息、资源，有机搭配、整合资源、弥补劣势，将创业资源、要素整合到最佳状态，为自主创业提供保障。三是创新意识。创业本身就是一种创新，因此要求创业者必须具备创新意识。创业者想要创业，就是要打破现在已有的格局，另辟新路才能创造更多的利润。每一个创业者的创业历程都是不一样的，创业者在遵循规律的基础上结合自身特点和时代背景进行创新，可为创业实体创造更大的价值和利润。四是风险意识。创业过程存在各种风险，创业者必须谨慎决策、合理经营，主动规避各种风险。同时具有承受风险的意识，正确面对和处理风险的意识。五是商机意识。创业过程中存在各种机遇，但是稍纵即逝。创业者要对商机具有预见性，准确判断、把握时机、主动出击，为自己的才能、技能发挥提供平台并为创业实体创造高额利润。

大学生的创业意识中包含了马克思主义的基本理论，因此在对大学生进行马克思主义理论教育过程中培养大学生的创业意识，也就是将创新创业教育与思想政治教育结合了起来。创业主体意识符合马克思主义的历史唯物主义观点，人民群众自己创造历史，人民群众是历史的创造者。无数个自主创业者就是人民群众，无数个创业者自主创业就创造了历史。资源整合意识符合马克思主义的唯物辩证法，认为世界是普遍联系的，世界上的一切事物都不能孤立存在，整个世界是一个相互联系的统一整体，联系是事物本身固有的，它

不以人的意志为转移。资源整合意识就是创业者将创业过程中的各种资源、要素有机地联系在一起，实现资源的优化配置，为创业提供准备。创新意识符合马克思主义的唯物辩证法，唯物辩证法认为辩证的否定是事物自身的否定，即自己否定自己，自己发展自己。创新意识是创业者在综合考察各方面因素的基础上，对当前存在创业实体的辩证否定，去除创业实体中的不利因素，发展原有创业实体不存在的有利因素，创建新的企业或公司，实现新的发展和突破。风险意识符合马克思主义的唯物辩证法，唯物辩证法的根本规律是对立统一规律，事物及事物之间都包含着矛盾。创业过程既可创造利润和财富，也会造成财产损失，所以创业者应该辩证地看待创业，充分利用创业的有利条件，避免不利条件。商机意识符合马克思主义的唯物辩证法，商机就是创业者在纷繁复杂的关系和事物中，抓住创业过程的主要矛盾，就抓住了商机并解决矛盾。

（二）激发大学生的创业热情，把创新创业教育与理想信念教育结合起来

大学生的创业热情是创业的前提，只有具备创业热情，才能把创业美好设想、大学生远大理想抱负付诸实践。创业热情不仅能够激励创业不断取得成功，而且还能够激励大学生不断创新，打破现有的格局，推陈出新。创业热情还能够帮助大学生克服当前的挫折和困难，保持积极乐观的心态，坚信前途是光明的。国家领导人多次强调创新是一个民族的灵魂，是一个国家兴旺发达的不竭动力。大学生是国家发展最新鲜的血液和动力源泉，激发大学生的创业热情，是国家实现产业升级、深化经济体制改革的重要途径，是国家实现创新发展的重要途径。充分调动大学生的创业热情，使大学生具有饱满的热情投入到创业实践中，活跃的思维、积极的心态可激发大学生主动创新潜力，为实现国家的创新发展提供必要准备。充分发挥思想政治教育的优势，把提高大学生的创业热情和理想信念教育结合起来，培养大学生创业的远大理想和坚定信念有了远大的理想和奋斗目标就有了不断前进的动力和热情。

理想信念教育是大学生思想政治教育的重要环节，理想信念是一个人前进的动力和不断奋斗的目标，大学生作为国家的栋梁之材，更应该加强他们的理想信念教育，使他们不甘于平庸、不断拼搏的勇气和实现人生梦想的信念。当代大学生缺乏吃苦耐劳、艰苦奋斗的精神，通过理想信念教育坚定大学生创业成功的信心和意志，提高大学生抗压受挫能力，为实现创业的理想目标坚持不懈、持之以恒的奋斗。理想信念是大学生创业的重要保障，一个没有理想信念的创业者是不能成功的。通过理想信念教育提高大学生创业的信心，使大学生意识到虽然创业道路是艰辛的、曲折的，但是未来是光明的、美好的，不要因为眼前短暂的困难而阻挡了远方的成功。

在大学生思想政治教育中，把理想信念教育与培养大学生的创业热情结合起来，既要使大学生自觉地树立起中国特色社会主义和共产主义的理想信念，又要使他们联系自身发

展情况，改变传统的职业价值观，充分发挥专业技能积极主动创新创业。不仅解决自身发展问题，还让他们意识到作为当代有志青年在现代化建设中的历史使命，充分发挥主人翁意识，在实现个人价值的同时实现社会价值。大学生思想政治教育引导大学生将所学的科学文化素质转化为现实生产力，主动参与创新创业实践活动，通过创业为国家发展注入强大动力，增强国家的综合实力、提高国际地位，在国际竞争中立于不败之地。

（三）规范大学生的创业行为，把创新创业教育与道德法制教育结合起来

创业行为是创新创业教育的重点，是引导大学生正确创业、成功创业的关键。但是创业过程中的创业行为纷繁复杂，每个行业的创业行为又不尽相同，而且大学生创业实践经验较少，在创业过程中容易出现不规范的行为，因此单纯依靠创新创业教育规范大学生的创业行为不是最佳有效的方法和途径。有些创业者为了追逐利益，不择手段地积累财富，生产对消费者有害的产品，面对利益的诱惑，仅仅依靠创新创业教育不能使创业者悔过自新。大学生的创业行为是创业的关键，甚至对大学生的人生发展产生深远影响，同时大学生的创业行为培养是一个长期的过程，需要经过长时间的正确引导和训练才能够形成，单纯依靠创新创业教育不能及时解决大学生创业行为中存在的问题，通过思想政治教育对大学生进行道德的、法制的教育，逐步规范大学生的行为。

创新创业教育是通过对大学生创业动机和创业目的的引导，使其学习创业基本理论知识和实践技能，并使其积极主动地创新创业，在获得物质满足的同时，实现个人的自我价值和社会价值。创业行为是创新创业教育的表现，而创新创业教育对创业者的约束力是有限的，因此，创新创业教育必须与职业道德和法制教育结合起来，运用职业道德和法制教育规范创业行为。职业道德和法制教育是思想政治教育的组成部分，通过思想政治教育可弥补创新创业教育的不足。在中国传统观念中，特别注重个人道德品质的修养，一个成功人士不仅要有良好的办事能力，还应具备良好的道德品质，因此职业道德是每一个创业者必备的职业素质。职业道德，是指从事一定职业的人在职业生活中应当遵循的具有职业特征的道德要求和行为准则。我国对人们在职业生活中的基本要求是爱岗敬业、诚实守信、办事公道、服务群众、奉献社会、素质修养，因此在大学生思想政治教育中，也应以此标准引导、规范大学生的职业道德行为，充分发挥道德模范的带头作用，大力宣传成功人士的英雄事迹，号召大学生积极向道德模范、先进分子学习。

大学生思想政治教育在培养大学生良好的道德素质的同时，还要为学生普及社会主义市场经济的法律规范，使大学生在创业过程中知法、懂法、守法、用法，充分利用法律赋予的权利，同时遵守相关法律规范。如果没有相关职业法律法规知识，大学生在创业实践中可能会触犯相关法律法规，了解掌握法律法规可避免这种事情的发生。因此应发挥思想政治教育的优势，培养大学生的法律意识，引导大学生积极主动学习相关法律知识，保证

创业活动合法有序地开展，减少不必要的权益纠纷，同时充分利用法律赋予的各项权利维护自身利益，保障企业正常运营。

（四）调节大学生的创业心态，把创新创业教育与心理健康教育结合起来

创业心态与创业技能、创业管理、创业机遇等因素不同，是由创业者的主观条件决定的，在其他因素都相同的两位创业者中，可能因为一位创业者心态的变化，就会造成失之毫厘差之千里的现象，因此创业心态在实践活动过程中起重要的决定作用。心态在心理学中叫态度，是心理态度的简称，是人的意识、观念、动机、情感、兴趣、气质等心理状态的一种。创业者不仅要具有成功时不骄不躁的心态，也要具有失败时积极乐观的态度；不仅要具有脚踏实地、日积月累的心态，也要具有自信、不卑不亢的态度；不仅要具有不断学习的态度，也要具有不断创新的心态。创业者必须要有从零开始的态度，任何投机取巧、外在帮助都不如实干来的真切，创业者不能有一夜暴富的心态，创业必须要经历不断积累资金、积累经验、积累人脉的过程。创业者必须要有付出的心态，可能会出现投入与产出不成正比的现象或者别人不需要付出很多就可成功的现象，需要创业者调整心态，立足自身企业发展，深入分析出现问题的原因，可能是因为回报周期长或者自身企业存在问题。创业成功需要经过漫长的积蓄过程，创业者必须保持平常心，默默做好前期的积累，等待厚积薄发。良好的心态是创业者取得成功的关键。创业者必须要有虚心学习的心态，努力学习成功创业者的优秀品质、管理经验、先进理念等，学习别人的长处为自身企业发展所用，汲取别人失败的教训。

二、将创新创业教育融入大学生日常思想政治工作中

（一）加强辅导员引导作用，创造良好的融入基础

在大学生的成长过程中，高校辅导员起着重要的作用。辅导员指导大学生提高自身的道德素质，帮助学生解决生活中遇到的困难，疏导大学生的心理问题和情感问题等。大学生在创业过程中难免会遇到困难，高校辅导员可以充分利用自身优势，深入到大学生内部，了解大学生的真实现状和心理想法，结合不同学生的情况帮助学生克服困难、经受住考验、积极面对挫折，及时解决突发状况。

加强辅导员对创业大学生的心理辅导。面对当前严峻的就业形势，虽然许多大学生已经转变了职业价值观，把自主创业作为解决就业的重要途径。辅导员是大学生日常生活的主要管理者，他们可深入到大学生生活的各个方面，了解大学生和大学生谈心。同时，大学生对辅导员也没有距离感和抵触感，使得辅导员和大学生的交流是平等的，也利于大学生更真实、更信任的表达自己的想法和心理矛盾。创业初期大学生的心理状态是最不稳定

的，面对突如其来的状况和各方面的压力，认为创业与自己想象的完全不同，此时应该加强辅导员对大学生的心理辅导，及时解决心理顾虑，树立创业的信心，坚定创业信念。心理状态对大学生创业产生深远的影响，良好的心态使大学生充满信心，帮助大学生收获意想不到的结果；而不好的心态使大学生日渐消沉、自暴自弃，即使暂时能够成功，最后的结果也会失败。因此加强辅导员对大学生的心理辅导，消除大学生的心理顾虑，增强大学生承受挫折和自我调节的能力。

加强辅导员对创业大学生的职业生涯规划教育。职业生涯规划是对决定一个人职业生涯的主客观因素进行测定、分析和总结。职业生涯规划是大学生创业的必要准备，只有在明确了职业生涯规划的基础上，才能有明确的创业目标。职业生涯规划不仅使学生结合自身因素、社会因素、环境因素等多方面找到适合自己喜欢的工作，而且帮助学生真正了解自身能力在社会发展中的地位，了解自身需求，为学生做出行之有效的短期、中期、长期发展规划。辅导员可为创业大学生制订生涯规划，结合每一位大学生的特点，制订个人专属的创业生涯规划。帮助不同学生分析其在创业中的优势和劣势，充分发挥优势能力，尽量弥补劣势能力，规避劣势带来的创业风险，优化整合创业资源。

（二）借助校园文化，营造良好的融入氛围

校园文化是大学生思想政治教育宣传的主阵地，对大学生的思维方式、价值取向、行为方式的形成和发展起着深远持久的影响。大学生在学校中每天都会直接或者间接的接触到校园文化，校园文化作为一种软文化，可延伸到大学生学习生活的各个方面，对大学生的行为产生潜移默化的影响。借助校园文化宣传的载体，营造良好的融入氛围，使大学生重视思想政治教育在创业中的指导作用，培养大学生在思想政治教育中提高创业实践能力的意识，增强创业意识和创业动力，形成良好的创业品质和创业精神。校园文化为大学生营造一个朝气蓬勃、创业氛围浓郁的校园环境，使大学生在无意识中接受熏陶，不断向着校园文化中所倡导的方向发展。

充分利用校园海报、校园广播、校园网络、校报校刊等宣传渠道，设立创新创业教育融入思想政治教育专题，大力宣传思想政治教育指导大学生成功创业实践的案例，使大学生重视自身的道德素质、心理素质和精神品质的培养。

充分发挥学生社团组织的带头作用，学生社团是大学生自发组织的，将相同兴趣爱好特长的学生集结在一起，分享信息、充分利用资源、相互借鉴学习，而且更容易得到大学生的认同和接受。鼓励学生社团举办以创业为主题的各类实践活动，使越来越多的学生参与到其中，将大学生头脑中的创业设想付诸实践，体会社会实践的真实感觉，寻找设想与实践之间的差距。在创业实践活动中，激发大学生的创业灵感，提高大学生的意识和动机，提高经营管理能力。支持建立专业的创业社团，免费为大学生提供创业帮助，教授创

业流程和创业技能，提高创业的能力和信念，打造成为大学生创业者交流信息、资源、互相帮助的创业平台，还可整合大学生创业团队，组建优势互补的优秀创业团队。学生社团组织还可以对创业大学生进行理想信念教育、道德法制教育、心理健康疏导，使大学生不仅关注创业本身，还应关注自身思想的、道德的、心理的发展，这些可能对创业实践产生决定性影响。

（三）提升社会实践的深度广度，打造良好的融入途径

创新创业教育不仅仅是教授创业理论知识，而是让学生能够将创业的理论知识融会贯通，运用到社会实践中去，将理论与实践相结合，使大学生形成系统、完整的创业学习框架。社会实践对学生的创业经历是非常重要的方面，真正参与社会实践才能让学生真正认清自己的创业目的、目标，确立正确的创业方案，兼备能力与头脑解决创业过程中遇到的问题。通过社会实践认识到成功的企业家不仅具有卓越的经营管理能力，还具有感染人的优秀人格魅力；认识到思想政治教育对于创业的重要意义，开始关注自身在实践过程中的精神品质、道德素质和心理素质发展变化，并开始努力提高自身素质。使大学生开始认真学习思想政治教育的基本理论课程，利用思想政治教育自我反思，同时能够确立学习的目标，通过实践，学生能够认识到自己的不足，从而有针对性地确定需要学习哪些方面，向谁学习等。实践促进学习，学习能够更好地指导实践。

社会实践是一个能够促进学生全面发展的大舞台，这里有最真实的创业场景，能够让学生真正的经历创业的完整历程。从没有想法，到想法的确定，到目标的确立，到创业的所有准备工作，到真正的实施行动，最终目标的实现。真正的社会实践，不仅能够让学生经历创业过程，从中获得无数的实战经验，更能给学生带来前所未有的成就感。这些经验与满足感能一直伴随着学生，为今后自己的创业事业带来鼓励与坚定的信念。

三、构建保障系统，将创新创业教育融入大学生思想政治教育中

（一）师生共同努力，提高创新创业教育融入思想政治教育的质量

大学生在校期间不仅要努力学习提高自身知识储备，而且要注重思想政治教育提升自身素质水平。大学生作为创新创业教育和思想政治教育的主体，应该充分认识到两者的内在联系，认识到加强自身认识水平对创业实践的重要作用。部分大学生在校期间只是一味地学习科学文化知识，不重视思想政治教育，少数大学生甚至轻视思想政治教育，认为其毫无用武之地，这种做法是完全错误的。大学生应该从自身做起，改变对思想政治教育的轻视态度，认真学习基础理论知识，充分认识到两者对整个人生发展的重要导向作用。大学生应该端正对待创新创业教育的态度，要目光长远，不要太看重眼前利弊，即使不选择

创业，也应该积极学习创业知识，对以后职业发展具有重要的影响，甚至可应用到以后的创业实践中。大学生不仅要对创业相关的基础理论知识了然于心，更该注重内在修养的同步提升，因此大学生更应该认真学习思想政治教育中对大学生创业相关的精神、品质、道德和心理等方面的教育，在实践中调节创业心态、塑造创业精神、培养创业道德，使自己得到全方位的提升和发展。创新创业教育融入大学生思想政治教不应停留在表面，而应该是深层次的融入，想要做到把所学所想完全内化就需要不断地实践，在实践中不断加深认知程度，改正错误的认知，感悟新的认知，因此需要大学生从自身做起，改变自己已经有的观念，树立创新创业教育融入思想政治教育的新观念，在创业实践中遇到思想问题、心态心理问题，及时向思想政治教育老师寻求帮助。同时大学生可向学校提出建议，主动要求思想政治教育老师定期给创业的学生进行精神培养和心理辅导，安排思想政治教育老师随时为创业者提供心理咨询等服务，遇到自己短期无法解决的问题，不要固执己见，要敢于向他人求助，这样才能迅速成长起来。

作为大学生在校期间生活、学习等多方面的导师，大学教师对大学生的成长发展起着重要的导向作用，面对当前的形势，不仅大学生应该主动去改变自身的错误看法，教师也应该改变对大学生的教育方式，不仅要注重知识培养，同时也应该注重素质的提升，教师应该改变传统的人才培养方式，依据社会发展的新需求，确立新的人才培养目标。时代飞速发展，社会也在不断进步，当前社会不再需要应试能力强的大学生，而是需要具有实际操作能力的健全人格的大学生，因此高校教师在教学中，应注重加强实际操作能力。教师在积极鼓励大学生创业的同时，一方面应引导大学生理性创业，不是所有的大学生都适合创业，要多与学生交流，充分了解他们的性格特点、个人素质、人生理想，综合他们的个人意愿选择适合创业的大学生鼓励其创业，对于不适合创业的大学生，教师也要给予相应的重视，依据每个人的个人特点，帮助他们分析和规划职业生涯，引导其选择其他方式就业。另一方面在鼓励大学生创业的同时，应注重大学生的全面发展，注重对大学生道德、品质、人格的完善。

（二）高校采取有效措施，促进创新创业教育融入思想政治教育

只有学生和教师的努力还远远不够，创新创业教育融入思想政治教育不是一句空口号，而是要切实地去做，脚踏实地地去推进，这必然需要高校的参与。高校是实现融入的主舵手，高校应从办学理念、课程设置、师资队伍等方面着手。打造既具有理论知识和实践经验又具有思想政治教育能力的师资队伍是实现创新创业教育融入大学生思想政治教育的关键。高校可以积极鼓励教师带领学生参加各类创业大赛，通过参加实践活动不仅使学生深刻领会到创业实践的各个步骤和程序，而且也锻炼了教师的创业经验和指导能力。选派教师积极参加社会中各种实战培训，巩固教师的理论储备能力，使教师形成科

学、合理的知识体系，同时提高教学实践的可操作性。积极鼓励教师带领学生到创业公司参观学习，真正领会企业怎样在风云多变的商场中乘风破浪，及如何巧妙地运用优惠政策和机遇为公司创造利润，通过学习总结各个创业公司的发展历程，总结创业的实战经验。并且高校要创造条件让教师下企业挂职锻炼，体验创业过程，了解企业运行管理的模式，通过认真研究创业案例，提高自己的创新创业教育能力。高校还可聘请成功创业者和从事创新创业教育研究的学者到学校为教师开设创新创业教育讲座，为大学教师解答创业方面理论研究问题，聘请创业成功人士或企业管理人员担任兼职教师，深入教学一线，走进高校课堂，弥补实践型教师的不足。高校方针、政策细微变化都对大学生和教师产生深刻的影响，因此高校不仅要积极的引导创新创业教育融入思想政治教育，还要制定相关方针、政策，为创新创业教育融入思想政治教育搭建平台，实现两者的良性互动发展，同时既为大学生培养了良好的精神品质、道德素质和心理素质，也为大学生的长远发展铺平了人生道路。

高校还应该改变传统的教育理念，认为创新创业教育和思想政治教育属于不同学科，采取分开教学的方式。当前，学科间的交叉研究是实现学科发展融合的新趋势，知识都是相互承接紧密联系的，所以学科间的关系也是如此，如果把一门学科和其他学科割裂开来研究，则如盲人摸象，无法建立完整的知识体系。要实现发展创新，必须学习借鉴其他学科的优势。而且任何学科不是独立存在的，都与其他学科有着直接或间接的联系。当前，思想政治教育要实现新的发展，也需要与其他学科相互融合，充分利用其他学科的优势资源，实现自身发展。同时也因思想政治教育的包容性和发展性，使得思想政治教育与任何学科都不会排斥，在中国任何学科的发展都需要思想政治教育，思想政治教育也会在不同程度上促进其他学科的发展，因此将创新创业教育融入思想政治教育，既是当前思想政治教育发展的需要，也是当代大学生成功创业的需要。当前，高校应采取各种措施实现创新创业教育融入思想政治教育，例如与自然科学相结合，在学校举办科学知识的竞赛，此为平台宣传科学技术与创新创业，举办一些宣讲会、研讨会，让师生共同参与进来，探讨团队精神，吃苦耐劳、不畏挫折等创业品质。当前与创新创业教育的融合，既符合国家发展的大趋势，也符合学生发展的要求。高校应从教师到学生、从教学理念到教育方式等各个方面改变观念，实现真正的融合。

（三）政府制定相关政策，指导创新创业教育融入思想政治教育

将创新创业教育融入大学生思想政治教育除了高校教师的积极推动外，还需要社会和政府的全力配合。社会的经济、政治、文化的发展和政府的政策对大学生的创新创业教育影响是最广泛的。社会生产力的发展，能够推动社会经济水平的发展，经济水平的提升又能够促进人们价值观和思想意识的提升，有助于大学生创业意识的形成。政府应该顺应时

代发展要求，出台创新创业教育融入思想政治教育的专门文件，在日常思想政治工作中注重培养大学生的创业意识和创业动机，在思想政治教育理论课中加大对创业精神、创业道德、创业心理的教育，在创新创业教育的理论和实践环节加入思想政治教育，解决大学生在创业各个阶段遇到的问题，思想政治教育利于创新创业教育更好地开展工作，利于高校的改革发展。通过政府制定相关政策，引导创新创业教育融入思想政治教育走向规范化、制度化和完善化。

第三节　思想政治教育与创新创业教育协同育人路径分析

创新创业教育是我国创新型人才培养的重要举措和途径，作为一种综合培养，高校创新创业教育既是一种创新创业技能教育，更是一种生存发展的素质教育，在大学生的求职生涯以及创业之路中有着十分重要的作用。但是面临复杂的社会，仅仅掌握外在的技能以及相关的能力也仅仅是达到了外在的"硬件"，心理、思想等"软件"出了问题将会是致命性打击。因此，创新创业中思想政治教育的作用绝对不可以忽视。高校思想政治教育和创新创业教育，需要将理论与实践相结合来更好地促进二者的协同育人，达到综合全面培养创新型人才的作用。除培养大学生创业意识、创业能力之外，更要培养大学生树立正确的价值取向及创业观，坚定理想信念、优良的品质、高尚的品格，以及艰苦奋斗的创业精神等内在品质。内外结合，合理搭建大学生的知识结构，全面提升大学生的综合素质与创新创业能力，从而使其更好地适应日益激烈的市场竞争环境，促进创新创业的顺利进行。

一、实现教育理念的协同育人

随着我国社会经济的发展，对人才需求的发生改变并且相应提高，进而推进教育改革的逐渐深入，使得高校不得不进行教育理念的更新。创新创业教育和思想政治教育作为高校教育、人才培养的重要内容，面对新的形势，需要在理念上进行协同育人。实现二者的协同育人，就是要在思想政治教育中有机穿插创新创业教育的内容，在创新创业指导中强化思想政治教育的作用。二者相互结合，克服传统思想政治教育泛而空的理论弊端，同时补充创新创业教育中思想引导和促进作用。

实现思想政治教育与创新创业教育理念的有效协同育人，具体而言要从两个方面进行。第一，创新创业教育要坚持正确的导向来促进思想政治教育作用和功能的实现。创新创业教育侧重实践，可以作为思想政治教育的有效载体，使思想政治教育更具多样性、趣味性。而思想政治教育起到导向作用，其基本原则就是正确的导向。二者相互结合、相互影响、共同作用。在我国，就高等教育而言，将"立德树人、德育为先"作为基本原则，

这与创新创业教育的"德育为本、创业为用"的教育理念的出发点有着共同的地方，就是从实现人的全面发展这一视角出发，并作为检验一切教育活动是否有效的最终标准。因此，在思想政治教育和创新创业教育的理念协同育人中，要将促进人的全面发展这一理念贯穿始终。

第二，加强思想政治教育的引导作用，促进创新创业教育功能的实现和提升。大多数高校仅仅是将其视为一种响应政策的"运动"，只是将其作为了一种校园文化活动或者是工作的一部分，疏忽了其更为内在的教育作用和含义，而缺乏对于创新创业教育真正深刻的意义。同样的其理论研究也比较薄弱。基于此，高校必须要透过表象深入实质，从人才培养的国家战略角度来审视创新创业教育的地位和作用，将思想政治教育融入，强化学生内在思想素质，培养符合社会发展的综合素质较高的创新型人才，提升创新创业教育的内涵价值。

二、实现教育内容的协同育人

思想政治教育的内容原本比较广泛，容纳性很强，可以将很多学科的内容纳入进来。由于思想政治教育的理论性很强，容易空而泛引起学生排斥，因而近些年思想政治教育也通过"两课类社会实践"等加入了实践等形式。因此不管是从内容上，还是形式上来讲，都可以将不同层次的创新创业教育的内容与思想政治教育的内容融合起来。比如，在思想政治教育中通过案例分析、课堂讨论的形式加入创新创业的内容，拓展理论课堂的内容；或者在"两课类社会实践"、课后作业中设置创新创业教育的环节，比如采取团队项目调研等方式。一方面使得思想政治教育教学增加课堂效果，提高吸引力，使其更具现实感；另一方面运用交叉学科的教学方法，扩充课堂资源和内容，增加学生的创新创业意识和知识。

另外，在思想政治教育实践教学方面的内容中，可以结合创新创业教育安排相关的专题讨论、讲座等内容，一方面能够增加思想政治教育的多样性和吸引性，使学生的创新创业知识更加丰富；另一方面能够从思想政治教育的层面分析创新创业活动行为，能够提炼创新创业精神，来升华其高度。

在创新创业实践中融入思想政治教育。创新创业是一项需要多方面综合能力和素质的工作，尤其创业行为还充满着较高的风险性。它不仅需要一定的专业方面的知识储备以及创新创业技能作为基础，更需要创业者具备较高的责任意识、主体意识、较强的抗压能力、受挫能力，以及独立决策能力等。因此，在创新创业实践中融入思想政治教育也是现代社会人才培养的需求。

在创新创业实践活动中，更多的是侧重于学生创新创业意识、创新创业技能、创新创业知识等方面的加强和提升，这其中会忽略学生的创新创业精神、与国家发展相一致的高

度社会责任感、艰苦奋斗的精神、坚忍不拔的毅力、面对阻力和困难的决胜心等思想层面的教育和培养。这样导致的后果是学生可能没有树立正确的创业价值观，不具有较强受挫能力，不能够客观认识自我以及周围环境，设立不切实际的目标等。这样一旦在学生创新创业过程中出现问题直接会导致失败的结果，并且很有可能引起恶性循环。在创新创业实践教学中加入思想政治教育，能够在丰富创新创业的内容同时提升其理论内涵，加强"软件"建设，提升创新创业教育的有效价值。

三、实践活动的协同育人

思想政治教育和创新创业教育的协同育人，就是要在实践平台中以教育和生产劳动相结合，从而实现高校思想政治教育和创业教育中理论与实践的协同育人。

实现思想政治教育以及创新创业教育中理论与实践的协同育人，主要从思想政治和创新创业教育理论课、校内实训和校外实践三个方面入手，形成多种形式组合而成的育人模式。这种组合下的教育模式，能够最大限度地方便学校理顺理论教学和课外实践的关系，明确各个教育主体的职责分工，从而进行有效的规划和管理，使学生更顺畅地将所学与实际相结合并进行检验。其实施也分为三个方面：两大理论课程的教学工作以及校内实训的指导教师由一线工作的专职学生辅导员和理论课专业教师担任，便于将理论知识结合日常工作的育人理念、管理要求等渗透到教学中，同时将实训和实践环节的考核要求纳入理论课程，更好的做到思想政治与创新创业理论上的协同以及课堂教学与各类课外实践活动的有机结合。

校外实践中，高校要整合校外资源，同企业进行合作。校外实践的指导老师由校内承担两大理论课和实训的部分老师协同校外知名企业家、成功创业者、政府的人力资源管理者和社会投资家等担任。通过与校外企业的结合，让学生切实参与体验企业的运作或科研创造等环节。

通过思想政治教育和创新创业教育理论课、校内实训、校外实践三个环节的有机结合，相互配合，使学生的两大理论课与校内外实践紧密结合，进一步促进其创业价值观、创新创业意识、创新创业能力与思想政治觉悟、社会责任感、社会及自我认知、心理承受能力的融合，培育出符合社会发展需要的创新型人才。

四、实现组织管理的协同育人

高校作为结构设置完备的组织形态，它符合组织管理的所有特征，其运行也是通过一系列的管理活动来完成。实现思想政治教育和创新创业的协同育人，必须要依托高校特定的管理机构进行组织实施，在组织管理层面进行协同育人。具体而言可以从培养协同育人的师资队伍、促进管理部门的实践活动、建设校园创业文化环境几个方面入手。

（一）培养创新创业教育与思想政治教育相结合的师资队伍

高校思想政治教育和创新创业教育都需要高素质、高水平的师资队伍。为更好达到教育教学效果，思想政治教育要求教师除了掌握扎实而丰富的理论功底之外，还要有丰富的扩展能力、调动能力来扩展理论课堂的内容，增加教学的可视感和趣味性。创新创业教育要求教师自主性、创造性地整合调动学习资源，引导、激发学生的创新创业意识、自主创造意识、创新创业精神，使学生掌握创新创业知识、创新创业技能，并引导学生树立正确的三观，以及坚定的理想信念。这不仅要求教师具有扎实深厚的理论功底和基础专业知识，更要具备较高的思想政治觉悟以及丰富的实践管理经验。培养创新创业教育和思想政治教育协同育人的教师队伍，可以从校内培养和校外引进两方面进行。

校内培养可以从三方面入手。首先，高校可以在原有的思想政治教育教师队伍中，通过外派学习、挂职锻炼等方式，培养具备创新创业指导能力和资格的教师。学校应该定期加强对思想政治教育教师的创新创业方面的专业培训，一方面是选派教师参加国家及其创新创业相关部门组织的培训，及时掌握创新创业的最新政策以及国家整体的创新创业教育趋势。另一方面学校可以组织思想政治教育老师参加创新创业能力、技能等方面的培训，或者创业咨询师等，来增强其创新创业实践指导教学技能。由此到达思想政治教育教师能够在思想政治教育过程中合理有效地穿插引入创新创业教育。

其次，高校可以在原有创新创业指导教师队伍中，通过组织学习提升其思想政治理论水平，培养指导教师在创业教育、创业指导中的思想政治教育意识和素质。具体来说，可以通过组织创新创业指导教师参加国家、学会组织的会议、论坛等，扎实了解并掌握最新教育动态。也可以通过提供到党校参加学习班等，全面系统性地提升思想政治理论水平。或者组织开展讲座等系列课堂进行普及，多方面提升创新创业教师的思想政治教育水平和意识。

最后，高校可以组织创新创业教师与思想政治教师共同进行协同育人的相关研究。双方可以共同申报完成思想政治教育项目课题、创新创业教育项目课题，或者交叉组织交流研讨会等，促进两类教师之间的相互交流、相互学习。

校外引进主要是要通过多种渠道，诚聘社会企业家、知名校友、成功创业者、政府创新创业相关部门工作人员、有过成功发明创造经历的人士等作为大学生的创新创业实践导师，同校内班导师或辅导员相结合，共同保证创新创业实践教育的质量和及时性。同时，也要吸纳、聘任在这两方面教学及科研中比较突出的专家，提升学校思想政治教育、创新创业教育的整体教学实力和水平。

（二）促进思想政治教育与创新创业教育协同育人的组织管理建设

高校可以为大学生创新创业素质培养提供有力的机制保障。高校要根据新的发展形势和要求，调整、完善学校创新创业相关管理制度和组织机构。首先学校要认清"大众创业、万众创新"形势下创新创业教育的新的发展要求以及促进思想政治教育与创新创业教育协同育人的重要性和必要性，将大学生创新创业全方面素质培养纳入重要议程，成立由主要领导直接负责的创新创业工作领导小组，建立创新创业指导中心，统筹进行学校创新创业教育相关工作。明确校团委、教务处、思想政治教育学院、班导师和辅导员等各自职责，并协调推进各方面工作，使其各司其职的同时相互配合，全方面提高大学生创新创业素质培养的质量。

大学生创新创业中心更要明确自身职责，在做好相关工作部署的同时，完成自身的任务使命。要及时宣传、解读国家创新创业相关政策，加大其普及程度和宣传力度，及时为大学生在创新创业过程中遇到的问题提供解决办法，发挥其在创新创业教育中的突出作用。设立奖励机制，积极鼓励创新创业活动和创新创业教育活动，对表现出的学生和优秀的指导教师进行资助和物质奖励，充分激发教师和学生的创新创业积极性。

（三）创建校园创新创业文化环境

高校应在结合思想政治教育的基础上积极创建创新创业物质文化环境建设和创新创业精神文化环境建设。

第一，促进校园创业物质文化环境建设。校园物质文化环境主要包括校园整体设计、周边环境、景观，建筑风格设计，教学设施等，它是校园文化建设的基础和可视载体，在一定程度上蕴含并反映了学校的办学理念和培养目标。创建创新创业物质文化建设可以依托校园物质文化环境，通过增设创新创业含义的景观、雕塑，命名创新创业相关的道路、教学楼，树立创新创业宣传标语，设立相关政策制度解读墙或宣传栏，增加创新创业故事栏等，来促进创新创业文化氛围。

第二，促进校园创业精神文化环境建设。新形势下，新媒体作为校园思想主流导向，对于校园文化环境有着主导性的影响。促进校园精神文化环境建设，必须要结合校园网络媒体。不仅在思想政治教育上要牢牢占据网络媒体的教育阵地，大学生创新创业教育文化环境建设也要通过新媒体进行完善。创新创业文化环境建设，要积极利用校内有效舆论工具，宣传、鼓励创新创业。建设专门的网站，宣传创新创业政策，向学生提供相关信息的帮助，宣传大学生创新创业典型，注意实用性的同时增加趣味性。

五、健全完善协同育人的制度

高校思想政治教育和创新创业教育是一项综合复杂的工程，几乎涵盖高校的整个育人模式和内容。全面做好大学生的思想政治教育和创新创业教育是高校和所有教师的根本性责任，建立全方位、多角度育人的大学生思想政治教育与创新创业教育协同育人的教育制度是培养现阶段国家和社会所需创新型人才的核心保障。

高校思想政治教育和创新创业教育要在校党委、行政的统一领导下，组织、协同各方资源，积极探索多种新形式的教育协同育人模式，采取学生喜欢的方式进一步深入培养，切实让大学生感受到创新创业教育的趣味实用和思想政治教育内涵魅力。同时，高校要创新形势教育、理想信念教育、典型教育等内容，依托互联网潮流下新媒体这一平台，丰富思想政治教育和创新创业教育的方式和内容，大力促进校园思想政治教育和创新创业教育文化建设。要不断加强班级支部、班级班委、班级积极分子以及其他学生组织的建设，激发大学生基层组织的潜在活力，激发大学生创新创业的意识和精神，激励大学生积极主动参与高校思政教育以及创新创业教育。

高校思想政治教育和创新创业教育的有效开展需要一批具有能力强、素质高的师资队伍。不仅需要高校各级管理部门领导、管理人员、思想政治任课教师、创新创业任课教师，更要充实完善班主任与辅导员队伍、校外导师队伍、学生骨干队伍。另外，高校思想政治教育和创新创业教育要根据形式发展和需要，建立高校大学生创新创业保障机制和思想政治教育预警制度，及时为可能出现的问题提供防范和有力保障。要逐步加大两类教育及其协同育人的经费支持，加大思想政治教育环境建设、创新创业实践平台建设，努力为大学生更好地成长成才提供强有力的全方位的基础保障和平台。

总之，健全高校思想政治教育与大学生创新创业教育的协同育人制度，是促进协同育人的制度保障，也是高校思想政治教育和创新创业教育的长期不断更新完善的核心内容。制度是工作开展的指导和方向，也是平台和框架的基础。只有通过建立协同育人的制度，才能在战略发展、顶层设计等更高层次搭建好协同育人的平台。

第七章　不同背景下思想政治教育创新

第一节　多元文化背景下思想政治教育创新

多元文化的发展越是蓬勃，思想政治教育工作力度就越不能减小，反而要不断地加大力度。思想政治教育要在弘扬传统中，坚持发展中不断创新，保证思想政治教育源源不断的发展动力，丰富生动鲜活的教学内容，树立所有参与教育教学的全体成员"敢想敢干"的精神风貌。在社会瞬息万变、新的文化如雨后春笋，社会文化环境瞬息万变之时，社会矛盾集中，新的问题，新的挑战不断涌来，思想政治教育工作面对如此错综复杂的环境变化，必须敢于创新，必须勇于创新，必须常在创新，才能保证高校思想政治教育在意识领域的"话语权"。

多元文化影响着我国的国情、党情、人情，多元文化给思想政治教育工作带来了良好发展时机的同时，也考验着思想政治教育工作在意识领域的重要地位，提出了严峻挑战。在新形势下，高校教育工作的重点必须始终放在教育改革，紧跟时代步伐。必须以创新发展教育工作为新起点，保持和发挥好思想政治工作的优势。

一、坚持"以人为本"创新大学生主体地位

思想政治工作是关于人的工作，多元文化对学校思想政治教育培养目标定位在人的全面发展，注重人文关怀。思政教育始终围绕贯彻以人为本，服务于学生，探索一条以大学生为创新主体的理念新思路。

把尊重大学生的主体地位作为思政教育创新的出发点，要有针对性开展思政教育工作。大学生自我意识，独立意识强，他们不喜欢"我说你听"，喜欢发表自己的不同见解。思想政治教育工作要准确把握当代大学生的思想特征，在思想政治工作中切实认真贯彻以人为本的发展理念，促进大学生全面发展应努力做好几项工作。

（一）激发和培养大学生的主体积极参与意识

学生的主体性在思政教育中起着十分关键的作用。因此，要激发和培养学生的主体参与意识，教育的过程不能总是教师自说自演，学生错误地把自己放在"观众"的位置上。

学生努力培养自身要具备积极的创造力和热情的参与意识，促成学生成为自我教育的主体，并成为能动的、有创造力的主体。在教育的过程必须赋予学生应有的权利，在享有他们权利过程中，他们的"主人翁"的意识不断增强，同时他们更乐于去承担他们在教学过程中的义务。

（二）学生工作者由"教育者"转变为"引导者"，学会积极引导，而不是试图束缚学生的思想和行为

大学生心理日渐趋向成熟的时期，他们对任何活动都有很强的好奇心和积极参与愿望，但主体意识在行为层面的表达能力还不成熟，在参与实践的行为中缺乏科学有效的引导行为。这就更需要教育者科学地指导大学生，使他们内在的参与愿望转化为外在的参与实践行为，将大学生主体意识积极能动性转化为自我教育、自我管理、自我提升的强大动力，在参与实践中实现自我全面发展。

改进工作方法作为思政教育创新的切入点，把是否有利于提高大学生综合素质、是否有利于促进大学生思政教育工作全面发展作为检验教育方法成效的标准和依据。

多元文化的新形势下，大学生的思想活动和行为方式呈现出一些新的特点，意识上混乱和多样，行为上的独立和多变，教育工作者应该具体问题具体分析，把当代大学生新特点作为创新工作方法的突破口。

第一，应正视并尊重教育对象的思想和行为上变化，正是因为不同对象间各个方面的差异大，教育工作者要做到抓重点的同时重全面，教育达到分行别类教育。

第二，在多元文化影响下，一部分大学生呈现出不同程度地存在理想信仰的迷失，思想意识观念混乱，价值取向偏离社会主义方向、明礼诚信缺失，社会责任感的空位、奢侈浪费行为严重，集体主义观念淡化、实践能力较差等问题，教育工作者要坚持贴近实际、贴近生活、贴近学生基本原则，积极开展调查，真正深入思想政治教育对象中，及时了解大学生的物质、文化需求，工作方法把握好五个"新"趋向，即在管理上更加趋向平等，在对象上更加趋向引导，在教育上更加趋向实践，在时间上更加趋向长效，在范围上更加趋向全面。通过切实可行的方法，实现思想政治工作"三个转变"，转变管理说教向服务、转变封闭教学环境向开放、转变狭隘工作方法，最终形成服务为先，文明互通，合理科学的开放式教育教学。

第三，把做好思想政治教育工作和注重人文关怀相结合。在思想政治教育中坚持"一切为了学生，为了学生的一切"的原则，那么思想政治工作就不能只停留在书本层面或是只停留在意识领域问题上，说到底，教育工作者要深入实际，深入学生，既要关心学生的思想上实际问题和关注思想上疑惑，努力引导，教育，解惑；又要关怀和关爱学生的生活现实问题，努力倾听学生最真实的呼声，努力使思想政治工作体现深厚的人文关怀最终从情感上赢得学生信任，在日常生活的点点滴滴中做到春风化雨、润物无声。

二、把营造互动沟通教育环境作为思政教育创新的突破点

思想政治教育的环境不单只是局限于在思想政治理论教学的课堂上，多元文化为思想政治教育工作提供了更广的传播媒介，营造良好的教育环境更有利于师生间沟通交流，相互促进，共同提高。要做到课堂上平等互动，网络中文明互动，心理上情感互动。

（一）课堂上的互动

传统的思政理论课教学主要以教师的单向灌输式的教学为主，整个教学过程成了教师的一言堂，学生处于被动的地位，只能单方面接受教师的"灌输"，思想政治教育由此也就由人格培养演变为科学文化知识的传授。不仅不能培养学生的创新能力，反而会禁锢学生的思维，扼杀学生的想象力。良好的教学环境是由师生共同努力下形成的。在课堂上，教师采取生动活泼教学方式，抽象和具体相结合，概念和实例相配合，课堂教学和课外活动相促进、教师导向和学生互动共发展的教学方式，学生在愉快的心情下学习，师生相互合作、平等和谐。加强用先进的科学文化知识武装大学生的头脑，弘扬中华民族优良传统美德，坚定爱国主义情怀和建设社会主义事业的愿望，在主旋律的教育的基础上开展"平等讨论课堂"教学方式，最大限度地发挥学生主观能动性。在互动的课堂上，正确处理老师和学生的关系，畅通师生交流渠道，使学生感受到他们是学习的主人。疏导学生与社会的关系，为学生提供一个锻炼创新能力的舞台。

（二）网络中的互动

网络媒体提供给大学生多元化信息，拓宽了大学生知识视野同时拓宽了思想政治教育传播渠道，丰富了学生的文化头脑，网络生活已成为大学生活的重要组成部分。在网络文化蓬勃发展今天，传统的思想教育方式出现"效果弱化"现象，教育者总以单一正面灌输的形象示人很难吸引大学生的"思想走向"。只有占领网络思想教育阵地，利用网络平台信息量大、内容丰富、方便快捷，普及范围广等优势进行网络对话，互动交流，分析与概述，才能在多元文化的世界中找到主旋律，这是加强思想政治教育自身建设的一种有效途径。网络互动教育模式使思想政治教育由"固定"转向"可变"，由"一维"变成"多维"，由"单调"换作"多彩"。

（三）心理上的互动

面对日益严峻的社会挑战和竞争激烈的就业压力，大学生很容易产生悲观厌世的情绪。针对大学生棘手的心理问题，教育者要通过互动交流的形式在思想政治教育过程中强化心理健康教育，进行耐心细致的心理慰藉和辅导，帮助学生学会适当有效地调节自身心

理情绪，学会协调学生与教师之间、学生与学生之间和学生与社会的关系；在互动中学生积极建设自我心理疏导机制，保持良好乐观的心态，提高自我抵抗压力能力和心理预警能力。激起学生奋发进取，自强不息的宝贵精神。

三、大学生思想政治教育以培养复合型人才为落脚点

进入21世纪以来，随着经济和社会的快速发展，我国已进入了高等教育大众化多元化阶段。为适应经济与社会发展对人才的需求和人性全面自由发展的需要，创新大学生应用复合型人才思想政治教育工作，对于提高大学生应用型人才的整体素质，保证应用型人才培养质量，更好地完成人才培养目标具有十分重要的意义。

思想政治教育是培养复合型人才创新能力的一个重要手段。首先，它有助于激发大学生的创新意识。思想政治教育可以帮助学生全面把握当今时代的特点，增强社会责任感，使命感，并深刻认识到21世纪是需要创新的时代，同时能进一步激励人们进行更高层次的创新追求。其次，还有助于发展大学生的创新思维。创新思维要求在思维过程中，破除习以为常、司空见惯的思维定式，积极采取发散性思维，逆向思维，求异思维，联想思维等思维方法。思想政治教育是以马克思主义理论为指导的，马克思主义哲学是批判的、开放的、发展的学说，通过对唯物辩证法的学习，培养学生的科学怀疑态度和问题意识，绝不盲从权威，迷信书本，敢于怀疑，从而不断发现新问题，进行新思考，提出新观点，给出新答案。

四、高校思想政治开展师生创造力的双向开发新课题

多元文化背景下创新思想政治教育要走出一个误区：只注重学生创造力的培养，而忽视了教师自身创造潜能的开发，这势必影响了思想政治教育的创新成效。只有师生双方的创造潜能得到开发，思想政治教育才能达到真正意义上的解放。

思想政治教育作为一种文化传播的特殊方式，它是师生共享、共创的过程，在"创新比赛中"师生是站在同一起跑线上的"两名选手"。虽然教师是知识的先知者，但在教学授课的过程中他们也存在对新的文化的理解，这种理解包含着他们对教学内容、教学方式方法运用以及自己本身通过创新思维整理好的观念传授给学生，思想政治教学离不开师生的共同参与，思维交换。离开任何一方，师生双向共创共享思想政治教育工作就无法实现。

当前的创新教育只是强调传统的教学模式有碍学生创新思维的培养，而忽视了整个教学活动中的传播者，以及师生间相互配合，相互作用的意识层面的交流。因此我们在创新思想政治教育工作中要构建教师和学生两极主体，教学创新与文化融合双向发展。一方面老师通过教学活动进一步扩大自身的知识储备的深度和广度，不断地完善他们内在自身的

认知结构和创新意识，使其创造潜能不断地得到开发；另一方面学生通过教学活动，不仅掌握了一定的知识，而且不断地增强了自身的创新意识。并且在一定教学互动中迸发出创造火花，随着教师和学生双方的创造力都得到有效的开发，多元文化背景下创新思想政治教育形成良性循环，思想政治教育工作不断向着有序化方向演进。

第二节　构建和谐社会背景下思想政治教育创新

构建和谐校园是高校思想政治教育创新的实现途径，构建和谐校园是构建和谐社会的重要组成部分，是构建和谐社会的示范区。构建和谐校园应从五个方面寻求突破口。

创建和谐的人际关系，是构建和谐校园的重要内容。和谐的人际关系应该是民主平等，团结协作。高校党员应该用党内民主带动校内民主，应该以同志情怀促进人格平等；尊重学生的创造性，尊重学生及每个人的人格尊严，应该做团结的模范，民主的先锋。

建立良好的师生关系，是构建和谐校园的保证。和谐的师生关系应该热爱学生、甘为人梯。高校教师党员应该把热爱学生作为热爱人民的体现，应该把甘为人梯作为为人民服务的实现形式。

形成良好的工作氛围，是创建和谐校园的根本途径。这种工作氛围应该是尊重人才，尊重创造。高校党员应该做尊重人才的中坚，尊重创造的先锋。高校党员首先应该成为一个创造性的人才，创造是和谐的源泉。

创建良好的育人环境，是创建和谐校园的根本目标。和谐校园的育人环境应该是管理有序，运转协调、安全稳定。高校党员应该在有序管理中发挥核心作用、在运转协调中发挥传导作用、在安全稳定中发挥骨干作用。

要充分体现大学的文化精神。和谐校园的文化精神应该是以人为本，充满生机活力，富有科学理性，又体现人文精神的大学文化精神。

一、采取有效的措施构建和谐校园

（一）构建和谐校园的含义及其特点

和谐校园是一种以和衷共济，内和外顺，协调发展为核心的素质教育模式，是以校园为纽带的各种教育要素的全面、自由，协调，整体优化的育人氛围，是学校教育各子系统及各要素间的协调运转，是学校教育与社会教育、家庭教育和谐发展的教育合力，是以学生发展、教师发展，学校发展为宗旨的整体效应。

创建和谐校园具有以下几方面的特点。

1.构建和谐校园是必须与时俱进

长期以来，在应试教育的影响下，基础教育存在着"五育"之间、师生之间和学校教育与社会教育，家庭教育之间不和谐的现象，损害了学生的身心健康，严重影响国家教育方针的贯彻。因此，构建和谐校园是大势所趋，人心所向。

2.构建和谐校园必须坚持科学发展观

科学发展观的本质和核心是以人为本，就是要以人为中心，突出人的发展。一人是教育的中心，也是教育的目的；人是教育的出发点，也是教育的归宿；人是教育的基础，也是教育的根本。一切教育都必须以人为本，这是现代教育的基本价值。

3.创建和谐校园要处理好四个关系：干群和谐、师生和谐、家校和谐、四育和谐

干群和谐是学校发展的关键，要相互尊重、主动合作。师生和谐是学校发展的条件。家校和谐是学校发展的保障，学校和教师要努力做到加强沟通，体现尊重，密切配合，共同育人，遇事研究、达成共识。四育和谐是智育与德育，美育，体育和谐发展。

（二）构建和谐校园的有效措施

社会是一个有机整体，校园是社会这个有机整体的组成部分。整体是由部分构成，部分之和大于整体。部分具有相对的独立性而相对地成为另一整体，但归根结底要和它所构成的整体密切联系。高校相对于社会是一个部分，同时又是一个独立整体。因此我们必须全方位分析校园，才能更好地构建和谐校园。

1.处理好内部和谐与外部和谐的关系

所谓内部和谐是指校园内各个有机组成部分要和谐发展。也就是指高校自身的发展。它的自身发展存在不协调的地方。一是高等教育区域发展不平衡。二是高等教育城乡差距突出受教育机会不协调。为此我们必须借助于校园的外部力量即社会的力量来解决，即外部和谐。所谓外部和谐即校园与社会有机体这一外部环境要协调发展。从外部环境看，高等教育与经济发展不相适应。不少学校的发展规划严重脱离学校和所在地发展实际，超越经济和社会发展阶段，出现过分超前的倾向；也有部分学校的发展和规划明显滞后于社会经济的发展步伐，教学活动不能适应社会发展的需要。为此，针对院校的超前和滞后的弊端方面，我们必须从实际出发，制订切实可行的规划，促进校园与社会协调发展。

2.整体把握高校的发展，确保高校的各方面的发展与时俱进

我们不仅要把握好校园内部和外部协调发展，更重要的是要整体把握校园这一个整体要与时俱进地发展。高等教育的发展是全方位的发展，它包括校园文化、校园制度、校园群体等各方面的发展，也包括校际的发展，国际交流与合作等。

3.构建和谐校园必须认真贯彻理论与实践相结合的科学发展观

我们提倡科学发展观，构建和谐校园，不能只停留于口头，而要付诸实施。要用科

学发展观引领高等教育事业振兴，就必须制订切实可行的计划并且付诸行动。要对整个高等教育进行统筹规划，实现协调发展。社会对人才的需求是多种多样的，是不同层次的，所以要求建设不同类型、不同层次、不同特色的各种高校，树立科学的人才观，树立科学质量观，最终真正落实以人为本，协调发展的科学发展观，构建和谐校园。在构建和谐校园，构建和谐社会背景下促进高校思想政治教育创新，培养合格的人才。

二、注重学生始终是构建和谐校园的重要因素

在以人为本全面协调发展的科学发展观指导下，构建和谐社会、和谐社团、和谐校园是我们建设小康社会的近期目标。构建和谐校园是教育规律的体现。学校教育，社会教育，家庭教育之间的不和谐现象损害了学生的身心健康，与此同时，学生教育的诸多因素也严重影响了和谐校园的构建，学生始终是构建和谐校园的重要影响因素，我们必须把培养学生的一切工作放在校园建设的首位。

所谓的和谐校园是一种以和衷共济、内和外顺，协调发展为核心的素质教育模式，是对各种教育要素优化的育人氛围。学校的发展离不开学生的发展，和谐校园的构建离不开学生各方面的因素的均衡发展。进行思想政治教育，改变教育思想和教学观念，改善教育形式，搞好思想政治工作，处理好教育主客体的地位关系，进行心理健康教育，高校思想政治教育的诸方面都是以学生这一主体为中心的。学生个性的全面和谐发展，构建和谐的校园文化，协调学生比例，健全学科建设，探讨就业模式，也是为学生这一主体为中心，这几方面工作做得好坏，直接影响校园的和谐发展，学生是构建和谐校园的重要影响因素。

（一）学生个性的全面和谐发展与和谐校园的构建

和谐校园的构建最终要落到学生身上。学生个性的全面发展是构建和谐校园的重要标志。当代教育的基本宗旨是培养人的自我生存能力，促进人的个性全面和谐发展。既要培养适应社会需要的各种人才，又要培养具有鲜活个性的多样化人才，使学生的潜能、兴趣、爱好、特长得以充分发挥，使学生的知，情，信，意，行诸方面协调发展。把校园改造成由个性得到全面和谐发展的学生组成的和谐校园。和谐的校园文化包括，基础设施文化、自然人文环境文化、以人为本的制度文化、教师文化、学生文化。其中的学生文化是和谐校园的文化的主流。没有学生参与的文化，不能称其为学校文化。建设全性完善、人格健全的学生文化，直接影响着和谐校园的人才培养。从内容上说学生包括德育文化、学习文化，综合实践活动文化、文娱体育和审美文化、生活与心理卫生文化等。在学生文化建设的实践中，应坚持育人为本，使学生做到人格上自尊；积极向上求进步，学习上自主主动参与和探究；生活上自律，主动自理与服务；行为上自律，主动约束与反省。完善学生文化本身的协调发展是建设和谐校园文化的基础，文化是校园文化的主流。

（二）大学生思想政治教育的诸多因素始终影响着和谐校园的构建

大学生思想政治教育存在诸多方面的不和谐，如教育形式单一，教育的主客体地位不平等、教育工作脱离实际、心理健康教育受到忽视等。这些因素影响学生全面和谐发展的同时，也制约了校园的和谐发展。

1.改变教育思想和教学观念是构建和谐校园的指导性因素

传统教育思想和教学观念的弊端之一是专业划分过窄，知识分割过细，课程设置过分定向，致使学生的知识结构单一，视野狭小思维迟钝，在新事物新情况面前缺乏应变性和解决问题的能力。其弊端之二是在市场经济条件下，人才流动大，职业转换频繁，甚至在很多部门和单位，职业的概念已经模糊，用人单位对专业对口的要求大大放松了，而大学生思想意识与文化知识相互脱节。在这种情况下，我们必须实施素质教育，把思想教育、专业教育与知识教育相结合，注重与相邻学科专业知识衔接的同时，绝不放弃思想政治教育，从而造就品学兼优、德才兼备，适应性强的合格人才，构建与和谐社会相匹配的和谐校园。

2.改变思想政治教育形式是构建和谐校园的根本因素

说教的教育方法是一种较为传统的教育方法，它的弊端是缺乏师生互动，不能激发学生兴趣，教育效果收效甚微。我们可以通过诸多方式进行思想政治教育，坚持说教与体验相结合的原则，坚持教育形式科技化现代化的原则。当今的世界是开放的世界，是科技飞速发展的世界。互联网的出现使整个世界变成了一个地球村。互联网的特征是灵活、迅速、及时、高效、生动、直观。因此世界上各国家及其各个高校都重视互联网的应用。应用互联网可以缩小空间，缩短时间，达到直观教育的效果。进行思想政治教育，首先应选择互联网进行教育，但是也应引导学生正确地使用互联网，杜绝学生受互联网的不良影响及其负面效应产生。另外，可以开展各种实践活动，对大学生进行思想政治教育。举办大学生三下乡活动、文艺会演活动、学术论坛、听报告，道德与法制教育知识竞赛活动等。要做好思想政治工作必须通过循循善诱地分析和说理，采用思想引导，政治教育、宣传活动的方式，解决大学生政治信仰、价值教育、理想观念，伦理道德等思想问题。只有这样才能增强学生在校园生活和社会生活的体验，把思想认知与情感体验紧紧结合起来，达到知，情，信，意，行的内在统一。

3.做好大学生群体的思想政治工作是构建和谐校园的基础

进行大学生思想政治工作首先要正确地认识学生群体，分析学生群体。为学生服务的思想政治工作，不能脱离学生的实际情况，不能搞一刀切。要具体问题具体分析，从而引导学生的可行性和共性的和谐发展。现在的大学生大都来自五湖四海、不同地区、不同的家庭背景，经济状况有差异，性格也存在着差异，因此会出现诸多不同的个体和群体。

针对这些不同的群体，要采取不同的教育方法进行思想政治教育，不能脱离这个实际，要正确处理这些特殊个体、特殊群体之间的关系，使学生之间，师生之间建立和谐发展的关系，促进校园的和谐发展。

4.处理好教育主客体地位的关系是构建和谐校园的重点

在思想政治教育过程中，教师是教育主体，学生是教育客体。在传统的教育模式中的简单的说教、生硬的灌输、强制接受显然是忽视了学生的主体地位，缺乏对学生的关心及对学生的平等交流。因此，我们要构建教育主体与教育客体间和谐的平等关系，就必须尊重学生主体意识，树立以学生为本的思想政治工作理念。充分发挥学生主体性和主观能动性，即发挥教师的主导作用的同时，更要重视学生的主体性，放手学生进行自我教育、自我活动，协调教育主客体互动的关系，认真落实科学发展观，以大学生全面发展为目标，深入进行素质教育，遵循以学生为主体，以教师为主导的教学规则。

5.进行大学生心理健康教育是构建和谐校园不可忽视的因素

长期以来，心理健康教育没有走入课堂，这是普遍的现象。高校没有设立全校性的心理健康教育选修课是一个极大的弊端。因为这门课程能系统地为学生提供科学有效、实用的心理学技术和方法，促进学生的心理成长与潜能开发，增进学生社会适用能力。

（三）大学生层次比例、健全学科建设与和谐校园的构建

随着世界经济全球化和国内经济体制改革的深入开展，社会对人才的需要越来越多。要针对社会的各行各业的需求适当地进行扩招，否则将形成高层人才的相对过剩，给国家和人才造成极大的损失，导致学校的发展社会的发展失调。因此，我们不但要协调学生比例，还要加强学科建设，排除学科不健全的弊端。

三、正确处理和谐社会与和谐校园的关系

科学发展观是以人为本，全面协调可持续发展观，是促进经济，社会和人的全面发展的发展观。在科学发展观指导下，构建一个和谐社会是必然的趋势，与之相呼应，为了协调社会与学校的发展，应该构建这样一个和谐校园，即师生们生活的家园，精神的乐园，人才的摇篮。只有这样才能培养身心和谐，健康成长的合格人才，为建设和谐的社会主义贡献一分力量，才能真正做到落实科学发展观，全面辩证谋发展。

"以人为本，树立和落实全面、协调、可持续的发展观，构建和谐社会。"这是中国未来发展的必然选择。新的发展观强调发展是全面的发展。我们的发展应该是经济、政治和文化全面发展的过程，应该是社会的全面发展和人的自由全面发展的过程。同时，发展应当是均衡协调发展包括经济领域与社会领域的协调发展，物质文明，政治文明、精神文明的协调发展，协调是保证全面发展的条件。构建和谐校园，就是把学校建设成最适宜

学生成长发展的生态系统，具备民主，科学、人文开放的育人环境，就是要使学校教育与社会教育、家庭教育和谐发展。因此，我们必须采取有效措施处理好学校与社会的和谐关系，尤其是人才培养与服务社会的关系，最终达到培养合格人才的目的。

（一）促进大学生品德教育的针对性与法治社会的复杂性的和谐一致，培养品德高尚的人才

法治对于社会主义而言，其重要性和必要性表现为社会主义民主要求我们实行法治，社会主义市场经济从客观上要求我们实行法治，社会主义精神文明本身就包括对法治思想的内在要求，是繁荣科学文化事业的重要保证，同时法治还能促进社会全面协调持续发展。社会主义国家的稳定，人民生活的幸福安宁，也要求实行法治、建设法治国家，社会主义的对外开放事业也提出了法治要求，社会主义的终极目标要求各种制度充分体现对人的关怀，只有实行法治，才能保障人权，体现对人的尊严和爱护。

在社会主义法制建设的大环境里，搞思想政治教育，必须坚持科学发展观，使思想政治教育全面协调可持续发展，思想政治教育要与法治建设相协调，两者相辅相成不可分离。思想政治教育是集伦理学，心理学、教育学于一体的综合课程，其目的是通过引导和帮助大学生树立正确的世界观、人生观、价值观、道德观、法治观，学会以科学的方法应对和解决生活、学习、工作中实际问题，为将来服务于社会奠定基础。思想政治教育是法治社会的基础是公民守法的基础。高校教育就是适合社会的需求，培养和输送德才兼备的人才，社会需要高新知识技术武装的人才，更需品学兼优的人才。

当今社会是法治社会，校园是社会的一个有机组成部分。对大学生教育不仅要进行思想教育也要进行法制教育，这样才能做到校园与社会的和谐。

（二）促进教学活动方式的渐变性与科技发展的迅速性的和谐，培养高科技武装人才

随着科技的发展，改革开放的深入开展，信息技术飞速发展。网络信息技术渗透到各个领域。工业方面需信息技术管理控制指导生产。商业需要信息技术进行销售订购业务活动。教育部门也不例外，更需要借助信息技术进行教学管理生活，为了促进教学活动的渐变性与科技发展迅速性的和谐，我们必须密切关注互联网对高校教育活动的影响。当前，网络对大学生思想观念，思维方式、行为模式、个性心理产生了广泛的影响，这就不可避免地给高校教育教学活动带机遇和挑战。一方面互联网以其信息量大，传递方式便捷快速、辐射范围广大和高度的开放性、交互性等特点及优势，日益成为人们文化活动和思想传输的重要载体，成为高校教学活动的有益补充和机遇；另一方面互联网是一个开放的信息传递系统，网络用户来自不同国家和地区，存在文化类型、政治制度、价值观念等方

面的差异，其内涵是多元的。由此产生的多元的网络文化给高校教育带来严峻的挑战。为了达到高校教育活动的渐变性与科技发展的迅速性的和谐效果，我们进行高校思想政治教育务必抓住机遇，不能墨守成规，不能抱住传统的说教方式不放，而要充分发挥信息网络技术的优势，将高校教育引入互联网，引进先进的教学方式，从学生的思想实际出发，深入探讨网络时代思想政治教育规律，减少网络负面影响，抓住机遇，促进教学方式与科技发展的和谐。另外，要普及多媒体教学代之以传统的说教。多媒体教学具有生动形象的特点，对大学生具有具体、直接的教育作用。

随着科技的发展，社会需要掌握高技术的双边、多边人才。因此，首先必须加强对外交流与国际合作。加强对外学术交流，促进学校科研、教学和管理人员开阔视野，更新知识，了解前沿动态，追踪学科走向，进而促进校园发展与社会发展和谐。其次聘用外籍教师，加强留学生教育和校际交流。学校与国外合作院校增进彼此的了解，加强学术间交流与合作。通过建立长期稳定的校际交流关系，提高学校学术地位，扩大影响，增加社会的知名度，加强与社会的融合。再次是文化交流。国际文化交流是传播友谊、增进友谊、感受文化，开阔视野的良好渠道。

（三）促进以人为本，全面发展的育人观念适时性与社会需求多样性的和谐一致，迎合社会需求的多边人才

科学发展观的根本目的是提高人的素质和生活质量，促进生产力的发展。坚持以人为本的科学发展观，既是经济社会发展长远的指导方针，也是实际工作中必须坚持的重要原则。它是我们党坚持解放思想，实事求是，与时俱进，理论创新的重大成果。以人为本就是要把人民的利益作为一切工作的出发点和落脚点，不断满足人们多方面的需要和促进人的全面发展。以人为本也是科学发展观的核心和主旨。以人为本主要包括以下两方面。

第一，为了人，即将人们的健康生存和全面发展、人的物质、文化、政治需求及其满足、人的权益和幸福作为发展的目标和宗旨、中心和主线，出发点和落脚点；

第二，依靠人，即以广大人民群众作为发展的主体力量，根本动力，发展创造力和前进推动力，能够推动经济社会又快又好地发展。

总之，以人为本就是要造就人善用人，造福人。造就人就是指人培养造就成合格的优秀的人才；善用人就是在发展中努力使每一个人都能各得其位、各尽所能、各展所长。造福人就是提高人的生存水平，生命质量和幸福程度。

当今的高校教育就是要贯彻以人为本，全面发展的育人观念，就是要造就人，把人培养造就成合格的、优秀的社会建设者和历史创造者，以适合社会的需要，为社会输送更多的各种各样的人才。高校是社会的一个有机组成部分，它的发展与社会的发展息息相关。社会主义的经济体制改革使中国进入市场经济社会。市场经济社会是通过市场调节对资源

起配置作用的，这里的资源不仅指物质资源也指人力资源。因此市场经济社会对人才的需求是多样的。高校教育是培育社会所需的各种各样的人才的教育，它不仅培养德智体美劳全面发展的人才，培育有理想有道德有文化守纪律的人才，而且还培养专业化特别强的各种人才，这恰恰迎合了市场经济社会的需求。

认真落实科学发展观，有助于促进高校的以人为本的协调的可持续发展，也有助于促进社会的以人为本的协调的可持续发展，从而达到两者的和谐。

（四）促进高校大学生的培养模式，就业模式的灵活性与市场经济体制的人才需求模式和谐的、多样性的和谐一致

在计划体制下，我国高校对大学生的培养模式，就业模式是有计划成比例进行的。就业分配采用统包统分的模式。而在市场经济有条件下我国高校对大学生的培养模式就业模式有所调整，由"统包统分"的就业模式转变为"双向选择"的就业模式。只有这样才能促进高校的培养就业的人才输送与市场经济社会的人才接纳之间比例协调，达到协调的效果。

四、完善高校思想政治教育机制

思想政治教育机制是指思想政治教育运行过程中各构成要素由于某种机理形成的因果联系和运转方式。它要研究思想政治教育过程中思想政治教育现象的各个侧面和层次的整体性的功能及其规律，包括其运行所依据的原理和原则，运行过程的状况即运行中各个部分之间的相互作用，以及和思想政治教育系统之外的其他系统之间的相互作用等。

思想政治教育机制主要由八个方面的要素构成：思想政治教育运行的主体，思想政治教育运行的目的，思想政治教育运行的动力，思想政治教育运行的环境、思想政治教育运行的控制，思想政治教育的运行方式，思想政治教育运行的程序，思想政治教育运行的保障。当前在探讨高校学生思想政治教育工作创新的时候，必须探讨高校学生思想政治教育工作机制的创新。

从长期的教育实践来看，高校学生思想政治教育工作机制，主要包括领导管理机制、教育机制、保障机制、评价机制、激励机制，督导机制。这些机制环节，一环紧扣一环，缺一不可，一个机制环节出现问题，就会影响整个工作。

思想政治教育是一个复杂的系统工程，是各种因素相互联系相互作用构成的有机整体。因此，只有建立起和谐、高效的运行机制，才能使思想政治教育取得理想的效果，达到高校思想政治教育创新的目的。

（一）进行高校思想政治教育创新，必须完善高校思想政治教育主体机制

进行高校思想政治教育创新，必须坚持以人为本。树立以学生为本的工作理念，和谐社会带给我们的一个重要新理念，新认识，就是以人为本。以人为本，对于大学生思想政治教育来说，就是从大学生的实际出发，满足他们的需要，相信学生、依靠学生。

（二）进行高校思想政治教育创新，必须完善高校思想政治教育目标机制

进行高校思想政治教育创新，必须树立和谐教育的目标。用和谐的方法培养人，培养和谐的人，是当前大学生思想政治教育的观念创新。过去较长一个时期，我国政策导向对社会和谐问题关注不够，反映到大学生思想政治育方面，就是在认识大学生思想政治教育的目标时，比较强调它的政治功能。在当前构建和谐社会的新情况下，应当把服务和谐社会建设作为大学生思想政治教育工作的重要目标，纳入大学生思想政治教育总体规划，深入开科学发展观教育，深入开展和谐社会教育，引导大学生树立科学发展和和谐发展的思想观念，促进大学生全面和谐展，为建设和谐社会增添新力量。

（三）进行高校思想政治教育创新，必须完善高校思想政治教育环境机制

进行高校思想政治教育创新，必须积极推进和谐校园文化建设，必须重视校园文化的重要育人功能。文化的发展和繁荣是和谐社会的一个重要特征，对于促进和谐社会的形成具有不可替代的作用。积极推进和谐校园建设，是坚持科学发展观，建设和谐社会的必然要求。建设和谐的校园文化，应成为加强和改进大学生思想政治教育的一个重要努力方向。

（四）进行高校思想政治教育创新，必须建立和谐的教学机制

要引导好学生，教育者就要去寻求社会规范与学生个体需要的对话渠道，这就要求我们的教育者首先要正视并尊重学生的心理世界和内在需要。同时还要讲求教育的科学和艺术，构建一个互动，对话的和谐教育机制。

（五）进行高校思想政治教育创新，必须构建新的和谐互动机制

只有构建学校教育、家庭教育，社会教育各子系统内部的和谐互动机制，构建学校与社会、学校与家庭以及社会与家庭相互间协同运作的和谐互动机制，才能实现高校学生思想政治教育的目标，才能达到思想政治教育的效果。

1.构建学校内部的和谐互动机制

要充分整合和优化校内资源，树立德育首位意识和全员育人观念，使教书育人，管理

育人，服务育人真正达到和谐统一，建立大学生思想政治教育工作的学校内部和谐互动机制，使学校内部硬件建设与软件管理达到和谐，传统教育方法与现代教育手段革新和谐统一，学校的管理、教师的教学与学生的学习和谐有序。

2.构建社会内部的和谐互动机制

在社会日益信息网络化，经济全球化的时代，充分发挥和有效利用社会教育资源，建立比较健全的行政、法律，经济配套的措施与政策，形成全社会共同关心支持并参与大学生思想政治教育工作的和谐互动局面。

3.构建家庭内部的和谐互动机制

家庭教育具有情感性、亲和性和补充性的特点。不同家庭、不同教育程度和兴趣爱好的家庭成员对大学生思想政治教育有着明显的差异。构建包括家庭人员交流谈心机制、定期联络机制、德育榜样机制、家训伦理机制等在内家庭教育机制是非常需要的。

4.构建学校与社会协同运作的和谐互动机制

要有力化解社会对学校教育效果抵消的状况，实现学校内部教育管理与周边环境的和谐，增强学校与社会的互动，最大限度地在多元价值并存的社会中保持思想政治教育的有效性，使学校教育的思想，内容等与社会和谐统一起来。

5.构建学校与家庭协同运作的和谐互动机制

当前，要努力探索学校教育与家庭教育思想、方法和谐统一的支撑点，以及家庭参与学校教育的有效途径和方式，切实发挥家庭教育在大学生思想政治教育中的作用，使之与学校教育和谐统一起来，以发挥教育合力作用。这种学校与家庭和谐互动的思想政治教育机制主要有及时有效的沟通机制，快捷的信息通报与反馈机制、共同教育与管理的协商机制、定期的双向汇报交流机制等。

6.构建社会与家庭协同运作的和谐互动机制

在以往的研究中，很少有学者研究社会与家庭的协同运作问题，更谈不上构建两者和谐互动的机制。长期对社会与家庭和谐互动机制缺乏研究将十分不利于大学生思想政治教育。在社会与家庭教育方面，构建以家庭教育为主，社会教育极力配合的协同运作机制将巩固思想政治教育的效果。

第三节　影视文化影响背景下思想政治教育创新

影视文化影响背景下大学生思想政治教育的创新，就是要在社会主义核心价值体系的引导下，坚持正确的创作服务方向，增强精品意识，为大学生提供更多优秀的精神食粮，在丰富作品种类与数量的同时，还要从实践入手，对其进行适当的引导，促进影视文化对大学生思想政治教育载体作用的有效发挥。

一、以社会主义核心价值体系引领当代影视文化建设

影视文化作为当今社会覆盖面最广、受众范围最大的传播媒介之一，必须紧跟时代步伐，紧扣当前中国社会的政治大背景，坚持以马克思主义为指导思想，坚定当代影视文化对大学生传播思想内容的正确方向，树立中国特色社会主义共同理想，把握影视文化对大学生思想政治教育影响的主流趋势，弘扬以爱国主义为核心的民族精神和以改革创新为核心的时代精神，明确影视文化对大学生思想政治教育过程中承担的重要任务，践行社会主义荣辱观，为影视文化在大学生思想政治教育中传播正能量奠定基础。综合以上各方面因素，在正确思想的引导下释放影视文化的正能量。

（一）坚持以马克思主义为指导思想，坚定当代影视文化对大学生传播思想内容的正确方向

马克思主义指导思想，是社会主义核心价值体系的灵魂，是我们立党立国的根本指导思想，它为我们提供了科学的世界观和方法论，决定着社会主义核心价值体系的性质和方向。

结合马克思主义指导思想的理论要求与影视文化对大学生思想政治教育影响的具体实践，我们要从实际情况出发，具体问题具体分析，从传播者与观众双方面思考，提出具有针对性的意见和措施，使其做到从利国利民的角度出发，有选择地进行创作、引进与观赏，具体就是要从大学生生存的大众传播环境与自身的理论素养两方面进行努力。

第一，要净化影视文化作品的创作与传播环境，把好影视作品审核的"关卡"。影视文化作品的创作者要自觉地坚持马克思主义指导思想，保证其作品能通过轻松、娱乐的方式向观众传播我国主流的意识。同时，也需要国家相关部门做好审查工作，坚决遏制违背马克思主义指导思想作品的产生，肃清不适合社会主义背景下传播的影视作品。

第二，巩固和强化大学生自身的理论素养。当代大学生作为对影视文化作品接触范围最广的观众，需要在加强马克思主义基础理论学习和自身政治价值观培养的同时，坚定当代影视文化对大学生传播思想内容的正确方向。

（二）树立中国特色社会主义共同理想，把握影视文化对大学生思想政治教育影响的主流趋势

中国特色社会主义共同理想，是社会主义核心价值体系的主题，是在中国共产党的领导下，走中国特色社会主义道路，实现中华民族的伟大复兴。它反映了我国最广大人民的根本利益、共同愿望和普遍追求，既具体实在又鼓舞人心，它将国家的发展、民族的振兴

与个人的幸福紧密联系在一起，把各个阶层、各个群体的共同愿望有机结合在一起，具有强大的感召力、亲和力和凝聚力。它是当代中国发展进步的旗帜，是动员、激励全国各族人民团结奋斗的旗帜。

（三）弘扬以爱国主义为核心的民族精神和以改革创新为核心的时代精神，明确影视文化对大学生思想政治教育过程中承担的重要任务

以爱国主义为核心的民族精神和以改革创新为核心的时代精神，是社会主义核心价值体系的精髓。是中华民族赖以生存和发展的精神支撑。在5000年的历史演进中，中华民族形成了以爱国主义为核心的团结统一，爱好和平、勤劳勇敢、自强不息的伟大民族精神；在改革开放时期，中华民族形成了以改革创新为核心的解放思想，实事求是、与时俱进、勇于创新的时代精神。民族精神与时代精神二者相辅相成，相互交融，早已深深熔铸在中华民族的生命力，创造力和凝聚力之中，共同构成了中华民族自立自强的精神品格，成为推动中华民族伟大复兴的精神动力。

影视文化是一种通过鲜活的人物形象，优美的情景画面以及超前的时尚元素等相结合来展现角色人物生活经历的艺术文化。其作品不仅要给观众带来欢愉，还要承担弘扬民族精神与时代精神的重要任务，以实现当代影视文化对大学生思想政治教育的影响。影视文化这一任务的实现需要从国内与国外两个方面出发，将国内弘扬与国外引进两方面相结合来推进。

一方面，国内影视作品要从再现历史与创造现实出发，弘扬爱国主义民族精神。影视作品要将真实的历史故事用生动的画面"讲述"给观众，也要通过将现实需求与艺术特色相结合的方式创作符合当前国情的影视作品，将其完整地呈现给观众，这样才能使观众将自己置身于过去与现实的"情境"中，感受当时人民的疾苦与信念的力量，从而达到弘扬团结统一，自强不息的爱国主义民族精神的目的。

另一方面，从我国的基本国情出发，在肯定自身改革成果的基础上，有选择地引进西方发达国家以呈现重大技术创新成果为主题的影视作品。大学生可以通过观看以展现我国改革开放优秀成果为题材的影视文化作品，来了解本国的发展现状与提升发展自我的信心。

（四）践行社会主义荣辱观，为影视文化在大学生思想政治教育中传播正能量奠定基础

影视文化是一种通过生动连贯的故事情节来告诉观众何为对，何为错，何该扬，何该抑的文化形式。它能将自身所蕴含的信息直接快速地传达给观众，对于好奇心重，模仿能力极强的大学生来说，影视文化作品所呈现的能迎合其内心需求的行为极易对其造成影

响。所以，影视文化作品要严格践行社会主义荣辱观，将正能量传递给当今社会的青年大学生。

二、以主流影视文化为载体加强大学生思想政治教育

电影、电视作为当今时代的新兴的大众传播媒介相继诞生，使影视文化迅速成为能够最大范围、最大限度地满足人们精神需求的重要方式，影视文化在当今社会发展过程中占有举足轻重的地位。因此，社会及高校应积极发挥影视文化的载体作用，尤其是当前社会中的主流影视文化，充分发挥其导向作用，促进大学生思想政治教育工作的顺利进行，实现其利用价值的最大化。

（一）增强精品意识，提供更多更好的影视文化精神食粮

进入21世纪以来，随着人们生活水平的逐步提高和科学技术的飞速发展，人类传统的生活方式发生了翻天覆地的变化。社会传媒成为构建社会主义和谐社会的重要组成部分，拥有社会赋予其协调物质文明和精神文明平衡发展的重大使命，而影视传媒则是当代发展最为迅速、影响范围最为广泛、大学生接触最为频繁的大众传媒之一，它对帮助大学生树立正确的、积极向上的世界观、人生观和价值观有着不容小觑的良好效用。因此，影视工作者要严格遵守相关法律法规与职业道德，增强自身的精品意识，为观众创作更多优秀的影视文化精神食粮。

（二）坚持正确的服务方向，为大学生创作更多的优秀作品

影视文化是一种建立在音乐、美术，摄影及音效等多种艺术门类交汇点上，同时又兼容了多门学科思想内涵的综合性艺术文化。它也以其独特的传播方式与梦幻的视觉冲击效果，吸引大学生的目光，赢得他们的青睐，成为大学生思想政治教育的新型载体。因此，当代影视文化更应该坚持正确的服务方向，为大学生创作更多的优秀作品。

影视文化是一种将书面化的文字故事经过影视编剧的精心创作和明星的精彩演绎，最终以宣扬某种思想为主题而亮相银屏的文化艺术形式。创作剧本是影视作品产生的最重要提前。在以知识和科技为国家竞争力标志的当今社会，大学生是时代的宠儿，是国家社会发展的中坚力量，也是影视文化作品的最大的受众群体之一。因此，当前社会影视作品的创作者应高度重视大学生这一观众群体，要坚持以正确的教育态度与服务方向，为大学生创作更多的优秀影视文化作品，为他们的成长提供更多的学习资源，丰富高校的教育教学素材，有效促进大学生思想政治教育工作的顺利进行，也为大学生的健康成长创造良好的影视文化氛围。

三、以加强校园影视文化建设为抓手，推进大学生思想政治教育

大学校园生活是莘莘学子从学生群体到社会人士角色转换的过渡时期，是学子踏入社会的最后一站，但不是学习的终点，相反却是一个全新的起点。大学时期各种各样的教育都将会对他们日后的发展产生非常重要的影响，对于这样的状况，学校作为学生教育中的重要角色之一，就应该跟紧时代的步伐，不断地对自身各方面进行改革创新。随着以电影、电视为代表的大众传播媒介的迅速发展，加强校园影视文化建设就理所应当地成为推进大学生思想政治教育的重要内容，其具体措施分别是从学校课堂、网络、社团，影视实践活动和学生个人等方面进行思考。

（一）推进影视文化进课堂

学校加强校园影视文化环境建设，就应以提升高校媒体素养教育水平为前提，其中以大学生媒介素养为主要内容。大学生媒介素养教育是学校有计划地组织学生接受与媒介素养相关的理论知识，指导学生正确理解和建设性地享用大众传播资源的教育。学校要通过这种教育培养学生独立辨别与正确选择媒体信息的基本能力，使学生能够在日常的学习和社会生活中合理利用有效的媒介资源完善自我，参与社会的发展。具体措施以推进影视文化进课堂最为典型，如在公共选修课中，开设"影视文化与大学生思想道德发展研究""影视文化与当代社会政治""影视作品赏析与评论"等课程，从不同的学科角度出发，给学生分析影视文化与不同层面的社会文化的关系，解读具有典型性特征的影视作品中蕴含的深刻哲理，引导知识覆盖面不全且认识能力相对较弱的大学生全面地了解，认识影视文化的基本理论和它与社会各方面的关系，引导大学生提高自身分辨优劣影视文化信息的能力，也引导他们形成正确的价值取向；同时，也可以通过对影视文化基本知识及影视作品拍摄的基本方式的介绍，来拓宽大学生的知识面，培养大学生的审美情趣和个人兴趣爱好，陶冶大学生的艺术情操。另外，也可以在理论学科的课堂教学中，充分利用丰富的影视文化资源，将有思想性和教育性的影视片段适当穿插和引用到日常的课堂教学中，实现对枯燥的专业理论知识进行立体、生动式的教授。这样可以使教育内容生活化，使大学生更乐于接受经过艺术"加工"的理论知识，从而顺利地达成学校的专业知识与思想政治教育同步教授的双重目标。

（二）实施优秀影视文化进网络

随着当代科学技术的飞速发展，高校教学设备的不断更新，教师的教育教学方式，手段及载体都取得了创新性的发展，推动了当前高校思想政治教育的现代化进程，也实现了

教育方式的最优化。影视文化作为高校思想政治教育的重要载体之一，它需要将丰富多样的影视文化与高校基础设施资源进行合理的结合才能更加有效地实现其教育功能。结合当前各大高校的教育教学资源现状，充分利用校园网络资源，积极构建校园影视网站，将优秀的影视文化作品载入，是利用影视文化推进高校思想政治教育的有效途径。

实施优秀影视文化进网络，就是借助校园内部网站，建立以多种类型影视作品为主要内容的校园影视网络平台，为学生提供影视资源下载和在线点播的影视网络教育。为了确保影视网络教育的有效实施，避免教学资源的浪费，高校应从学生的角度出发，为学生做好以下三方面的工作：首先，做好影视网站的设计与维修等工作，以独具特色的新颖设计增强影视网站的吸引力，以定期检查与维护的细致工作保证影视网络平台的正常运行；其次，保证影视网络教育资源种类齐全，更新及时，最大限度地满足学生的求知欲，保证教育教学资源的及时性；最后，制定具体措施，保证学生能随时免费下载和观看校内所有的影视文化资源，减少流量对学生使用校内资源的阻碍，提高学生对影视网络资源的有效利用。

（三）组建校园影视文化社团

鼓励、支持和引导大学生创办、参与与影视文化相关的学生社团。社团活动是大学生校园文化活动的重要组成部分，是丰富大学生校园生活的重要内容，也是高校对大学生开展思想政治教育工作的重要途径。因此，学校应鼓励、支持大学生创办与影视文化相关的学生社团，并鼓励其开展丰富多彩的实践活动，比如以社团名义组织社员集体观影，并对影视作品进行赏析，对影视作品的艺术与文化价值进行研究与探讨，从而提升影视文化对大学生政治观，道德观、人生观和审美观的教育效果；也可以从"实践出真知"的原理出发，鼓励学生设立以创作、拍摄和演绎微视频、微电影为主的社团，组织社团成员参与社团实践活动，让学生从创作剧本，演绎作品到拍摄情景等多角度、多层次去了解与思考影视文化作品的基本任务与现实价值，从而提升学生对于影视文化基本内涵与价值的认识。因此，对于此类校园社团活动，学校就应坚持鼓励、支持和引导的积极态度，通过让学生亲身经历与积极探讨的方式，培养学生勤于学习，勤于思考的正确的生活学习态度，从而促进影视文化在大学生思想政治教育过程中价值的实现。

（四）开展丰富多彩的影视实践活动

学校及相关机构应秉承"实践出真知"的理念，鼓励、支持大学生从观众和评论者的双重角度对影视作品开展参与影视创作、拍摄和影视艺术鉴赏与评论等丰富多彩的影视实践活动。影视作品鉴赏是人们在观看影片时所产生的一种观"画"如人情，动情观照的审美精神活动。而影视评论是指观众对影视作品及现象依据自己的艺术观和审美标准而进

行的艺术分析和审美评价的思维实践活动。大学生电影节就是一个以高校为核心，以大学生为主体，以推动高校精神文明建设和学生文化素质教育为目的，联合相关机构举办集创作、拍摄，影视作品鉴赏，影视评论，影视专题讨论和专题讲座等众多学术活动于一体的大学生文化艺术活动。大学生电影节以"青春激情、学术品位、文化意识"为宗旨，以"大学生办，大学生看，大学生评"为特色，鼓励大学生自己创作、拍摄录像作品，并对其作品进行评奖。在教育、文化和影视三界有着广泛深远的影响。

（五）提高大学生理论水平与自身素养

马克思辩证唯物主义认为，事物的发展是内因与外因相结合的结果，外因是通过内因起作用的。同样，人们作为社会个体，实现影视文化与大学生思想政治教育的完美结合最终也是通过人们的心理机制来起作用的。影视文化的积极正面的影响是通过大学生个体在对外在各种因素的自我构建与自我发展中形成的。因此，要实现影视文化对大学生思想政治教育的积极影响，大学生个人自身的努力也是绝对不能缺少的。具体而言，就是大学生应该从理论学习做起，在提高自身理论修养的基础之上，发挥主观能动性，综合利用多方因素实现树立正确价值观的终极目标。

第一，大学生要从夯实自身基础理论知识出发，提升自身的理论修养。马克思主义的辩证唯物主义和历史唯物主义是最科学的世界观和方法论，是形成正确价值观的理论基础，也是指导人们树立正确价值观的行动指南。因此，作为当今社会的大学生，应当认真学习和掌握马克思主义基本原理，以实现理论到实践的转化和自身政治理论修养的提升。也只有认真深入地学习这些思想和理论，才能完整、准确地掌握马克思主义理论的精神实质，为自身树立科学的价值观奠定坚实的理论基础。

第二，大学生要发挥主观能动性，自觉利用各方面有利因素树立科学正确的价值观。大学生在应对影视文化带来的信息冲击与价值观多元化发展的现状时，必须积极发挥自身的主观能动性，对影视文化中宣扬的价值观念进行主观独立的分析、对比和鉴别，以明确区分科学的，积极的、正确的价值观和庸俗的、消极的、错误的价值观，并综合分析社会媒体、学校和家庭等各方面外部环境的有利因素，对其进行合理的优化配置，以实现影视文化对大学生树立正确价值观积极影响的最大化。进而实现影视文化对大学生思想政治教育影响的最优化。因此，学生只有增强自身的主体意识，才能促进影视文化积极作用的发挥。

思想政治教育是一种高校通过专职教师有组织、有计划地对学生群体进行教育，使其形成符合当前社会发展所需要的思想观念，政治观点和道德规范的实践活动。影视文化是开展大学生思想政治教育的重要载体，而思想政治教育是实现影视文化教育功能的有效途径。通过挖掘影视文化的教育功能使其成为大学生思想政治教育的创新型载体，激发学生

的学习热情，提高教学效率和质量，充分利用现有的多样化社会资源实现并强化思想政治教育的终极目标，为国家高校教育事业的顺利推进提供便利。

结合种种情况，从当代影视文化与大学生思想政治教育的相关性出发，我们必须结合社会主义核心价值体系、主流影视文化与校园影视文化环境等多方面因素，在加强自身理论素养的同时，坚信"实践出真知"的理念，积极组织学生参加多种类型的影视实践活动，共同为大学生创造一个良好的成长氛围，实现影视文化与大学生思想政治教育的完美结合，帮助大学生树立科学正确的价值观念。这是实现当代大学生思想政治教育目标的一个重要课题，也是时代发展的客观要求。

第八章 立德树人视阈下德育工作与思想教育的创新

第一节 立德树人视阈下思想政治理论课的德育功能

高校思想政治理论课是促进学生树立正确世界观、人生观和价值观的基础课程，它关乎社会主义人才培养的质量，关乎党和国家事业的未来发展，因此，高校中实现思想政治理论课教学与德育工作融为一体是至关重要的。

一、立德树人在高校思想政治理论课中的地位

首先，立德树人是高校思想政治理论课教学的根本任务，这既是对优秀教育思想的传承，又是对党的教育理念的升华。其次，立德树人是以人为本理念在高校思想政治理论课中的充分体现。高校思想政治理论课的德育功能日益显著，有助于高校学生展现出自信、自强的良好品格。最后，立德树人是高校思想政治理论课的根本要求。立德树人是教育的根本要求，是学生形成社会主义核心价值观的基础。

二、思想政治理论课是落实"立德树人"根本任务的主干渠道

（一）"立德树人"要求思想政治理论课要改进加强

思想政治理论课是对学生开展社会主义核心主义价值观教育的主要阵地，也是落实立德树人的主干渠道。在新时代背景下，网络信息化给学生的思想带来了很大的影响，对思想政治理论课教学带来机遇的同时也带来了严峻的挑战。网络上各种平台、App、公众号等提供给学生各方面的信息，形式也多样化，让学生可以利用碎片化时间进行阅读学习。在这种情况下，思想政治理论课如果只是采取传统的灌输教育，形式单一的教师讲学生听的模式，势必不会激发学生的兴趣，无法达到教育效果。只有顺应时代的变化，创新思想政治理论课的教学形式，才能落实立德树人的根本任务。

（二）思想政治理论课立德树人的重要性

思想政治理论课主要教育学生如何做人，帮助学生运用马克思主义的立场和观点来分析解决实际中的问题，使学生能够用辩证的观点来看待这个世界。思想政治理论课是贯彻落实立德树人根本任务的主干渠道，对学生的成长和发展起着重要作用。

三、思想政治理论课落实"立德树人"根本任务的途径

（一）国家进行宏观指导

思想政治理论课中落实"立德树人"根本任务，离不开国家层面的宏观指导。

1.研发思想理论政治课教材

讲好思想政治理论课，教材很重要。教材是立德树人的重要载体，国家要注重教材的研发。教材编写要注意学生的身心发展特点，注重系统性，确保学生能在学习中形成正确的世界观、人生观、价值观。

2.建设全国思想政治理论课教师网络集体备课平台

国家要组织专家建好全国思想政治理论课教师网络集体备课平台，推动思想政治理论课改革创新、增强思想政治理论课的思想性和理论性、建设一支优秀的思想政治理论课教师队伍。平台发布各门课程专题教学指南，对教学重点难点问题进行解答，帮助思想政治理论课教师更好地把握重点、难点。国家需要对思想政治理论课教师进行理论培训和提供实践研修机会，提高思想政治理论课教师的社会实践能力。

3.充分利用网络技术、对思想政治理论课的整体情况进行量化分析

国家设计开发"听课记录系统"量化分析思想政治理论课课堂教学整体情况，客观反映思想政治理论课教师的教学水平及学生的期望，找准问题、科学研判。要适时开展思想政治理论课教学情况督查，推动各方面把"立德树人"这个根本任务落到实处。

（二）学校要切实保障思想政治理论课的教学效果

1.落实学校主体责任

学校党委要落实思想政治理论课建设第一责任人责任、坚持把从严管理和科学治理结合起来。党委书记、校长要带头走进课堂，带头推动思想政治理论课建设和思想政治理论课教师进行教学经验交流并给予指导，提高思想政治理论课教师的教学效果。

2.学校合理安排教务

学校要合理安排教务，根据本校学生实际大力提倡中班教学、小班研讨的教学模式，增强课堂的实效性。对于上课时间最好不要安排在中午和周末进行等，从各方面提高教学效果。

（三）思想政治理论课教师要有责任担当

1.认真备课

思想政治理论课教师要在上课前必须集中备课，对新教材和新大纲进行仔细研究，对课程内容和进度进行统一安排。思想政治课教师之间可互相听课、互学互鉴。思想政治理论课教师要发扬团队精神，想方设法丰富备课载体，增强集体备课的效果。

2.坚定政治立场

思想政治课教师要在课堂教学中始终坚持马克思主义立场观点方法，在思想上、政治上、行动上要保持与党中央高度一致。思想政治理论课教师要加强理论学习、提高自己的理论水平，用真才实学感染学生。另外，思想政治理论课教师要进一步加强课堂教学纪律管理，提高学生到课率，确保思想政治课教学质量。

3.创新教学方法，提高教学技能

课堂教学是思想政治理论课的主渠道和主阵地。思想政治课教师们应该通过各种途径，提高教学技能。可以在"青椒论坛"学习其他优秀思想政治理论课教师的教学心得和技巧；可以像张润枝老师那样，利用新媒体服务于课堂，建立微信公众号，通过微课堂、微感悟、微作业等与学生进行线上线下互动，充分利用手机的优势，让手机成为思想政治理论课的必备工具；思想政治课教师要有扎实的理论功底，创新上课形式，不再是简单的PPT或者报告等灌输形式，可以多通过视频、角色扮演、问题情景，课堂讨论等学生更乐于接受的更具表现力的方式，帮助学生更高效地吸收消化教学内容。创新教学方法时，务必坚持以学生为主体，善于通过网络平台与学生进行交流，积极互动。注重培养学生理论联系实际的能力，以实践教学的形式丰富教学内容，加深学生对教学重点和难点的理解。同时，网络信息时代，各种信息泛滥，参差不齐，思想政治理论课教师要引导学生，帮助学生对信息进行整理加工、正确辨别信息的真伪，对有害信息进行过滤，做到不跟风、不盲从。

（四）学生要加强自我教育

自我教育是思想政治教育中的重要一环。俗话说，师傅领进门，修行靠个人。要达到自我实现的目标，成为国家的栋梁，离不开自身坚持不懈的努力。课堂内外，线上线下积极运用新媒体，主动接受教育，认真学习思想理论政治课。要树立远大的社会主义理想，充分发挥自身的主体作用，要主动参与思想理论政治课的教育教学之中。首先，要正确认识自我。只有认识了自己，才能在学习生活中少走弯路。利用思想政治课所学知识，客观的分析自己，全面认识自己的优点和缺点。重点培养自己的优势，发挥特长，可增强自信；正确利用自己的缺点，将会取到意想不到的效果。其次，在现代社会，知识更新迅

速，要用终身教育理念武装自己，不断地从思想理论课中汲取营养，完善自己。再次，要学会自我调适。当今社会生活节奏加快，竞争激烈，难免会给人带来压力，若不能很好调试自己，可能让自己陷入心理障碍之中，通过思想政治理论课相关知识，掌握自我调适的方法，促进心理健康。最后，要进行自我反思。在学习和生活中，通过不断的自我反思，才能更好地认识自己的思想和行为，在不断的反思中进行调整，促使自己德智体美劳全面发展，成长为国家需要的人才。

第二节　立德树人视阈下教师德育专业化与师德建设

一、立德树人视阈下教师的德育专业化

教育是培养人的事业，立德树人是教育的根本任务。新时代我国高等教育事业快速发展，对高校德育工作提出了新期待，也对高校教师提出了新要求。从教师的德育专业化内涵分析，"立德树人"的教育任务要求教师实现德育的专业化。高校应努力培养教师的德育意识，不断强化德育规则，认真改进德育方法，推进教师德育专业化。

德育是教育中的根本性与方向性要求，而且立德树人的教育必然要加强高素质教师队伍的建设，推进教师德育专业化发展。高校德育渗透于智育、体育、美育及劳动教育活动当中，贯穿于教育教学的全过程。因此，高校教师作为大学教育教学实践的主导者、研究和改革的主力军，必须把握好教师专业化趋势，明确教师德育专业化的内涵，加快自身德育专业化的发展进程，以便更好地完成时代赋予的使命，不断开创高校德育新局面。

（一）教师的德育专业化的内涵

教育的本质赋予了教师特定的社会角色，也赋予了教师特殊的道德要求。高校教师是高校的核心，从事的是培养人的工作，要把成长中的青年学生培养成具有可持续发展潜力的各类高级专业人才，这就决定了高校教师行为不仅涉及自身，更关乎整个学校和社会的发展。进入新时代后，加强育人载体建设，大力推进素质教育成为我国教育研究的主题，"教师专业化发展"成为焦点问题，而"教师的德育专业化发展"也已成为教育研究的热点。要了解教师德育专业化的内涵，就要做到以下几点。

第一，要了解教师德育专业化的组成要素，即"专业知识"与"专业伦理"。"专业知识"指教师不仅要有渊博的科学文化知识，懂得教育规律、德育理论、德育热点等，而且要具有相应的道德修养、核心知识和技能，能够切实地指导和规范学生的道德实践。"专业伦理"则是指教师在教育教学中应坚持的教师职业道德和教师职业行为准则等。

第二，要明确"德育教师的专业化"同"教师的德育专业化"的区别。"德育教师的专业化"是指专门从事德育工作专职教师的专业化，主要是担任德育理论课教学专职的德育教师、班主任或辅导员在德育领域中的深入研究。

总之，教师的德育专业化从另一个角度来讲就是德育教师专业化的横向发展，它扩大了德育主体的范围，是教师队伍整体德育专业化的过程。

（二）教师的德育专业化的必要性

1.保证人才培养方向的需要

教师的德育专业化是为了解决教育现实问题。国家的前途和命运，民族的科学文化和道德水平，在很大程度上都会被教师的素质和水平所影响。每位教师都要严格要求自己，要坚持育人为本、德育为先。实现教师的德育专业化既有助于教师专业精神的形成和职业操守的养成，让教师成为学生和社会的行为示范者，又有助于教师培养适合国家发展需要的人才，使学生能适应社会变化，成为实用性人才。因此，教师需要加强自身的道德修养，提高教师队伍的整体素质，增强教师的教育信念以及社会主义认同感，从而以高度负责的态度、科学严谨的精神来培养德、智、体、美、劳全面发展的中国特色社会主义事业的建设者和接班人。

2.提升育人质量的需要

教育是一种动态发展的过程，德育是学校全面发展教育中的主导成分。教育对不同的服务对象会呈现出不同的发展动机、需求和结果。学生要想在学习、就业以及所创造的人生中获得成功，就必须以德立学、以德立业、以德立生。对学校而言，服务育人、管理育人都需要教师的敬业爱生，教师的责任心有助于学生的成长。对社会而言，实践推进教育，尤其是德育最终的成果是服务社会，利用科学的方法来对学生进行全面培养也是社会发展的需要。加强教师的养成教育，让每位教师都能在掌握所教学科内容的基础上，优化课程结构设置，改进教学手段和方法，强化教育实践环节，最终让教师和学生在整个教学过程中体验到教与学的思想性及价值性。

3.教师专业化发展的需要

"教师专业发展"是指教师以专业成长为目标，以提高专业理念与师德、专业知识、专业能力为内容，动态持续的发展过程，是教师个体的、内在的专业化提高；"教师专业化"则是职业专业化的一种类型，主要强调的是教师群体的、外在的专业性提升。两者既有联系又有区别，但"教师专业发展"是以丰富和提升教师专业素质结构为宗旨，优化教师整体素质，促进教师专业化发展。"教师专业化"的内容主要为"知识的专业化"和"德育的专业化"，也就是"师能"和"师德"，它们是教师专业化发展的两条"腿"，两者缺失任何一方都会导致教育的不平衡发展。"师能"主要指的是教师教育教学的能力；"师

德"则是指教师在职业活动中逐步形成的道德观念、道德情操、道德行为和道德意志的总和，是教师应遵守的道德原则规范和应具有的道德品质，是教师专业素养的核心。

总之，"师德"和"师能"要同时得到锻炼，使教师在教育教学过程中既能遵守学术规范、潜心教书育人，又能传播道德观念、促进学生发展。

（三）立德树人视阈下教师德育专业化的路径

1.强化德育内化反省，不断强化德育使命

教师的教学过程不仅影响着学生的学习活动，也影响着学生的情感、思维方式、价值观乃至个性品质等。教育是培养人的活动，其根本任务在于"育人"，而要"育人"就必须把"立德"作为第一要务。教师的培养涉及教师的立场、态度和自我意识等多个方面。进行教师在德育维度的专业培养，首先应让教师意识到自身的德育身份和责任，意识到每位教师都是德育责任人，每项工作都是德育的渠道。教师职业道德的建立是迈向为人师表和教书育人的第一步，是树立良好师德形象，以德立身、以身立教的出发点。只有教师具有德育使命意识，才能将育人渗透到教学的方方面面，成为"专业化"的人。

2.强化德育规律把控，不断加强德育实践

教师作为德育主体之一，既是进行认识和实践活动的人，也是被改造的对象，在改造客观世界的同时，也改造着主观世界。当教师在教学过程的各个环节都采用一种相对稳定的行为方式，且这种行为方式能成为一个学校大部分教师的共有习惯时，它就会变成教师的一种自在状态，进而成为一种教师文化。因此，学校在管理育人过程中，一方面要规范教师与国家、社会和学生的关系，践行爱国守法、服务社会、敬业爱生的准则，让教师争做"四有"好教师；另一方面高校也要让教师在深入了解学生的同时，接受德育培训，掌握德育规律，提升德育工作能力，并督促教师在教学尤其是在德育实践过程中去寻找理论与教学实际的最佳结合点，最终由教师自己在德育的专业化方面完成"知、情、意、行"的转化，并将德育融入自己的教学习惯。

3.强化德育方法创新，不断提高德育实效

学校工作的中心是教学，教师的德育要在教学中形成，并在教学中体现。当前时代发展迅速、社会纷繁复杂，德育实践面临着各种挑战，需要学校协助教师推进德育方法的改善，一方面要督促教师将道德观念、道德规范和道德理想付诸教学实践；另一方面要以发展的眼光看待学生德育的过去、现在和将来，要求全体教师要更新教育方法，恪守道德准则，内化于心、外化于行，为学生全面发展铺路架桥。教师自身要确定好德育目标，深化对德育本质的认识，将德育理论和德育实践相结合并进行反思和创新。为此，教师要把德育工作放在首位，从理论研究回归到实践探索，寻找出一条立德树人的道路，合理利用德育资源，研发适合自身的德育课程和教学活动；落实立德树人根本任务，遵循教育规律和学生成长规律，做到因材施教。

二、立德树人视阈下高校的师德建设

师德是德育教育的基础和保障，唯有先树立师德，才可以确保教师教育工作的顺利开展。当前形势下，影响高校师德建设的诸多因素相互交织，导致师德建设出现了一些问题。高校德育教育应该坚持教书与育人相结合，提升教师的道德修养，树立师德模范，完善激励机制、监督机制、师德考评体系等方面的制度建设。

（一）正确认识高校师德建设与立德树人理念之间的关系

1.全面理解立德树人理念的深刻意义

中华民族悠久的道德文化对现今的教育仍然具有深刻的影响，立德树人的教育理念根植于深厚的传统道德文化沃土。国无德不兴，人无德不立，道德对国家和个人都具有重要意义。

德育为先是一项意义重大的教育原则，在唐代文学家韩愈的《师说》中，"传道"被看作教师最重要、最基本的任务，即传授道德的教育。道德教育在我国传统的教育体系中一直占据核心位置。社会倡导和鼓励人们自我约束，陶冶情操，追求非凡的精神境界，牢固树立正确的道德信仰。立德树人的理念蕴含着深刻的文化意蕴。在实际教学中，教师应发挥指导作用，坚持立德树人的德育理念，在教育工作中体现师德，培养学生端正的思想品德。

2.高校师德建设是实现立德树人根本任务的基础保障

实现立德树人这一根本教育任务的基础是高校高质量的师资力量。师德水平直接影响教育的成败，教师作为高素质人才的培养者，对其职业道德的要求高于对其他任何职业的道德要求，其思想态度、行为方式会成为其教育行为的一部分，最终影响学生的人生观。唯有提高教师的职业道德水平，才能确保教育行为正常进行。因此，高校的主要任务之一就是不断加强师德建设，这将有助于教师提高抵抗物质诱惑的能力，使教师全身心投入到教育中，从而提高教育质量，培养出高素质、高水平的现代化人才。

（二）当代高校师德建设的改进策略

1.实现教书和育人合一

（1）教师创新教育方式，更新自身的知识储备

坚持改进师德建设，将培育学生放在高校工作的第一位。首先，要求高校教师改变固有的、传统的教育理念和思维模式，创新教育方式，丰富教学内容，采用"体验—感悟"教学模式，将单一、乏味的说教模式改为引导、辩论、演讲等新教学模式，加强师生之间

的互动，全面调动学生学习的积极性，增强教育的生动性、感染性和实效性。还要始终以培养富有创新精神、社会责任感以及具有较高工作能力的人才为目的，在实践中发挥学生的主体性作用，着重锻炼提高学生的独立思考和解决问题的能力。其次，为了应对当今经济社会快速发展带来的机遇和挑战，高校教师应该在实际工作中不断充实和完善自我，要保持终身学习的态度，以适应社会的发展。除了科研能力外，高校教师还应该强化自身的沟通、组织及管理能力。最后，高校教师还应该不断给自己"充电"，更新自身的知识储备，丰富心理、政治、历史、法律等方面的知识。

（2）提升教师的道德修养，实现育人目的

在高校教育教学工作中，应该提倡教师自觉加强自身的道德修养，提升人文素质和文化内涵；要尊重学生，要高标准、严要求、公平公正地对待学生，关注学生的个体差异，悉心教导，形成彼此激励、教学相长的师生关系，促进学生全面发展；全力倡导实事求是、积极进取、以身作则、严格谨慎、一丝不苟的教育精神和育人态度；充分发挥课堂育人的核心作用，在教学实践中自始至终开展德育工作，真正意义上实现教书和育人相结合。教师还应该加强教育理论学习，坚持以自发的育人态度指导育人行为，明确师德建设的标准和自身差距，时刻对照标准自我反思，提升自身的道德修养，给学生树立良好的榜样。

2.树立师德模范，强化激励机制

要增强高校师德建设的舆论宣传力度，不仅可以通过校报、宣传板等传统渠道弘扬师德建设的优良风气，还可以通过微信、微博等热门应用扩大师德网络宣传的覆盖面。在校内树立先进模范典型，举行模范人物的先进事迹报告会，广泛传播他们教书育人的先进事迹，大力弘扬他们的高尚精神，让他们起到模范表率作用。同时，应表彰思想道德素质良好、教书育人贡献突出、备受学生赞颂的优秀教师，强化激励机制，注重将物质激励和精神激励相结合。在高校教师中营造"爱模范、学模范、做模范"的良好气氛，使教师自发地加强师德修养。

3.健全科学有效的师德考评体系

很多高校严重低估了师德的重要性，而且尚未建立起科学有效的师德考评体系。基于此，高校应该实行师德考评制度，重视学生在考评体系中的作用。例如，高校可以定期安排学生以不记名的方式评价教师的职业道德，对师德要求进行量化、标准化，制定相对应的考评体系，防止考评的盲目性、滞后性和不合理性，将高校师德建设落到实处。要确保开展客观、民主、公正、公开的考评工作，充分发挥其正面引导作用，制定符合时代要求、方便操作的高校师德考评体系。严格执行教师职业道德考评工作，以年度或以学期为阶段，通过教师个人自我评价、学生参与客观评价、领导考核评价相结合的办法，将教师的师德水平和表现录入考评体系，设立师德考评记录，并将其作为评职评优的重要标准。

4.强化切实有效的师德监督机制

为了保证师德建设在高校内顺利进行，高校需要客观有效的督查机制作为后盾。明确责任主体，建立独立的师德监督部门，实行自查和督查二合一机制，以保证监督工作能够公平公正地开展。同时鼓励群众尝试用微博、微信等媒体进行监督举报，激发群众的积极性，构建教师、社会和家长多方参与的公平、公正、公开的立德树人监督体系，以增强高校师德建设。

师德建设是教师队伍建设的永恒主题，是保证教育教学质量，培育有理想、有道德、有文化、有纪律的共产主义事业新一代建设者的重要保证。在现在的社会大环境中，高校师德建设只有与时俱进，开拓创新，才可以紧跟时代前进的步伐。因此，必须把师德建设摆在学校工作的突出位置，强化以"德育为先，立德树人"为核心的当代高校师德建设，不断改进工作思路，扎实抓紧、抓好师德建设，全力提升师德建设水平，提高整个教师队伍的综合素质，培育和塑造合格的高素质人才。

第三节 立德树人视阈下学生德育教育实践路径

一、基于立德树人的高校资助育人的德育功能

（一）高校资助育人的德育功能

1.调控功能

在高校资助育人这一工作体系中，德育的调控功能指的是德育价值取向会影响资助工作的总体目标，体现在具体资助工作中就是德育工作和高校资助育人的充分结合。高校需要改变原有的纯粹资助思想，不可以将资助学生的工作当成一种事务性工作，借助高校资助育人所具备的调控功能，可以增强德育形式和德育内容的针对性，提升高校资助育人的效果，从而使立德树人目标最大化、最优化地实现。

2.激励功能

德育的激励功能指的是给予学生精神上的鼓励。如果学生具有良好的精神状态，乐观、积极地学习和生活，就会勇于面对各种生活中的挫折和苦难，对生活充满信心；相反的，如果没有良好的精神状态，学生遇到挫折和困难以后便会产生消极认知。从实际情况看，高校资助育人既要在物质上给予学生帮助，又要组织开展心理援助、精神关注等一系列实践活动，从而利用优质的教育资源进行高质量育人工作，促进大学生全面发展与健康成长，促进教育公平。制定高校资助育人的工作体系、政策、制度时，必须对学生的内在

需求进行全面考虑，充分关注学生的内心世界，将学生内在的积极动力有效激发出来，让学生敢于面对生活、学习中的各种问题和挫折，对未来有所期待。

3.评价功能

德育的评价功能指的是我国的资助监督管理部门在考核高校资助育人工作时，需要把德育效果、立德树人成果当成该工作成效评价的重要标准，要求高校不但要始终遵循与贯彻我国制定的每一项资助学生的政策，让学生顺利完成学业得到保障，而且需要对接受资助的学生的心理状况、思想品德有动态、实时的关注。

（二）提升德育功能的有效途径

1.资助育人方法融合立德树人理念

高校资助育人中为了实现立德树人的渗透，需要充分结合典型事例，将榜样具有的正能量发挥出来，挖掘育人工作中的模范典型，从积极努力、无私奉献、感恩回报、真诚待人等不同角度树立和挖掘学生的学习、生活榜样。高校应该在立德树人的基础上对资助育人方法进行创新，充分利用信息时代的各种网络平台，使高校资助育人工作更加贴近学生的生活。

2.资助管理机制渗透立德树人理念

进行高校资助育人工作时，要贯彻和落实立德树人这一根本任务，建立高校资助育人的制度。

首先，应该以服务为导向建立资助育人评审制度。评审工作是对学生开展资助管理的重要工作内容，很多学生给出了反馈意见，高校应该综合学生的基本诉求，对原有制度进行健全，做好心理指导、建议征求、申报辅导等高校资助育人的配套工作。

其次，应该将问题当作导向，建立推广教育制度。对现阶段高校资助育人中出现的缺陷与不足，可借助评审申报流程的规范加以解决，针对学生人际关系不好、政策了解不深入、思想觉悟低等问题，应借助广泛的宣传、推广教育来解决。在高校资助育人工作中，要完善推广教育制度，大力宣传资助育人政策，进行正向的引导。

最后，应该把效果当作导向，建立评价考核制度。进行高校资助育人的各项工作时，要想把立德树人应有的作用全面发挥出来，就要健全原有的评价工作制度，有效建立起与资助育人制度、资助管理制度相结合的评价制度。由此能够看出，规范高校资助育人管理能够保证工作的正确实施，并且高校资助育人水平的提升也是提高管理工作质量的重要前提，必须通过行之有效的评价考核机制将二者有机结合。

3.资助育人体系保障立德树人渗透

高校资助育人工作必须与立德树人理念有机结合，提供多种服务保障与管理保障。只有提供全方位资助服务，高效完成学生的资助办理工作，才可以使学生真正受益，从而贯

彻和落实立德树人理念。从资助育人的保障制度角度来看，可以发现这项管理工作具有一定的政策性、系统性与复杂性，而且持续时间长、覆盖面广；而原有的资助育人形式逐渐不能符合现阶段高校资助育人的需求。因此，需要进一步完善高校资助育人的保障机制，与资助育人作用相结合，使具体工作流程得到简化，交叉工作的强度减小，这样一来，既能提高学生的满意度，也可以减轻工作人员的资助管理负担，将更多时间和精力投入立德树人工作。

二、立德树人视阈下推行德育答辩制度的新模式

坚持"立德树人"的根本任务，如何对大学生的德育状况进行评价，使德育教育具体化、有形化，真正实现德育教育全员、全过程、全方位的实效性，这是高校思想政治教育工作者面对的难题。

如何贯彻落实立德树人的根本任务，实现德育教育具体化、有形化，这是摆在高校育人工作面前的命题，这就要求高校育人工作既要遵循教育规律，服务于学生的成长成才，又必须通过路径创新，在方法、内容、形式上下功夫，不断增强大学生思想政治教育的针对性和实效性。

（一）德育答辩的基本概念

德育答辩制度是构建大学生德育工作体系的重要载体。德育答辩是将"立德树人、以德为先、全面发展"的德育方针贯穿始终的主要体现，是对学校德育实施效果的全面检验，是毕业生德育评价体系不可或缺的重要内容。毕业生通过梳理专业学习、身心成长、思想意识、价值取向、社会责任等方面的收获、得失及感悟，在总结中反思与成长。

（二）推行德育答辩制度的现实意义

德育答辩制度是践行立德树人和社会主义核心价值观的新方法和新途径，具有建设性和探索性的意义。

1.推行德育答辩制度是德育实践的重要举措

为了保证质量，学校规定每个毕业生都要有指导教师，参与德育答辩工作的不仅有思想政治课教师、辅导员、班主任，还有校院领导、专业课教师、机关工作人员。

2.推行德育答辩制度是深化高校德育工作的具体体现

德育答辩工作制度化、规范化，是实现德育教育有形化、可视化的具体体现，是加强高校德育工作的有效方式。德育答辩要求学生按照规定格式，将自己在大学期间所接受的专业学习、思想道德、身心成长等教育效果进行全面系统的回顾总结，形成德育论文，并以班级为单位用答辩的形式进行陈述，同时接受提问并作答，由答辩评审委员会综合其平

时表现，就其整体的德育表现做出评价。毕业生通过德育答辩这个平台，可以多角度审视自我，总结成败得失，为踏上新的人生征途、开创美好未来奠定坚实的基础。

（三）德育答辩制度开展的基本做法和经验

1.领导重视，保障到位

高校把开展毕业生德育答辩工作作为检验全校德育工作成效的重要手段。高校不但可以制订实施方案，还可以制定如《德育答辩规程》《德育答辩论文撰写规范》《德育答辩成绩评分细则》等相关配套文件，为开展德育答辩工作提供强有力的政策支持。校院两级在工作中，要坚持"领导重视到位、思想认识到位、宣传动员到位、措施落实到位、协调配合到位"。学院可以成立"毕业生德育答辩指导委员会"，明确职责，责任到人，负责协调指导和具体工作，并安排专项经费予以条件保障。

2.精心组织，全员参与

整个答辩流程可以分为宣传动员、论文撰写、交流答辩和总结整理四个阶段，每个阶段均明确提出时间节点和要求，校领导应该及时到二级学院检查指导，了解工作进展情况，确保答辩工作顺利进行。学校应该制定德育论文开题报告提纲、德育论文撰写规范、德育答辩鉴定表、互评表等，为规范德育答辩工作提供明确的依据。

3.过程管理，严格要求

（1）严格挑选指导教师

德育论文指导教师按照专业论文的基本要求，师生双向选择确定。教师与学生深入交换意见后确定论文题目，指导开题撰写，及时审读评阅。指导教师应该及时与学生进行面对面交谈，或在网络上保持密切交流，帮助毕业生正确认识自我、全面总结得失。

（2）严把论文质量关

学生通过自我总结、交流、答辩等互动过程，对自己的大学生活进行全面的梳理与反思，总结经验与体会，分析成功与失败，剖析优点与不足。学生还可以为自己制订短期或中长期的生涯规划，进一步理解自己的人生意义和价值。同时，高校要端正学风，明确要求论文务必为本人原创，抄袭者一经发现按不合格处理。

（3）强调正面引导

在论文答辩过程中，要明确每名毕业生的德育总结陈述和答辩中存在的问题，专家必须按照社会主义核心价值观的基本要求，及时纠正，以理服人，引导学生形成正确的认识。

（4）注重总结，典型示范

高校可以将推荐的"优秀德育论文"印刷成册，作为高校大学生思想政治教育的鲜活教材，发挥示范、引领作用。

（四）完善德育答辩制度的思考

德育答辩制度的推行应该重在过程，应该贯穿大学的学习生活，使其延伸至各年级的学生中。高校推行德育答辩制度，要凸显"全员、全过程、全方位"德育的有效性。第一，必须融合入学教育、日常教育和毕业教育"首尾相连"的全过程，将德育答辩制度贯穿学生教育的始终，形成全过程德育教育常态化。第二，高校要适应教育环境不断变化的新常态，积极探索推行德育答辩制度的理论和实践，进一步把德育答辩制度的推行作为加强学风、教风、校风建设的重要手段。

推行德育答辩制度不是一个简单的活动，也不是一个单一的设计环节，而是着眼于大学生德育工作体系的整体构建，是"立德树人"根本任务落小、落细、落实的重要举措。相信在各方的共同努力下，德育答辩制度将会逐步完善，从而在大学生思想政治教育中发挥更大的作用。

三、立德树人视阈下高校体育课的德育

我国高校体育教学改革已经推行多年，在体育教学方式、方法以及内容等方面成效较明显，但在德育方面效果甚微。然而，德育对一个国家、民族和社会的发展具有重大意义，体育教学是我国素质教育的重要组成部分，现阶段，加强高校体育课的德育教育已经迫在眉睫。

（一）立德的必要性

国无德不兴，人无德不立。也就是说，如果一个民族、一个国家没有共同的核心价值观，那么这个民族、这个国家就无法前进；人无德不立，说明道德对每一个人的发展有着重要的价值和意义。良好的道德品质是每个大学生做好学问的前提和基础。

立德树人，必须努力践行社会主义核心价值观。每一个时代都有与之发展相符合的核心价值观，古人尊崇的礼义廉耻就是当时的核心价值观。随着经济全球化和网络技术的快速发展，大学生的思想观念、生活方式和心理状况等都受到各方面的冲击。面对各种新思潮，大学生的世界观、人生观和价值观逐渐表现出复杂化和多样化的特征，大学生的思想品质和修养参差不齐，这也给高校的德育教育带来了不小的挑战。

（二）高校体育立德的优势

大学时期是大学生身心素质成长的关键期。大学生身体素质的高低影响着社会主义现

代化建设。大学是大学生成长的关键期，体育教育能够使学生直接参与各种体育活动，使他们在潜移默化中陶冶情操、强化修养、强健身体。

高校体育课有其自身的特殊性，有利于促进德育教育。德育教育要用好体育教学这个主渠道，使体育课与思想政治理论课同向同行，形成协同效应。在体育教学的过程中，教师所展现的语言和行为均会在潜移默化中影响大学生，在帮助大学生立德方面有其自身的优势。这就要求高校体育课在教学过程中要把立德树人作为根本任务，体现社会主义核心价值观，将中华民族的优秀传统文化等德育元素融入课堂，通过团体活动、体育竞赛等方式增强学生的规则意识、集体意识和协作意识，提高思想道德素质，真正发挥体育课堂立德树人、育人阵地的作用，促进大学生全面发展。

（三）高校体育立德的方法

只有从自己做起、从身边小事做起，才能养成好思想、好品德。高校体育教育不仅是传授运动技能，体育教师自身的师德素养、言行举止等都对大学生起着示范作用。同时，大学生自身也要加强思想道德修养。

1.发挥"德融课堂"的作用

体育在高校教育中处于十分重要的地位，在立德树人中也发挥着重要作用。立德首先要发挥体育课堂教学的作用，让体育教学与德育教育同向同行，实现协同效应。在体育教学中根据学生在体育课堂的表现，有针对性地对其进行思想政治教育，将德育与体育学科所涵盖的德育因素相结合，通过德育逐渐引导大学生树立正确的价值取向。

2.发挥体育竞赛的德育作用

当代社会竞争无处不在，体育竞赛活动均具有强烈的竞争性。通过竞赛可以磨炼大学生的意志，培养大学生勇于拼搏、敢于挑战和锐意进取的意志品质，增强团队意识，培养大学生养成集体主义的精神和良好的社会品德。

3.体育教师要做好示范，为人师表

体育教师应该具备良好的思想品德、强烈的事业心和认真工作的工作态度，以科学的世界观、价值观和职业道德观去影响学生，以良好的师德影响和带动大学生树立正确的价值观，为学生做好榜样和示范。

4.大学生修身立德的主体作用

在立德树人教育中，大学生也要发挥自身的主体作用。要从我做起，从小事做起，坚定中国特色社会主义理想信念；要在学校和教师的引导下，树立正确的世界观、人生观和价值观，加强锻炼，把坚定理想信念与增强身体素质相结合，把中华民族优秀传统与体育

活动相结合，坚持不懈地在体育锻炼中锤炼意志，养成团结集体、敢于拼搏和开拓进取等精神品质。

大学阶段是学生步入社会之前的一个重要阶段，大学生的综合素质对社会和国家发展有重要影响，因此，高校体育课德育教育尤为重要。在高校体育课中开展德育教育，一方面能够锻炼大学生的身体，另一方面还能够培养大学生良好的道德品质，促进大学生综合素质的提高，使大学生兼具强健的体魄和良好的道德品质。

参考文献

[1]赵宇华，于志勇.立德树人视阈下高校德育工作与思想教育创新[M].延吉：延边大学出版社，2020.

[2]李金禄.力行教育思想的探究与实践[M].福州：海峡文艺出版社，2020.05.

[3]张坤.高校红色基因传承与思想政治教育[M].燕山大学出版社，2022.05.

[4]张琳.高校思想政治教育与创新创业教育融合研究[M].延吉：延边大学出版社，2022.03.

[5]徐俊，风笑天.高校大学生思想政治教育认同研究[M].武汉：华中科学技术大学出版社，2022.03.

[6]李智慧.高校思想政治教育有效资源开发利用研究[M].北京：旅游教育出版社，2022.08.

[7]邵泽义.新时代高校思想政治教育管理体系的构建研究[M].江苏大学出版社有限责任公司，2022.02.

[8]田自立."互联网+"视域下高校思想政治教育实践研究[M].延吉：延边大学出版社，2022.03.

[9]高华，张艳亮.高校大学生思想政治教育的多维探索[M].长春：吉林大学出版社，2022.05.

[10]万娟.基于创新发展的高校思想政治教育研究[M].长春：吉林大学出版社，2022.05.

[11]孙丽娟.新时期高校思想政治教育理论与实践[M].延边大学出版社有限责任公司，2022.03.

[12]陈艳芳，宁岩鹏.高校思想政治教育生态论研究[M].燕山大学出版社，2019.06.

[13]檀传宝.德育美学观[M].北京：教育科学出版社，2021.01.

[14]宋述贤，巩绪福，严苗.高校法学教育与德育管理[M].吉林人民出版社有限责任公司，2021.11.

[15]陆安琪.新时代高校思想政治教育协同育人路径研究[M].中国出版集团；中译出版社，2022.01.

[16]苏少丹.高校德育实践研究[M].北京：中国纺织出版社，2022.01.

[17]李明珠，陈红.新时代高校思想政治教育的守正与创新[M].北京：知识产权出版社，2020.

[18]伍韬.传统文化视角下的高校德育创新路径探究[M].北京工业大学出版社有限责任公司，2022.07.

[19]马艳萍，张大伟，姜玲玲.新时代高校思想教育模式多元化构建探究[M].长春：吉林出版集团股份有限公司，2021.09.

[20]韩冰，李轩航.高校网络思想政治教育研究[M].哈尔滨：哈尔滨工程大学出版社，2021.06.

[21]钟家全.互联网与新时代高校思想政治教育队伍建设[M].成都：西南交通大学出版社，2021.05.

[22]谈娅.新时代高校思想政治教育创新研究[M].重庆：西南大学出版社，2021.04.

[23]徐金平.社会主义核心价值观与高校思想政治教育研究[M].长春：吉林出版集团股份有限公司，2021.03.

[24]王石径.新时代高校思想政治教育的创新理路与关键问题[M].华中师范大学出版社有限责任公司，2021.06.

[25]张冀.高校微信公众平台思想政治教育功能研究[M].成都：西南交通大学出版社，2021.07.

[26]王英姿，周达疆.新媒体时代下高校思想政治教育研究[M].北京：九州出版社，2021.06.

[27]李春晖.高校思想政治教育的心理理论模式研究[M].北京：九州出版社，2021.03.

[28]刘琳琳.新媒体时代高校思想政治教育研究[M].吉林大学出版社有限责任公司，2021.08.

[29]刘小春.高校网络思想政治教育引论[M].重庆：重庆大学出版社，2020.05.

[30]张冀.高校思想政治教育话语传播研究[M].长春：吉林大学出版社，2020.08.